宇色Osel 著

無極瑤池金母
密傳
靈魂覺醒啟示錄

請問覺醒

楓書坊

歡迎再次進入無極瑤池金母的靈修世界

本書延續前兩本〈請問母娘〉系列脈絡，源自無極瑤池金母對我在靈修上的密傳指導，以及世間法種種疑惑的開示。

本書靈訊表面是無極瑤池金母從各種面向解析「新型冠狀病毒」，實際上，每一則靈訊夾帶著多重神諭與靈性啟迪——靈魂意識的覺醒、修正校對靈魂意識、提升靈魂意識進入更為純粹的意識層、調整意識頻率因應外界變化。此書內容以靈訊為皮、靈魂意識為骨，從中挖掘內在更深一層的個人靈魂修練。

超越三維物質世界的意識空間

我與祂們的對話一直以來都不是以線性方式來進行，從來就不是如此。當我開始學習分析與記錄祂們的「語言」後，我發現神靈語言是由多重意識疊加而成，它包含了靈語、影像、感知……

我知道一般情況之下很難令人了解「與神交感」到底是什麼樣的感覺，它難以解釋、更難以理解。我之所以肯定「與神交感」不是語言傳遞，是因為每一次對話結束後，再回顧一次內容幾乎會遺忘90%左右，如果沒有錄音筆這一項科技產品，我可能無法讓它在世上原音重現。在以前，我憑藉大腦記憶是可以記下無極瑤池金母與眾多個案之間的對話內容，〈我在人間〉系列中所有問事個案的故事就是以此方式完成，只是，〈請問母娘〉系列傳訊的內容是更龐大且複雜的訊息，這已經超越了大腦的記憶能力，當意識完全融入靈訊時，三維度時間與空間盡消其中。

近年來，我也一直嘗試想要將靈修、通靈有系統地教導出去，這也是無極瑤池金母所教導我的：

> 切勿貪求從靈訊所得到的東西滿足你的慾望與目的，更不要將這一些靈訊藏於自身的口袋之內，要善於分享它們，讓更多人跟你們一樣擁有它，進而覺醒自己的意識。人的靈魂意識與神的是處在和諧對等、完全開放、平和的交流狀態，你的靈魂意識所感知的訊息會大大地超越文字的限制，靈訊會從你的靈魂深處綻放出源源不絕的直覺靈感，只要你樂於分享不占為己有。

我秉持著如此的圓滿教法已經很久，從中印證不能將神靈與靈界視為私人資源，當你越懂得分享時，所獲得的回饋是更豐盛。我也更加地肯定，就算你無法親耳聽見祂們的聲音，將靈訊原音重現再轉成文字，其喚醒每一條靈魂意識的神奇威力依舊不減。

在這裡我也必須坦言道，關於這本書的靈訊有很多是經過我重新編排潤飾，但它依舊如實傳達母娘的旨意。仙佛的靈訊不是單一線性，它交揉不同的意識層與空間感，對一般沒有經過靈修專業訓練，或是靈魂尚未覺醒的人來說，乍聽之下會非常的「雜亂無章」。我在這一本書當中，所扮演的角色是收訊者、靈修者，同時也是一名編輯者。坦白說，我是一名極為直覺思考的靈修人，在榮格的心靈結構四個類型中，我可能比較偏向直觀。也因此，當我脫離「通靈」狀態後，能夠幫助我將「雜亂無章」的龐大靈訊爬梳到「井然有序」，所依靠的是強大的思考與直觀力。我確定這一點是我與生俱來的靈魂特質，它不僅養成我的靈修，更撐起我一大片的生命觀、價值觀與宗教信仰。

從直線預言到多元的靈性啟發

一開始撰稿時，與無極瑤池金母幾次對話下來，隱隱地感到祂的開示並不是在預言「新型冠狀病毒與人類未來」的層次上，置稿多日幾經思考，如果它僅僅是一本預言書，僅是誘導人們將焦點放在未來可能發生的事，但是從淨化靈魂與改變靈魂意識來說，「預言」是起不了作用的。雖然，每一個時期各種「預言傳聞」都會在市面上捲土重來，2012世界末日毀滅說、2021重生紀元……人類集體潛意識裡對未來是充滿恐懼與好奇的，這樣的心理作用和迷信神鬼以助化解生活的不順遂有著異曲同工之處。

我不希望此書淪為一本茶餘飯後嗑瓜子聊天的話題書，它不僅偏離了我這麼多年來將無極瑤池金母靈訊無私分享於世人的動機，也失去了對讀者靈性與生命負責的初衷。

2020年預計銜接《請問財富》的出版計畫也就暫時擱置。對此決定，來自於無極界至高無上的無極瑤池金母卻未曾對我下過指導棋，祂保持一貫的圓滿精神——**遵循天命與宇宙定律**。

在2021年，新型冠狀病毒從亞洲蔓延到歐洲，慶幸的是，此時疫苗相繼研究成功，當全人類原本滿心期盼疫苗能夠成為救世主彌賽亞，拯救全球對病毒束手無策的蒼生，以此翻轉對抗病毒逆勢處境，想不到的是，2021年5月，新型冠狀病毒的魔爪硬生生再次從西方世界反襲亞洲而來，如海嘯般大肆侵略原本稱之為抗疫模範生的印度、台灣、越南，感染、重症、病故每日激增，亞洲各國無不屢創單日確診與死亡人數新高。

一日在觀看新聞時，腦海中突然憶起無極瑤池金母在2020年年初便對「新型冠狀病毒」有所警示：

2021年死亡人數超過三百萬（並非死亡人數高峰），同年，疫情轉向落後國家發生嚴重大規模爆發。其實，這一場大瘟疫的影響層面完完全全是可以控制的。如果有些人在平時的靈魂意識處於較高的意識層，他的直覺便會非常地敏銳，他會很容易地去察覺到即將發生的災害所帶來的可怕連鎖效應，那麼，這一場災難在未來對他生命的影響力相對就會非常小。

這段靈訊提及的「意識層」三個字瞬間印入我的腦海，揮之不去。再次仔細閱讀這一堆從2020年初就已經寫好的靈訊書稿，意外發現，祂老人家自始至終從未將重點放在疫情預言，祂更重視的是，是否能夠再次藉由我的身體（降乩）向世人傳遞更多關於靈性覺醒、生命反思、靈修心法——

你有覺察到在這一場疫情中你改變了多少的行為與生活方式？不要讓自己對生命的覺察輕易地流失，去覺醒它、去看見它，順著每一次的覺察走，就像這一場你們人類口中的世紀大瘟疫，有一日離開了你們，你還是一樣不要讓這一份覺察力斷掉，那麼這一份覺察力，在你的意識中便會不斷地產生靈性的力量，這一份在災難中覺察身體與生命所喚醒的意識，對你所居住的世界、對自己生命、對自己的未來，甚至對自己的靈魂會有很深的體悟的。

《請問覺醒》喚醒靈魂意識就此誕生。動筆的靈感瞬間泉湧噴發，這是我的元神意識覺醒後，與靈界連繫時必發生的心靈感動。就如同《請問輪迴》①與《請問財富》②一樣，表面是談論大家耳熟能詳的靈魂轉世與財富，其實隱藏著更多值得我們深入探討的生命議題。

此書與前幾本靈修書不同的是，沒有引用大量的靈性觀點、療癒技巧、宗教理論，此書所教導的內容均來自無極瑤池金母對我的指導，當然，其中你會看見無極瑤池金母提出與坊間書籍不同的觀點，不論何者為對，以一名靈修者的立場來說，我就只是分享我在實踐後，對生命與修行獲得實際幫助的觀點與技巧，也盡量從中挑選出一般讀者所能理解的部分。

或許你本身的志業與我類似，是一位行走在靈修路上的修行者、靈乩、乩身、靈媒、神職人員、心靈療癒師、身心靈平衡工作者或心理教育相關的工作者。無極瑤池金母的靈訊有助於釐清此時此刻人們的靈性層次，實際操練書中所教導的靈魂意識覺醒技巧，不僅有助於你喚醒沉睡的靈魂意識、重新校準靈魂所處的意識空間，同時還能協助你淨化他人的靈魂，讓靈性療癒工作更為順利。若你想要與主神更直接密切地溝通，無極瑤池金母在本書所傳遞的靈訊對此有著重要的幫助。當然，如果我的經驗能夠當你的墊腳石，也歡迎參考挪用。

我想跟正在閱讀此書的你先致歉，我知道有許多人想要從此書中獲知更多關於未來在國際、經濟、戰爭、疫情等方面種種趨勢預言，因它超出這本書當時撰寫的初心，在編寫時我不得不將它從靈訊中剔除，但是你依然可以從幾段靈訊中看見它們的蹤跡，這是為了顧及前後文連貫性，以及在不模糊焦點之下所做的保留。其實，在撰寫初期有請示無極瑤池金母關於外星科技、亞特蘭提斯（Atlantis）、埃及消失的先進文明、人類進化祕密……也都在此書做最後修潤與定調後，將它們完全刪除，我不知道這些已經在市面上不斷被討論的議題，人們是否還會有興趣了解它們，或許當日後因緣成熟之際，這些已有初步架構的靈訊資料，會如同此書一樣被我從電腦資料匣中翻出來，重現世人眼前。

我要感謝楓書坊文化出版社的編輯依萱，從我提案到出版以最快的時間，讓這本神諭之書如期在２０２１年與世人見面，因為無極瑤池金母在２０２０年對於２０２１年與未來的種種預言正在逐步應驗，選在２０２１年出版是為了即時地破除人們對病毒與未來的恐慌焦慮。

最後還是要感謝出版社給予一名作者在創作上最大的包容與尊重，讓這本書在書名、編輯、封面上延續〈請問母娘〉系列，讓《請問覺醒》再次給予世人一個全新認識自我的機會，此書的完稿之後，下一本《請問母娘》系列也正在醞釀中，此處容我賣一個關子。

宇色　２０２１／7月寫於 台中

① 《請問輪迴・無極瑤池金母的28堂生死課：第一次母娘與你促膝長談靈魂轉世和淨化之路》，柿子文化出版。

② 《請問財富・無極瑤池金母親傳財富心法》，橡樹林出版。

無極瑤池金母，從浩瀚無垠的瑤池傳降靈修心法

無極瑤池金母，全名「無極瑤池大聖西王金母大天尊」，坊間又稱王母娘娘或母娘。依據道教神仙譜系，瑤池金母為眾女仙之首，眾靈子重登仙榜亦須拜木公，後謁金母，始得昇九天，入三清覲謁元始天真。

於民國39年左右顯靈東降花蓮吉安，其無極靈修法更廣傳全台灣。眾無極界與太極界之靈子紛紛下降人間，降為人身再修練靈修法重登仙榜，也因此，無數男男女女在靈修法感召之下元神甦醒，靈動、講靈語、靈通之人甚多，且適逢末法時期，六十六重天之無數界仙佛隨無極瑤池金母降世下凡度化靈子。其傳降之先天啟靈法已廣傳全台灣甚至東南亞超過70年，修持靈修法之靈子逐年倍增。

無極瑤池金母掌管人世間一切的因緣，添壽、添子、健康、去厄，精進修持先天啟靈法之靈子均受其庇佑。

汝，此世代的無極瑤池金母（以下為無極瑤池金母自述之靈訊）

許多靈修人都會對我感到好奇，我與三千多年前的西王母是一尊嗎？我依然是那一尊出自於山海經，為人間帶來可怕災禍、瘟疫與疾病；獸頭人身的神祇嗎？

今日，透過宇色你的身體我將揭開世人對此的疑惑，藉此揭露靈界與神靈的奧祕。

今天的你與昨天、明天的你皆不是同一個你，你外在的體相與內在的細胞，無時無刻亦是不停地變動；連你的話語、思維與態度，每一天都有細微地修正調整，只是你不自覺而已。

你曾經仔仔細細地觀察一個人嗎？今日與三十年前的他，你會發現他是完全不同的人，雖然你明確地知道他是同一個人，但是其外表、體型與說話方式，卻已經與三十年前的他非同一人，如此，你該論定此人為同一人？或非同一人？

古人深信世間的每一個人皆是由天上星辰轉世投胎，以星象描繪出一個人一生的命運；宇宙星辰轉瞬變動，星體、銀河系、空間從未消停半刻，而你們人的靈魂意識對應星體產生龐大能量場的運轉而改變，靈魂意識與星體兩者皆具變動特質，這也是萬事萬物存在的本質，無一例外。既然古人所見之星空與今日早已有所不同，你又如何冀望我歷經千年亙古不變呢？

我已不是遠古時期，順應眾人的靈魂意識，孕育而生的半人半獸的神祇。此時，我是順應此世代人類、宗教、文化的集體意識幻化而出手拿蟠桃、持龍頭拐的無極瑤池金母，話雖如此，我依然是三千多年前那一尊古人稱之的西王母，依然是無極界帶領無數神靈，鎮守靈界的無極瑤池金母，我依然是。

Chapter 3 疫情後的世界與人性 167

Chapter 1

源起

01

靈修覺醒的先天啟靈法

不論是清朝時期的白蓮教、先天道、一貫道，或是七十多年前初降花蓮的靈山派信仰，都將無極瑤池金母奉為最高的主宰。這七十多年來，祢不再只是在花蓮聖地勝安宮、慈惠堂的無極瑤池金母，更是被民間教派、宮廟所推崇。請問無極瑤池金母為何選擇東降台灣？這背後有什麼我們所不知的因緣嗎？

無極瑤池金母

台灣是一個非常特殊的島國，或者你會認為台灣是小小的國家，從靈界的立場看待台灣這一塊土地，它聚集著無數靈性極高的靈魂，或許你會認為其他國家的靈媒、通靈人，對靈修有研究的人非常多，尤其在西方世界更是如此，但那僅僅只是因為地廣人多。也勿以為台灣在政治、經濟、人文等方面非常腐敗，你可能不知道，有許多台灣人是可以與神靈有所連接，台灣也隱藏著許多與靈界相連結的祕境，這在其他國家是看不到的。

在七十多年前，我降駕至台灣東部花蓮，傳下此無極先天啟靈法，它在台灣拓展的速度之所以如此快，其原因是在未來世紀中，人類的靈魂意識轉動會非常地快速，這也加速了無極先天啟靈法，與如此多台灣人投入身心靈界、靈修界的原因所在。[3]

在眾多華人聚集的國家中我挑選了台灣，是因它與我有特殊緣分，以及台灣本身獨具的善因緣，促使我降駕來到此地。與此同時，神靈界眾多神靈、靈子一同隨此因緣同駕世間，共同開拓無極先天啟靈法在人世間的傳承。此先天密法喚醒無數人的元神意識，開啟他們走上靈修修練之路，連結與靈界交感的能力，進而成為一名靈乩、通靈人與靈媒。先天密法歷經了七十多年的沉澱，喚醒許多靈子累世的修法因緣，許多不可思議的自我修練法門也隨之逐漸發芽、開枝散葉。

台灣獨特的島國環境，也是促成靈修法喚醒許多台灣人靈性的原因所在。如果一個國家與眾多國家在土地上有所接壤，將有助於廣傳宗教文化與修行法門，地緣關係與宗教的散播力是有其關聯的，每一件事都有其陰陽兩面，雖然與多國接壤的國家在宗教的散播力會非常強，相對地也會削弱宗教傳承上的純粹性，本土宗教與修行法門會更顯得複雜。國與國有所接壤雖然大大地加速文化、宗教、貿易、人民彼此間的交流，但是從宗教的專一性來說，反而會破壞本土信仰的本貌。本土宗教與修行法門尚未達成熟階段，在一個比較封閉的國家，較能夠保留其精神跟原始的風貌。台灣人民普遍上是不排斥宗教的，有許多靈性高的人是在感知靈魂呼喚之下走入宗教修練。台灣雖然是由不同種族與文化所組成，但是並不會因此而排斥彼此的宗教信仰，反而將自身種族的信仰再融入其他的宗教元素，這是在許多對宗教壁壘分明的國家所看不到的。台灣，是一個對宗教與修行極度包容與接納的國家，再加上它特殊的島國環境，與其他國家相比較容易保留本土的宗教文化與修行法門，這也促成後來我選擇將無極先天啟靈法降於此的原因。

此書是由宇色透過元神啟靈後與我交談，元神啟靈法不可思議之處在於，它是能夠喚醒元神意識與靈魂合一的修練法門，它完全跨越宗教的隔閡，如此殊勝且獨特的修行法門，在其他國家很難被廣傳與接受。你可以說此法門是順應台灣人孕育而生，我將無極先天啟靈的這一道密法降於台灣，便是基於以上種種的因緣。

因此，台灣人千萬不要妄自菲薄，不要認為外國的新時代思想或是宗教比較好，再好的宗教與修行也要符合當地人的靈魂意識。台灣人與生俱來的特質非常適合修行，尤其是靈修，且台灣有太多由無極界轉世而來的靈子們，促使台灣的宗教信仰、修行與靈修相融合一。

你會發現台灣歷經戰爭的紛擾，卻依然可以保持某種穩定的狀態，那真的是台灣人的福氣，這有絕大的因素是在轉世到台灣的靈魂，所產生的一種共同意識下的能量。

以上種種，就是在七十多年前，我在台灣降下無極先天元神啟靈法，喚醒無數人的元神與之靈魂覺醒，也希望有更多靈子們從我靈訊中甦醒的原因所在。

如何使用本書教導的技巧

自從２０２０年出版〈請問母娘〉一系列，收到許許多多讀者閱讀無極瑤池金母靈訊，發生強烈身體靈動反應與不可思議密契經驗。氣動、打嗝、暈眩感、莫名流淚、閱讀某段靈訊時一陣通電感從頭頂灌入、睡前閱讀隔天感到特別清明、閱讀瞬間感覺身處於異度空間……至今仍然可以收到讀者分享身體與靈訊相應的讀後心得。

或許正在閱讀的你也會想要進一步了解，該怎麼做才能跟以上讀者一樣，感應到這尊遠古時代就存在於世間的無極瑤池金母。如果你想要快速地將無極瑤池金母的靈訊文字轉化成靈魂的能量糧食，在這裡我想要教導你一種鍛鍊靈魂意識脫離身體，快速進入無極瑤池金母靈訊的技巧。如果你反覆閱讀以下步驟仍然捉不到重點，主因是你的意識層停留在物質界太久，以及慣於使用左腦思考所致，此時不妨回頭閱讀前兩本書《請問輪迴・無極瑤池金母的28堂生死課》[4]與《請問財富・無極瑤池金母親傳財富心法》[5]，反覆操練幾回書中我所教導的心法，再來練習以下步驟，你便能夠快速地掌握「瞬間轉化靈魂意識融入神祇意識場」的技巧。

召請主神灌頂開啟靈魂意識大門

◇合掌祈請無極瑤池金母或你自身的信仰神灌頂加持——觀想祂們從遙遠的靈界傳遞出一道光束，從你的頭頂灌入到海底輪。（不要太拘泥神祇名稱，所有的神靈都是一體的）

◇吸氣時，光束源源不絕地注入你的體內；吐氣時，觀想光束不間斷從體內呈放射狀穿透身體表面。練習幾回，直到你感覺非常的平靜為止。

將靈魂意識出離

◇接著將85%的專注力放在額頭後面（也就是松果體的位置），將意識降低至15%，保持在半清醒半模糊狀態，切記！**15：85是進入意識出離的黃金比例**。

◇此時你的意識會呈現放空狀態，不要去揣測做得對不對，放空時有一種輕盈與慵懶的感覺，這就對了。

◇選擇此書中一段你最有感覺的無極瑤池金母靈訊，輕聲地念誦出來，注意！一定要輕聲念出來。

◇意識狀態依然保持在黃金比例上，85%鎖定在松果體，15%隱約可見文字。

◇想像你身旁坐著一位好友，音量就控制在好友可以聽見的大小與範圍。

◇完全放掉念誦（說）與閱讀（看）的感知，也不要太在意念得對與否，你只要一心不亂地保持在放空且能念誦的意識狀態。

化解封印在身體的業力印記

◇此時你隱隱約約感覺身體有輕微晃動感，它會隨著你念誦的音量、音調而有所變化，有時搖擺幅度會大一點，有時會左右或前後搖擺，我將它稱之為氣動。

◇每一個人的狀況都不盡相同。不要過度緊張與過多聯想，它是一種自然的身體反應。

◇讓念誦保持在身體無意識狀態的輕搖與意識出離的黃金比例，不間斷，直至一段靈訊結束。

◇保持這種狀態念誦靈訊，你的意識會完全跳脫靈訊的文字框架，你會有文字之外的體悟，有時會聯想到其他的事物，有時會對文字所描述的事情，有更深入的體會。

◇身體進入氣動狀態，**意識保持15：85黃金比例，靈魂意識能夠接收更高維度場域的訊息**。

抄錄感受心得

◇不要太相信「記憶」，一定要把方才的感受抄寫下來。這是最後一步。我在修練元神出竅、通靈以及與仙佛交流前期，意識一回到人間後往往就忘記方才所有的事情，記憶是大腦的工作，而靈魂意識出離動用到大腦的機會並不多，因此，務必要在結束後抄寫下所有的感受。

◇不用急著閱讀與理解方才所寫的內容，更不要質疑內容的真實性，過幾天再去翻閱，你一定會非常驚訝眼前的文字，你不僅會完完全全遺忘抄寫的內容，甚至你還會驚嘆怎會寫下這些超乎你平常能理解的事物。

◇任何沒有靜坐冥想習慣的人，只要依照以上的步驟練習，會很快淨化自我意識達到出離境界與母娘的靈訊連結。

不要對你所抄寫下的內容過度感到不可思議。如果有人問我，每一個人都有辦法達到這樣的境界嗎？是的！只要停止內心一波又一波的漣漪，回歸心的光潔與樸實，便能窺見更高一層的世界真相。

你只須記得一句話：

世界永遠超乎你的認知，
認識世界真相的唯一途徑是向內探求，
沒有其他。

③關於台灣無極先天啟靈法與全世界正在流動的新時代思想之間的關係，請參閱《請問輪迴・無極瑤池金母的28堂生死課》〈Q14・跳脫轉世輪迴一定要信仰宗教嗎？宗教對靈魂覺醒有幫助嗎？〉有詳細解說。

④2020柿子文化出版。

⑤2020橡樹林出版。

02

關於靈魂意識的覺醒

人類科技進步與人類靈魂意識的覺醒

世界正從4G邁入5G的世代，想像一下，一部影片在4G狀態下得花約6分鐘才能下載，而5G僅需3.6秒就能完成任務。沒錯！你沒看錯，5G整整比4G快上一百倍，有人用高速公路來比喻5G的世界，當單一條高速公路拓寬成兩百條車道，在壅塞的連續假期，車輛依然可以行駛時速120公里以上。換言之，未來人類思維、工作模式與世界的進步將比現今快上一百倍。在過去十年間，世界的進步以驚人速度超越了過去一個世代（一百年）的努力，或許，未來可能會不到一年的時間，在醫學、科技、太空戰、網路等方面凌駕過去一百年的努力。

科技與網路的大躍進也正全面改寫消費者的行為模式。從以前的產品行銷、故事行銷、1994年網路大數據行銷，一直到2008年的社群媒體行銷（臉書、YouTube），5G的來臨將全面顛覆單一路線的行銷方式，正式邁入量子行銷。

5G量子行銷將全方面統整行銷與網路資訊，例如以網路結合科技的3D虛擬世界——VR（虛擬實境）或CR影像實境、人工AI智能科技、龐大的人類行為數據分析……消費者可運用的網路資源越多，也就代表消費者行為越來越難捉摸。5G全面改變人類行為模式不是遙遠的未來，而是現在進行式。因為此波疫情的關係，人類開始利用網路學習、遠距離上班、上課、問診、教學，

Podcast、Clubhouse 等免費知識分享平台快速竄起，電子書與有聲書也正在改寫傳統書市歷史……5G 不僅僅是網路快速，它也讓每一個人與世界的連結更快、更多元。現在已經很少有人在一個時間內僅做一件事，每個人可以在一個時間內同時處理好幾件事情，煮飯或洗澡時可以同步聆聽有聲書、Podcast 新聞。當你一手滑著 iPad 看電子書時，耳機裡也正在傳來 Clubhouse 談論著時事。此時正在寫稿的我，桌上放滿一堆書籍，iPad 正顯示著未看完的電子書，耳朵聆聽著電腦播放的古典音樂……這也正顯示著，人類不停地從無上限的網路知識網下載最新最即時的資訊。

這一連串的改變也意謂，此時此刻你不得不擴充腦容量與更新下載最新的資訊，隨時都必須適應與學習全新科技、電腦與手機應用軟體，才能因應未來世界的快速變化，任何一個人只要稍不留神便有可能被社會所淘汰。如果銜接不上世界的變化，昨日的你已經被今日的你所淘汰，未來的競爭者只有自己。

你一定會好奇，這是一本無極瑤池金母降示神諭書，我怎麼一直在提科技與 5G。不妨將靈魂意識的覺醒視為從 4G 邁入 5G 的靈魂覺性大躍進。

覺醒的靈魂意識將改寫全球人類行為模式

靈魂覺醒就好像是 4G 進展到 5G 的無線行動通訊網路。升級靈魂意識，讓它快速處理大腦每日所接收的訊息，並且迅速轉化成有用的事物，以因應未來世界的改變。尚在沉睡的靈魂如同未升級的頻寬，覺醒的靈魂意識正從 0G 脫胎換骨走向更高速的頻寬。

靈魂意識的覺醒，迎接你的是一個嶄新的意識世界。你會慢慢脫離舊有的思維，以多方的角度思考每天所發生的事情，在靈魂被喚醒的階段，對生命會產生一連串的疑問：

我是誰？

生命的意義？

我為誰而活？

我就只能這樣過一生嗎？

為什麼我不能做真正的自己？

為什麼我要在乎別人的看法？

我何必去干涉不屬於我生命中的事情？

媒體報導的就是客觀中立嗎？

這一些疑惑就像爆米花從製造機中湧出，沒有停止的一天，它會占據你的思緒，甚至你會連自己是誰都感覺到陌生，你很難去形容「我是誰」，每一天起床似乎都會感覺不太認識眼前的「自己」。你享受孤獨更勝於與友人、家人相處，你會在熱鬧的人群中慢慢感覺到孤單，就算一旁簇擁著許多愛你的人，但你依然感到不被了解，不用感到害怕，這只是一個靈魂覺醒走入合一的過程。

此書中無極瑤池金母揭露未來人類在意識、行為模式、思想以及大疫情之後的社會趨勢變化，例如：

在未來世紀中，人類的靈魂意識轉動會非常的快速。

一些靈魂意識已近覺醒的靈魂們，在現代凝聚成龐大意識網，改變未來的世界。

在未來，人們的生命價值不再著墨於金錢與事業等物質領域，尤其是已經走在靈修路上的人們……

對於未來世界，你必須觀察到其他人所不能觀測之事物，才能夠接軌宇宙規律的轉變，順應世界演變的潮流……當你了解未來必然發生的趨勢，如果你的行為模式不做調整，未來在社會與職場競爭賽中將必被淘汰，要懂得善用靈魂意識來接軌世界的改變。

未來，一連串的消費者行為、經濟行為、企業演變，甚至超乎人類想像的新產品，都會在這一場大瘟疫中產生巨大的變化。此時此刻你尚未觀察到這樣的大變動，這是因為對於改變世界的「流動力量」需要一段時間才會幻化出，我方才所說世界的改變，它即將到來。

適應後疫情趨勢的改變，改寫未來人類行為模式的人都具有一個共同特徵——覺醒的靈魂意識。千萬不要誤以為這又是另一個世界末日預言或是新人類的誕生，將這本書看完，你會有一個很深刻的體會——**靈魂覺醒在人類演化中扮演著推動世界進步不可或缺的角色**。你是否曾經看過百年前清朝[6]古人的生活照?抑或是研究過早期人類的思想與觀念，例如在歐洲12到16世紀將近四百年之久的獵巫行動、1313年天主教會兜售贖罪券、日本姨舍山傳說[7]……這一些在當代看似不可思議的行徑，在在地說明著世界上的每一條靈魂意識無時無刻不在經歷著推演與進化。換言之，世界樣貌與靈魂意識有著密不可分的關係。

對於靈魂意識的覺醒，無極瑤池金母是如此解釋：

新舊靈魂的生命課題是什麼？若有一條完全沒有意識的靈魂，終有一日他會滅，每一條靈魂轉世來到人世間，都必須學會意識覺醒——活在人世間的意識覺醒。而意識覺醒最基本的，就是思考活在人世間的意義是什麼。他必須要先知道自己的存在，才能夠去創造出自己想要的世界，當一個人啟發獨具特質的我，意識才會覺醒。

當世界充滿著無數覺醒的靈魂，意謂宗教觀、道德、科技正以驚人的速度提升與轉變中。例如：

天堂與地獄之說將被顛覆
同性戀被更多人所接納認同
人民不再冷漠對待政治與社會議題
全新詮釋與定義傳統宗教教義
個人獨特的才能培養將超越升學至上的唯一選擇
網路的自修學習將迫使教學方式的改變

當靈魂走入覺醒，可能會出現以下的特徵，我必須先說明，每個人的生命歷程不同，所列舉無法涵蓋所有覺醒的條件，只要符合以下三項，表示你正從舊有軀殼中蛻化成一條全新的靈魂——

❶在人事方面的糾結縮短不到一天，甚至發生當下就釋懷

❷享受一個人的獨處，生活步調慢慢緩慢下來
❸會去思考生命議題，腦子不再只有賺錢
❹突然對許多新鮮事物感到好奇，並且勇於開展學習計畫
❺擁有飛快的學習力，對許多事物都有一種融會貫通的感覺
❻對未來不再感到恐懼，勇於去探知關於死亡、老年、疾病等生命議題
❼許多人都說你變了，卻說不上來哪裡不一樣
❽自動過濾網路社群媒體與手機的好友名單、群組、社團
❾不交心的朋友自動離開你，結交到新一群意識層更高的朋友
❿不再在意任何人對自己的言論評價
⓫逐漸地減少與自身生命不相關事物的批評
⓬拒絕跳入一些爭議性的話題陷阱，例如政治議題
⓭接受並且理解與自身性向不同的族群，例如同性戀、變性人、跨性別等
⓮有一段期間夢變多，也特別容易記住夢境（只是一段期間）
⓯不再將時間浪費在消耗太多精神力的人、事上面
⓰會將大部分時間花在閱讀、獨處與有益身心的人、事
⓱不再恐懼花錢之後的得失感，樂於享受消費在身心有益的富足感上面
⓲對宗教所談論的天堂、地獄、行善、修行有完全不同以往的觀點
⓳突然開始懂得欣賞音樂、書法、插花、繪畫、裝置藝術等藝術創作

⑳對於生活有著源源不絕的靈感，總是有著改變生命慣性的勇氣
㉑會經歷一段嚴重的時差，一覺醒來不知是早晨或下午
㉒毅然決然切斷一段糾葛甚久的婚姻、感情

覺醒的靈魂具有獨一無二的個人特質

覺醒的靈魂具有獨立思考能力、強大覺知，如此才能跳脫世界侷限與包袱，就像當今世界知名的科學家、網路新秀，他們皆具有勇於創新挑戰的個人獨特色彩，以及擁有開放的態度接納尊重每一個人，這就是覺醒的特徵之一。我在撰寫這本書時，一段訊息突然降臨——

科技的進步來自於人類靈魂的覺醒。覺醒靈魂的眼界非常高，他所想、所見的世界非常人所及，它們在靈界便已是覺醒的意識。每一條靈魂在靈界所擁有的世界均不相同，祕密來自於心靈的世界。

人類的靈魂意識與靈界是相通的，靈界每一件事物都是真實不虛，你可以將靈界想像成是一個無限延伸、無止盡的宇宙，出自於內心相信的都會在此實現。在地球上，許多意識覺醒的靈魂，他們有驚人的表現、言論、觀點與發明，有些是他們在靈界時便具有，有一些是他們無意識時（夢）前往靈界，捕捉已經在靈界顯現的事物。

覺醒的靈魂不會將幻想視為不切實際，他們擁有將幻想轉化為真實的能力，在他們大腦閃過的任何念頭均會實現在世間，甚至再將它疊加以便創造更多的事物，以驚人速度創造新奇事

物，這是覺醒的靈魂。在人世間，許多超乎人類所能想像的創新，都是由一群靈魂意識覺醒的人們所為，這一群人正以驚人速度改變未來。

靈界是由心所創作而出的世界，每一層級的靈界凝聚著一群擁有相同信念的靈體，越高層次的靈界，靈魂越純粹，越接近於光的本體。而高度覺醒的靈魂，在靈界便會著重美的事物，它們宛如是美的代言人、優雅的化身，超乎常人所能及的音樂、藝術、科技等創作，都是來自一群在靈界已經覺醒的靈魂意識，他們將意識層的東西實踐於世間，簡言之，靈界存在於每一個覺醒的靈魂意識層，無極瑤池金母曾如此形容靈界——

靈界並不是一成不變，它千變萬化、多彩多姿。靈界是由人類的意念所創作出來的，人類在真實世界中如何去想像靈界，它便是如此。有些覺醒度相當高的靈魂轉世投胎去到人世間，它會記得在靈界所體悟的種種，並將它再幻化於世界成為真實，因此，人類的靈魂是靈界與人間的橋樑。

靈魂的覺醒，知曉生命此刻的位置

在此先提醒你，修練靈魂意識進入更高層次的存在有一定的風險，優美的風景暗藏著危機，是因你擅自偏離主要道路，對警示牌置之不理。你如果想與我一樣以鍛鍊靈魂意識為主要的修練法，建議你操練本書所教的技巧時，必須仔細閱讀並且按部就班地完成它，清楚每一則無極瑤池金母的靈訊意涵。預打一劑安心針，當你在閱讀時身體發生了不可思議的現象時，請務必保持正信的態度，請記得，密契經驗是良善或邪惡端看你的信念而定。

我的靈修經驗教導我，當一個人靈魂覺醒的那一刻，它的靈魂光輝得以照亮生命前方的路徑。任何人都具有喚醒靈魂的能力，它不屬於通靈人、靈媒、陰陽眼、薩滿、樂於與鬼神打交道的人，或是飽讀聖經、佛經的神職人員，靈魂覺醒更無關乎世間哪一個宗教範圍，誠如無極瑤池金母說過這麼一段話：

宗教創始人對世界並沒有這些定義，是後來的人們刻意將它定義出來了，因為人們不到創始人的層次。

人們信仰宗教，行為與思考模式會與宗教非常相像，世界的差異更加壁壘分明。若每個靈修人走入真正的靈修——像是全世界盛行的新時代思想與無極瑤池金母靈修，就是在此新世代運作之下很自然產生的新力量——會讓每個人跨越了宗教界線，淡化了隔閡，因不再有隔閡，你的生命不再成為他人⑧底下的範本，此生才能找回自己真正的力量。

——錄自《請問輪迴》無極瑤池金母慈降靈訊

最後，我想送一句話語給即將翻閱此書，並親自感受無極瑤池金母「喚醒靈魂意識」神妙力量的你——

無極瑤池金母的靈訊文字無一不是祂的智慧化身，浸淫於文字、視為真諦，靈魂與祂同在，靈魂意識得以淨化與覺醒。

閱讀的當下，靈魂意識、身體與生命若有發生任何超乎你經驗之外的事情，請永遠務必將此段話語視為安定心神的諦語，所發生的一切都是無極瑤池金母所安排，只要靜心觀照，知道你的靈魂意識進入祂靈光所幻化的靈訊與文字中，你還有什麼好懼怕的呢？

⑥攝影術於 1839 年誕生，故以清朝為例。
⑦日本古代因糧食短缺，有著棄雙親於山林間的傳說。
⑧指某些宗教領袖、神職人員等。

03 解封的靈魂意識正逐步改變人類的未來

跳出二維爭奪思維，進入靈性純粹思維。超越慾望，意識與生命得以撥動和諧的音弦，進入超感知之境。

——宇色

坦白說，在走靈修之後，我很少向祂與其他神明請教私人的事情，例如感情、財運、風水、事業等等，但我的確向祂質疑過許許多多的問題。換言之，這一條靈修路上，我並非對祂們的訊息照單全收，我的思緒裡頭仍然保留一大部分思辨空間，足以分辨神靈界的訊息與現實世界的變化。這就好比要徒步涉溪，總得小心翼翼地踏穩每一步才能再向前一小步，這就是靈修的要訣——**大膽求知、小心求證**，你永遠必須提防神明突然來一招隨堂考殺得你措手不及。無極瑤池金母曾對一位想走靈修，也自稱具有通靈能力的人說：神明時時刻刻都在檢視人們的心，你如果完全相信神明所說的話，你怎知會不會是在考驗你的心呢？

人們總是一味地相信神應該照顧人類，對於人類種種提問，神明也應該無所不知、無所不答，但這必須建立在靈性平等的基礎之上。靈魂意識不斷淨化與覺醒，神明才會在後面推你一把；反之，當你過度依賴祂們，放棄了掌握生命的主導權，對於祂們的每一句話都不經反省思考，終有一日，你終將被自己的生命所遺棄，而不是祂們。

在神靈的世界裡沒有懲罰，更沒有令人不安的魔考，魔考只存在人性當中。**人與神的關係，建立在一種平衡協調與共進的意識層，心保持在信任與不依賴之間，靈魂意識處於全然與之合一；卻依然保有個人意識空間**。當你的靈魂意識達到如此的層次，你的言行舉止會開始和以往有所不同，在處理生命的態度上會更緩慢，保持在某一種優雅不躁進的狀態中，恐懼、焦慮、競爭、不安不會在你心裡停留太久，當它們出現時會很快被轉化掉，取而代之是純粹的一種存在。

當你了解了以上內容，再閱讀這一段靈訊時，想必會更加地了解無極瑤池金母靈訊背後所要傳遞的寶貴訊息。

我是否有質疑過無極瑤池金母的靈訊？這是許多讀者感到好奇與不解之處。也有讀者詢問我，在什麼樣的因緣之下，為何地球成形之前便已經存在的遠古神無極瑤池金母，願意在《請問母娘》兩本書中慈示如此多龐大的靈訊？

無極瑤池金母

※恐懼與情慾阻擋靈魂傾聽神靈的聲音

宇色！你問我，為什麼願意傳遞出一連串揭露靈魂轉世輪迴、宇宙運作法則、財富與轉世，以及這一本關於2020大瘟疫流行疾病的靈訊，透過你的身體[9]教導人們如何喚醒靈魂意識，其原因主要有兩個：[10]

一、宇色二十多年來精進於靈修之路，你的靈魂意識已經完完全全與元神合一，唯有合一的靈魂才能夠承接我從無極界傳遞給世人的訊息；你的元神與肉體已經做好準備，才能夠轉化如此繁複的靈訊。

二、將近七十多年前來到地球投胎轉世的眾多靈魂中，有許許多多是已覺醒的意識來到人世間，這一些靈魂意識已近覺醒的靈魂們，在現代凝聚成龐大意識網，改變未來的世界。

在細部解說以上兩點之前，我必須先為眾人解說一件大家所好奇也是必須了解的議題——「修行、通靈與神靈」三者之間不可分割的重要關係。這也能夠讓人們清楚明瞭我們神靈透過「人」這個媒介穿梭於地球與靈界之間。

修練靈魂意識就是打通前往神靈居所的路徑

如果有一名靈修人、通靈人、修行者、靈媒，帶著男女私慾與利益的心，一同隨你轉世來到人世間的主神、守護靈、指導神，以及有緣的神尊皆會知悉；你們的靈魂（意識）與我們是共時同步的，人與神如同人與影子是寸步不離的關係。

人類一絲一毫的心思皆與神同步，我們豈能不知你們細微的心思呢？這就是你們老祖先常說的「人在做天在看，舉頭三尺有神明」，已經明確地指出靈界的奧祕。

他們（一開始所指的靈修人、通靈人、修行者、靈媒）開設的宮廟、道場以及從事的身心靈工作也都被相同的不淨心所薰染。心的渲染力就像這一場大瘟疫的擴散傳播力一樣，而不淨的心就是散播著威脅人體健康的病毒，靠近此空間場域內的每一個人⑪，感染後又傳染給身邊的每一個人。也就是如此，已經感染的人們看不見真相、聽不見我們想告訴他們的話，他們並不自知他們的心早已被這一群自稱能夠接收我們訊息的人所影響，靈魂已經被不善的意識所填塞了，從他們一踏進如此心性的人的空間時，靈魂意識就很難甦醒。

被利益、慾望占滿的心，豈有多餘空間再容入神靈？當你在請示我們一些事情時，你是無法從我們身上得到精闢深入的話語。強烈的慾望與情慾占領了靈魂意識，勢必也抹煞了靈性在靈魂意識裡綻放光輝的空間，從這些人口中所說的神蹟感應，以及仙佛菩薩降乩的話語、通靈時所感知的畫面與聲音，其實都只是如此的心所幻化出來的世界罷了。

全然純淨的靈魂便是神靈的住所

了解了這一點，你就可以了解，世間上絕對沒有任何一個人可以獨享一尊神靈的智慧；我們也不會特別關照某位特定的人⑫。並非神靈不願意傳訊給每一個人，我們絕對不會吝嗇與拒絕給予世間有助益的訊息。全然純淨的靈魂意識是神靈神聖的住所，你們之所以無法感知到我們，是情慾、恐懼、無明、對世間強烈占有的心，一顆沾黏世間遊戲、喜好幻相的心，削弱了與我們連結的力量。

赤子之心是遵循天命的喜悅之道

此時此刻正在聆聽我話語的你，如果你有熟讀深思《請問輪迴》與《請問財富》，這兩本書裡面我所說的每一句話，再回頭觀察這兩本書的作者宇色，你覺得現在的他與之前有何不同？

宇色從出書前就一直秉持著「用心寫好一本書，真誠地分享靈修經驗」的初心。他絲毫不在意一本書在出版後，讀者反應與市場的銷售狀況，他對於出版我所降的靈訊書能否帶給他多少知名度與利益是沒有任何感受的，他的心思完全不會在意這一些事情，出版前後他的生活依舊保持在規律底下運行著，他也不在意別人對於他的著作內容的看法。批評、讚美、懷疑、否定……都不影響他對於「寫作」這一件事情的初衷。也正因為如此，當他的意識進入到元神合一的狀態，我傳遞給他的龐大靈訊便能夠瞬間吸收、消化再轉化為他的靈魂養分，所有靈訊的內容不再只是文字、聲音，而是完完全全成為他靈魂的一部分，當我的靈訊呈現在你眼前時，依然具有強大力量喚醒每一條沉睡的靈魂意識。

這概念就如同一名帶著純然好奇心的小孩在學習一件事物，為何小孩的學習能力與思考比成人快？因為小孩的心思在學習任何一件事情時，是完全專注於當下的，旁邊任何的聲音都不會入他們的心，他們的心並沒有帶著絲毫的目的，就只是在做自己有興趣的事。一顆帶著強烈的期待與慾望的心在學習一件事情時，所感受到的只有痛苦，不會有平靜、寧靜與喜悅的發生，外界聲音與內在慾望都會阻礙你了解一件事的能力。

你知道嗎？當你對一個人的看法是：「他怎麼都在做一些令我們意想不到的事情」，意想不到是指超乎你對他平日的印象，如同小孩子以豐富多樣的創造力、想像力與好奇心面對生命，這樣的人就代表他的行為是不帶有目的與期待結果的，他只是專心在做一件事。如此之心非常難得，因為他沒有帶著「目的」在做一件事情，這不是盲目，他只是聽見內在的聲音，順著因緣在做一件事情，因為沒有目的與期待，因緣盡了他會放手，這不容易！你不能說這樣的人一無是處、胸無大志，他依然有其中心思想與使命，這是他與生俱來的，這是這一條靈魂的命格，他不會被改變的，這相當難得，這就是你們口中常常說的赤子之心，是走入靈魂覺醒的基本要件：一顆永遠保持好奇、不傷害他人與世界、抱持著純真之心便是赤子心，永遠不帶有目的與期待。

你要知道的是，如果有一個人的心性是對世間所有事物感到好奇，他在接觸不同事物時的態度就只有投入，不期待結果的好壞，他就只是投入其中，去體驗過程中所帶來的種種感受，這般的意識與行為便是純粹，如此的心便是不帶有「目的」，日後這一個人以相同的心性進入到靈性領域，他的體悟與成就便與其他人有所不同，這一份天性就是赤子之心。我向你告知一個靈修的真相，唯有保持一顆赤子之心的靈魂，才能開啟靈魂深處無盡的寶藏，才是能讓後天靈魂與先天元神合一的祕法，赤子之心，一顆無所求的心。

21世紀的眾多靈魂正逐步地覺醒，邁向意識的路途

我為何在此時降下揭露宇宙與輪迴的靈訊，另一原因是，此世代中有絕大部分的靈魂意識已經開始邁入覺醒階段⑬，這是宇宙運作下自然發生的結果，我選擇在此時降下這一些靈訊會加速更多的龍鳳兒女與元神合一。在未來，人們的生命價值不再著墨於金錢與事業等物質領域，尤其是已經走在靈修路上的人們。因此當我決定在2020年傳遞這一些訊息時，我所揭露的真相會自動吸引已經開始願意讓靈魂意識覺醒的人們，靈魂意識已經逐漸覺醒的人類會對這一些靈訊有著莫名的渴望，想要進一步地了解關乎人們靈魂的議題。

但是我想要再一次提醒你，**不要帶著任何目的閱讀這一些靈訊**，切勿貪求從靈訊所得到的東西滿足你的慾望與目的，更不要將這一些靈訊藏於自身的口袋之內，要善於分享它們，讓更多人跟你們一樣擁有它進而覺醒自己的意識。人的靈魂意識與神的是處在和諧對等、完全開放、平和的交流狀態，你的靈魂意識所感知的訊息會大大地超越文字的限制，靈訊會從你的靈魂深處綻放出源源不絕的直覺靈感，只要你樂於分享不占為己有。

有無數人是帶著慾望在走靈修，帶著強烈的目的接近我們，這樣的心念是無法從我們這裡得到純粹的訊息，無法獲知有益於靈魂與世間的靈訊。現在的人在接觸靈修，並非是為了解脫心中的苦，跳脫這一道無止盡的輪迴，每一個人的心中都帶著強烈的慾望、夢想與貪婪進入這一些領域，最終，他們所帶走的也是這一些心所幻化出來的世界。

◎靈魂意識與神靈是共時同步，如同人與影子寸步不離的關係。

◎被利慾占滿的心，無法從神靈得到精闢深入的話語。

◎全然純淨的靈魂意識即是神靈的住所。

◎一顆沾黏世間幻相的心，會阻隔削弱與神靈相應的力量。

◎帶著強烈的期待與慾望學習事情時，所感受到的只有痛苦，不會發生平靜、寧靜與喜悅。

◎不帶有目的與期待結果的，只是專心在做一件事，即是赤子之心，是走入靈魂覺醒的基本要件。

◎唯有保持一顆赤子之心，才能開啟靈魂深處無盡的寶藏，才是能讓後天靈魂與先天元神合一的祕法，赤子之心是即一顆無所求的心。

◎不要帶著任何目的閱讀這一些靈訊，切勿貪求從靈訊所得到的東西滿足你的慾望與目的。

◎心中帶著強烈慾望、夢想與貪婪進入靈修，最終，帶走的也是這一些心所幻化出來的世界。

我在跟無極瑤池金母對話的時候，從文字上來看似乎是一問一答的單向溝通，其實有許多的時候我的腦袋會同時浮現非常多的畫面，相信你在閱讀時應該也有相同的感受。你會有很多的想法不斷地冒出來，如果你細細再三閱讀它，你會感到它勾引出你深層被遺忘的思維。

在這一段靈訊中，你就可以得到多個不同層次的訊息，例如：

❶此世代中有絕大部分的靈魂意識已經開始邁入覺醒階段⑭，這是宇宙運作下自然發生的結果，我選擇在此時降下這一些靈訊會加速更多的龍鳳兒女與元神合一。

❷人的靈魂意識與神的是處在和諧對等、完全開放、平和的交流狀態，你的靈魂意識所感知的訊息會大大地超越文字的限制。

❸赤子之心，是走入靈魂覺醒的基本要件：一顆永遠保持好奇、不傷害他人與世界、抱持著純真之心便是赤子心，永遠不帶有目的與期待。

人類靈魂與神靈相連，無為是唯一的路徑

神靈沒有專屬獨一的代言人，通靈在世間無法被任何一個人註冊專利，是無極瑤池金母這段靈訊的教導。我在許多場合中也有說過，有興趣研究靈修、通靈、神祕學的人應該先研究自己的心，玄學與鬼神論失去了心的支撐，所依據的只是某人觀點或網路傳流的故事，不是更深層地看透心的運作是很難與神合一的，也只是淪為一種高談闊論的陳腔濫調。對我而言，通靈是一種扎根於心，平衡生命的態度，這意謂，**踏出去的每一步都必須經過實證、經驗，而紮實自己的觀點。**

不要帶著任何目的閱讀這一些靈訊，切勿貪求從靈訊所得到的東西滿足你的慾望與目的，更不要將這一些靈訊藏於自身的口袋之內，要善於分享它們，讓更多人跟你們一樣擁有它進而覺醒自己的意識。人的靈魂意識與神的是處在和諧對等、完全開放、平和的交流狀態，你的靈魂意識所感知的訊息會大大地超越文字的限制，靈訊會從你的靈魂深處綻放出源源不絕的直覺靈

感，只要你樂於分享不占為己有。

無極瑤池金母提醒我們，通靈是一種靈魂意識覺醒的表徵，覺醒的本質是分享、無私、無懼與平和，儘管通靈有許多的形式，每一位靈媒所展現的特質也截然不同，但骨子裡卻是相同的。值得注意的是，閱讀靈訊的你與接收靈訊者也是與仙佛融為一體，萬物本就為一體，融入靈訊才能夠從靈魂深處綻放出源源不絕的直覺靈感。

「靈修」與「靈魂覺醒」是不可分割的關係

關於這部分無極瑤池金母在《請問輪迴》中就提及，若有一條靈此生的意識已經真正地覺醒，就會像在一片土地當中，知道自己應該在哪一塊土地生長，你不可能每塊土地都想要擁有，只能找到適合自己的地方。靈修的第一步，是不可以模仿他人，人要「像自己」一樣，讓自己在一片屬於私我的天地間思考。你必須要知道，當你回歸到最小的地方去思考時，才能夠走出世界。為什麼這麼多人他走不出心的世界？走不出去更大的世界？因為他都在逃避此生應該負擔的責任，若每個人都走靈修，就如水一樣最終會平靜。一個人想要靈魂真正地覺醒，先要在一個能夠觸發因緣的環境。

我將本章節與這段靈訊進一步地整理出幾個「修行、通靈、神靈」與喚醒靈魂意識重要的概念，它包括了：

❶心居住靈魂與此生有緣的神靈

神靈不是居住在寺廟供人膜拜，祂鮮明地活在你我的心中。看似非常八股的說法，但祂的的確

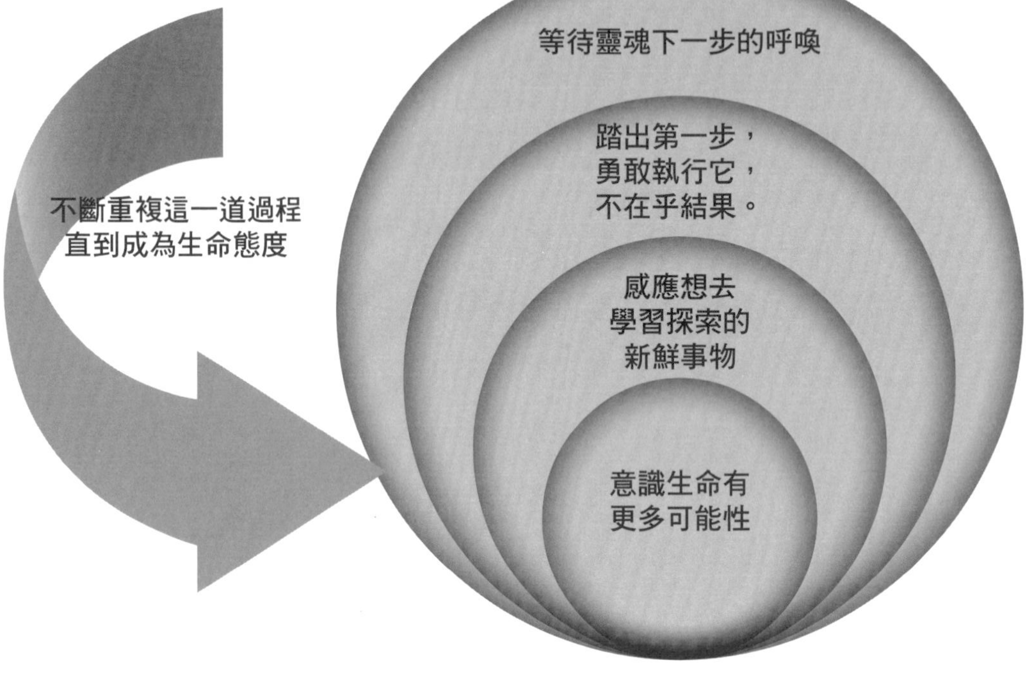
不斷重複這一道過程
直到成為生命態度
等待靈魂下一步的呼喚
踏出第一步，
勇敢執行它，
不在乎結果。
感應想去
學習探索的
新鮮事物
意識生命有
更多可能性

確是如此，當我們遇到困難時總是向外求，希望神靈給予我們指點，久而久之，我們弱化了心的力量，連帶地也失去了心與靈魂、靈魂與神靈之間的連結，也會失去了喚醒靈魂意識的機會。唯有將生命的主導權拿回來，懇切地相信你擁有掌握生命的力量，不再將未來冀望於「心」之外，我們才能喚醒那一條沉睡的靈魂。回歸心是誘發靈魂覺醒的第一步，這也是無極瑤池金母所言，營造一個能夠觸發因緣的環境。

❷缺少興趣喚醒不了靈魂意識

喚醒靈魂意識的養分來自於平時所培養的興趣，不僅如此，強化興趣成為生命的一部分，它還能夠讓你人生亮麗光彩走出與眾不同的一條路。不妨回顧此生，除了忙於工作與生活瑣事之外，夜深人靜時你能夠拿出「興趣」與自己陪伴嗎？強烈的興趣，不僅與喚醒靈魂意識有著密不可分的關係，它還將成為你的靈魂與神靈溝通的要素，無極瑤池金母說道：有些在世時擁有一顆善心的靈體，當它們因為「執著」於累世所修習的功課時，在靈界就會一直鑽研這份技能。如果這個人（靈體）希望透過某一個世間的人，完成它未完成的功課，而此人在今世，又能夠與靈體相通（理念、觀念、看法），那就更容易吸引這位指導靈的到來。從這點你可以看出，如果一個人在人世間擁有許多技藝，比如哲學性的思考邏輯、繪畫方面的技巧、口若懸河的演講等，那就可以猜出，這個人是擁有許多在以上方面有所專長的的指導靈在指導。

——錄自《我在人間與靈界的對話》無極瑤池金母慈降靈訊

興趣是在生活中點燃熱忱的助燃器，同時也是喚醒靈魂意識的利器，失去它，反而成為整日滿口守護靈、指導靈、天使、祖先靈、點靈認主的人，無法得到社會與大眾的認同以及自我肯定，最終會將自己反鎖在幻相萬花筒裡。生活與修行皆包含靈（spirit）、魂（soul）與身體（body），偏頗於任何一方皆無法構成靈性的成長。我常常看到許多沉迷於宗教、靈修、拜神鬼求財運的人，卻不懂得如何生活自處，他們的眼中只有外求卻沒有「未來藍圖」，他們的靈魂充塞著空洞與茫然，對於未來沒有夢想。試想，一個每天在講鬼、神、業力、嬰靈、祖先靈、點靈認主的人，是毫無心思與精力去夢想、構築未來的。想一想，支撐你生命熱忱的「興趣」離你多遠？你多久沒有好好與興趣相處了。興趣無關乎志業與錢財，是你願意花時間好好培養的一種生命養分。掌握的關鍵在於**學習任何一件事情的當下，是沒有帶著一絲一毫的目的**。培養、專注於興趣之上，便能無感於外界事物對你諸多的批評、讚美、懷疑、否定……才能進入感知之境，喚醒靈魂意識。不要再沉溺於鬼神的世界，抬起頭來看看所處的世界，除了工作之外，還有什麼事情是能夠讓你的靈魂發光發熱的呢？該如何找出靈魂意識，呼喚你的興趣呢？答案就是讓它自然發生。

靈修的一個重要觀點——**靈修；調整靈魂意識頻率，進而改寫全新的生命戲碼**。當一條靈魂意識開始覺醒的那一刻，他看待世界的角度便有了大幅度的調整，他對探索外界事物的好奇心也會同步同時發生。關鍵在於，**永遠不要否定生命的任何可能性**。掌握基本的原則之後，請開始去感覺此時此刻是否有特別想去接觸的新鮮事物，將此視為創造生命，喚醒靈魂沉睡意識的基石。

興趣是天命的一部分，也是你靈魂特質的一部分，它不是從未存在過，而是你從未認真去傾聽過。挖掘出屬於自身靈魂特質的公式如下：

以興趣喚醒靈魂意識是藉由重複實踐靈魂的召喚，堅定地執行它每一次的聲音；產生全新意識後融入完全不同意識層的空間。不斷重複這一道過程，如同用力猛踩發電腳踏車，產生電流後將它儲存在蓄電箱，讓每一個興趣成為下一個興趣的基石，達到靈魂意識完全的甦醒。

❸謹慎處理自己的空間與所親近的神職人員

這段靈訊更加地強調了環境對於一個人的影響，靈魂不只是存在你的身體裡面，靈魂意識彷彿是微小粒子散布在環境中，我們常處在何種層次的環境它便會成為我們靈魂意識的一部分，慎選一個空間的主事者是相當重要的事。靈魂意識具有強烈的傳播力，你可以將其想像成裝滿水的杯子（環境），意念就像是染料，當它倒入便渲染了水的顏色。不僅如此，所處的環境也是觀察自己與他人內心世界的最好依據，因此，無極瑤池金母才會提醒世人：妥善照顧你每日接觸的環境，它反射出你靈魂的意識層；慎選你信仰的宗教與傳教者，信仰左右喚醒靈魂的力道。

想喚醒一條靈魂的意識，將它投入更純淨的意識層，就像是照顧一朵珍貴的花朵，專注力不只是放在花朵本身，盆器、環境都是影響一朵花是否能長成非常重要的因素。

❹保持內在純真小孩的靈魂

這一點我放在最後的主因是它非常重要，如果你前三項做不到，第四項請務必努力將心態校準到赤子之心的頻率上，讓自身此時此刻的心態回歸到孩童時期的心態。回歸到內在小孩赤子之心所展現的特質是——以好奇心勇於探索新事物。無極瑤池金母說道：唯有保持一顆赤子之心的靈魂，才能開啟靈魂深處無盡的寶藏，才是能讓後天靈魂與先天元神合一的祕法，赤子之心，就是一顆無所求的心。**讓內在小孩↓安全地在私密心靈空間↓不受外界荼毒**，是喚醒靈魂意識非常重要的一環。

赤子之心具有強大且不可思議的反射力量，它意謂著當他人傷害於你時，你卻可以在私我空間裡面進行自我療癒與修補。當小孩受到委屈後，他們會跑到自己的小小空間裡，一個人玩耍、哭泣與玩具對話，小孩不會想反擊傷害他們的人，小孩尚未被社會化的心智會帶領他們躲在安全處自我療癒，只要傷害不再持續出現，他們會得到療癒並且往更好的方向成長。你或許會問：我們就放過那一些曾經傷害過我們的人嗎？他們不是應該遭受到相同的報應嗎？無極瑤池金母曾經教導我：

不要做出傷害自己的事，也不要去傷害任何一個人，或許我們無法做到保持善念對待每個人，無法原諒傷害我們的人，但是，至少我們可以做到不要傷害自己與他人，而我始終相信當我們做到如此，對於傷害我們的人，上天有祂的安排。

人若欺你，天護你，人若欠你，天還你。

分享一個「赤子之心＝喚醒靈魂意識＝創造力」的真實版故事，大家小時候一定玩過摺紙飛機，只是不知從何開始，這一項孩童時期的玩具從此消失在我們的世界當中。在美國有一位電視節目製作人——John M. Collins，從小就熱中於紙飛機，雖然他已經年過半百，但他不僅將摺紙飛機當成生命的一部分，他還創下紙飛機最長飛行距離六十九公尺的金氏世界紀錄，在此之前他已玩紙飛機長達40年以上。他從小就好奇為什麼昆蟲、鳥、飛機都能以各式各樣的形式翱翔天際，當「紙飛機」

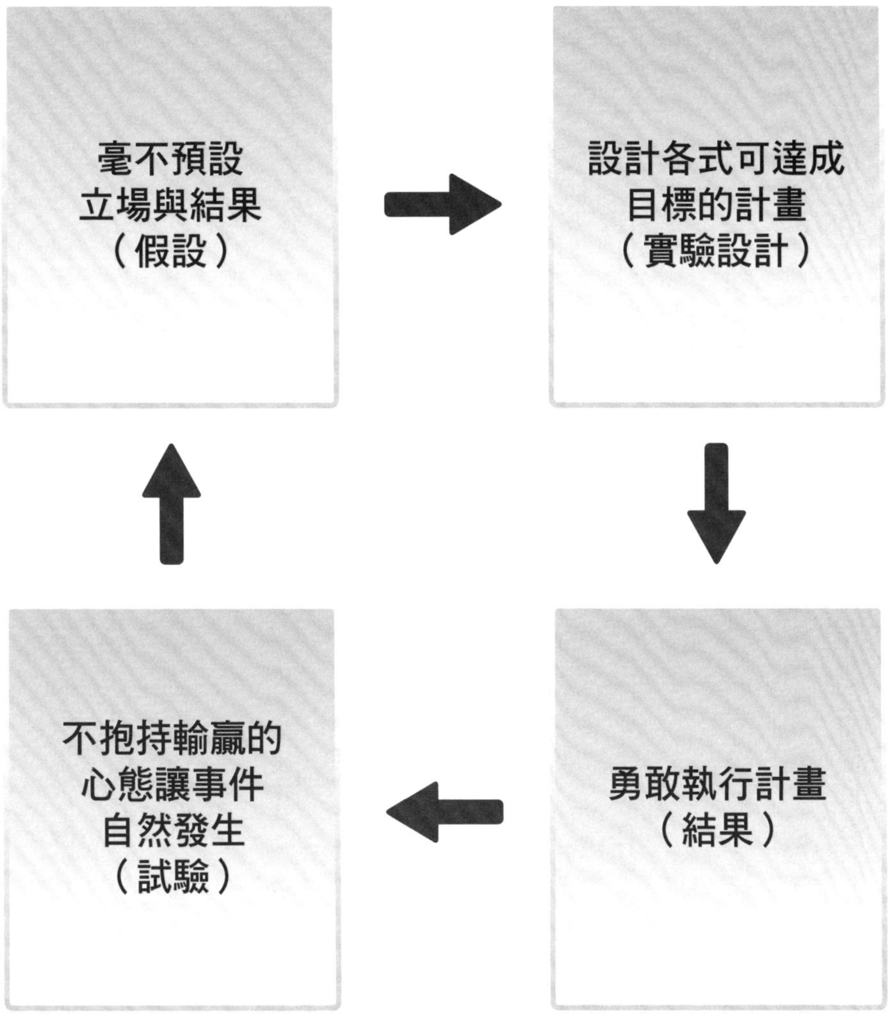
毫不預設
立場與結果
（假設）
設計各式可達成
目標的計畫
（實驗設計）
勇敢執行計畫
（結果）
不抱持輸贏的
心態讓事件
自然發生
（試驗）

開創生命新格局，激發創造力公式

出現在他眼前時，他完全呆愣住，小小一張四方紙摺成的飛機怎麼能夠在天空飛翔？自此「紙飛機」便開展了他生命新格局。他說道：

紙飛機具體實現了科學方法，每次投擲都是一次實驗。對紙飛機的愛好能驅使摺紙的人不斷去了解問題，追求一次比一次飛得更好。每摺出一款飛機、每一次丟擲，都蘊含了假設、實驗設計、試驗以及結果。不管你有沒有意識到，玩紙飛機，就是在做科學。[15]他這段話其實是一套開創生命新格局、激發創造力的公式——

童心並不是玩小孩子的玩意，是忘情地投入一件值得讓自己開心、喜悅、不計後果、毫無競爭的世界裡，如同一名帶著純然好奇心的小孩在學習一件事物，他只是聽見內在的聲音順著因緣在做一件事情，因為沒有目的與期待，因緣盡了他會放手。

我的身邊不乏靈魂依然保持純粹童真的朋友，不論他們在人世間的年紀，即便更增長幾歲依然如此，但他們在社會、職場、家庭裡都具有相當的責任感，John M. Collins 不僅婚姻幸福，事業更有一番成就。簡言之，以另一個角度來看待「赤子之心的童真」是：「赤子之心是走入靈魂覺醒的基本要件，一顆永遠保持好奇、不傷害他人與世界、抱持著純真之心便是赤子心，永遠不帶有目的與期待。」

童真與赤子之心是一種意識頻率，它對應到相對等的靈魂意識，這個意識四面八方延伸，毫無屏障地吸收世界所有的事物。因此，有著這般無限創造力與想像力的靈魂將不斷地湧現，放眼世上有許許多多在宗教、哲學、科學方面享有極度盛名的大師也都帶有童真的特質。

童真與幼稚、不成熟是截然不同的靈魂意識。保持一份純淨的心，不輕易被貼上社會化標籤，浸蝕於競爭的職場環境總是能夠樂觀以對，他們帶著強大覺知力觀照著生命。不成熟是活在小小的天地不與外界接觸，缺少對生命的覺知與責任感，雖然一樣天真無邪，但他們眼神缺乏光輝，思維與行為是在無意識之下進行著。

靈魂意識的覺醒是一種全然地享受自我獨處的生活態度，你還會冀望在滿足他人期待、符合社會標準之下，能夠提升覺知與喚醒靈魂意識與之合一嗎？

喚醒靈魂意識：靈修心法修持

逐漸感覺與童真越走越遠了嗎？是否感覺年紀越大，生命越顯乾涸無力。試著去聽見靈魂意識對你召喚的聲響⋯

將房間門關上，點上一小盞燈（蠟燭更棒），選擇一個牆角蹲下來，將小時候受到委屈蹲坐角落的姿勢再一次重現。

閉上雙眼、摀住雙耳，保持靜心1到3分鐘，細細聆聽雙耳傳來嗡嗡的聲響，什麼都不要想，只要靜靜聆聽。直到一陣又一陣寂寥無助感席捲而來時，便是靈魂正在向你透露一個重要的靈性訊息——你活在他人期待的世界太久了，對生活的激情已經熄滅了，與內在小孩失去連繫的力量。

建議你，不妨重拾孩提時喜歡的卡通、漫畫、動漫，讓自己重新找回喜愛它的理由，或是邀約幾個好朋友一起玩著各式各樣有趣的桌遊（例如大富翁），還可以到百貨公司靜靜地觀察一旁盡情玩耍的小孩們。如果你家中有小朋友，不妨進入他們的世界中一同玩著各式各樣的遊戲，讓自己的意識完全沉浸在那一群小朋友的喜悅中，請善用靈魂變易性的本質，借力使力將會事半功倍。這一些隨時都可以做的小動作，都具有強大的淨化力量，能夠將覆蓋在靈魂意識厚厚的塵埃一掃而去。

童真，是靈魂本質；修練赤子之心，是喚醒靈魂意識的途徑。

沒有恐懼、沒有期待，全神貫注在足以燃燒生命的事物上，

這一股自燃的力量驅動生命不停地向前邁進，

勇敢地探索生命種種可能性與未知。

⑨降乩。

⑩無極瑤池金母說話的對象有時是我一人，有時會轉為此書前的你，為保留靈訊的完整性，因此不做修正。

⑪同修、學生、信徒等。

⑫指代言人。參閱《請問輪迴・無極瑤池金母的28堂生死課》ＰＡＲＴ２靈魂輪迴的奧祕。

⑬參閱《請問輪迴・無極瑤池金母的28堂生死課》ＰＡＲＴ２靈魂輪迴的奧祕。

⑭參閱《請問輪迴・無極瑤池金母的28堂生死課》ＰＡＲＴ２靈魂輪迴的奧祕。

⑮引用自２０１７《世界冠軍紙飛機：打破世界紀錄的紙飛機設計、飛行原理及調校技巧》，大家出版。

Chapter

2

從疫情覺醒人性

04 新型冠狀病毒是人禍？天災？

神諭傳遞予眾生，以慈悲與世界的苦難、喜悅相處；人們開始學習欣賞萬物的本貌，因為每一條生命皆與神明一體同源。

——宇色

2019新型冠狀病毒純粹是一場跨物種，侵襲人類的世紀大流行傳染病嗎？還是某國以病毒生物戰掀開了第三次世界大戰？想必大家對這一道命題不免感到好奇。

我在聆聽這一段開示時，意外地體悟到**生命不能將它置於非黑即白的極端思維中**。祂透過一問一答教導我們：在意識空間裡頭須擠出更多「中間思想」，在處理生命議題與無常來臨時，才能具備更有彈性的思維來面對，避免生命陷入兩難的極端泥淖中。看似祂沒有正面回應問題，卻依然可以感受到，祂希望藉由這一道問題反思自身生命定位與思考力。圓滿與睿智化身的祂以一段話總結這道問題的提問：看似單一的問題卻包含著多重層次的問題，要回答這一個問題，你必須先具備抽絲剝繭的思考能力。

※一個沒有答案的問題

宇色！人們關心著這一場大流行疾病是人為？抑或是純屬大環境變遷下所發生的自然災害？我想要告訴你的是，看似簡單的問題背後往往隱含著多重且複雜的思考層次。

一個問題牽涉的層面越廣，你就越應該具備抽絲剝繭的思考能力，如此才能夠從中獲得答案。我想告訴你的是，人世間很多的問題是沒有單一答案的，這取決於你站在哪一個角度。宇色！我希望藉由你的身體向世人闡述一個重要的靈修訊息：靈修的核心是學習從各個層面去看待人世間的種種，而不是當一名神明的奴隸。不會！不會有一尊神明要你們當我們的奴隸，那不是我們會做的事情。

在回答你問我，2019新型冠狀病毒到底是天災還是人禍？我想先告訴你一個宇宙的運作法則。

你們人類所待的空間[16]是一條不斷前進的時間軸，它永不停止。在這一條時間軸上布滿著構成事件發生的三件原質[17]——時間、地點與事件原型[18]。以人類的肉眼是無法觀測出這些存在意識場內數以萬計的原質，一件事情發生須串聯起這三件原質，而串聯的祕密來自「觸媒」。因此，「觸媒」是串聯這三個起因的重要樞紐，也是引發天災與人禍的至要關鍵。

所有人禍的發生不一定是有預謀與計畫，不是！天災沒有人為的因素，但是，當它注定好要發生的時候，若有人的意識介入、操控了這一切，那麼你就可以定義它是人為。換言之，當一場火災發生時，你會說這是天災，如果你可以把它熄滅而不去做，或是利用火災去做出其他事情，人禍的成分就比較大。

為什麼一場天災會造成更大的災害呢？其實，它完全取決於人們在災難發生時的臨場機智應變，人類的反應與應變能力決定了天災的規模，而有心人士刻意操作天災，那麼此天災便成了一場被人為包裝過的天災，這就是你們所想要知道的答案。

※人類一生都受到意識所操控

我還是要重申一個觀念，人是活在意識場當中的，你受它控制，包含命運也是在這一個意識場域中運作著。它左右了你看待事情的立場，不會有兩個人擁有一模一樣的觀點，不會！每個人打從出生所經歷的種種都在培養著各自的意識場。

在世間有許多看似是自然災害，但在人類有心或無意作為之下發生的事件。不論是天災還是人禍，它都是符合以下的條件——事件原型、時間與地點三個原質，因觸媒串聯起它們並與之停留在時間軸上。（詳見圖一）判斷天災或人禍的重要關鍵在於「觸媒」[19]，如果沒有引發事件的觸媒，事件原型、時間、地點就不會在一個時間軸上同步發生。因此，「觸媒」是串聯這三個原質的重要環節，也是引發天災與人禍發生的關鍵。

一切在世間發生的事情，它已經在底層世界醞釀許久；如同一杯酒，它是在幽暗密閉的空間裡歷經多時的釀製與發酵。

宇色！你要學習的不是去評斷眼前所發生的事情，而是當一件事尚未發生時，你便要從各種跡象去推測它的未來。要當一位觀察力敏銳的靈修人，不要當一名只會批評事件的人。如果一件事情發生，你事先完全未能洞察，發生當下就應該回頭去找源頭，檢視自己對世界的觀察力，而不是評斷已經顯現的事件。

它之所以顯現在你眼前是聚集了無數菁英人士，與費盡時間、技術、方法及物質等因素所構成，疫情是人為還是天災?它不是瞬間引爆發生，在你們看不見的世界裡它已經沉寂醞釀無數年……它是集結無數頂尖人士、各界菁英，幾經波折與費盡心力創造出來的。

圖一

此圖是我與無極瑤池金母進行交流時，在元神意識中所感應到的畫面，事件原型、發生的時間與地點並沒有絕對，它充斥在另一層次的時空中。當強大的專注力、續航力、意志力不停運轉時，此強大力量如同龍捲風將存在於宇宙意識場的時間、地點與事件原型等元素捲進物質世界，進而引發「觸媒」。前提是須要有強大的動機與信念。簡言之，強烈動機配合專注力、續航力、意志力才能讓事件精準且有效地發生。

◎想要從神靈獲取更多的訊息，最核心的靈修要領是學習思考，而不是當一名神明的奴隸。

◎人是活在意識場當中的，你受它控制，包含命運也是在這一個意識場域中運作著。

◎串聯時間、地點與事件原型，才足以構成「觸媒」的發生。

◎學習不是去評斷眼前所發生的事情，是當一件事尚未發生時，你便要從各種跡象去推測它的未來。

※神諭，是全然的存有，浸潤它，你的意識將全然與宇宙合一

這段靈訊值得探討的是時間、地點與事件原型的宇宙運作概念。我相信不少人的思考點可能會卡在這裡。

在能量意識場裡布滿無數的點，在這裡我須做一個解釋，以我對能量、宇宙、科學、量子有限的知識，實在不知該使用哪一種形容詞來解釋它，量子？原子？還是能量？以就我所感知到無極瑤池金母傳遞的畫面，我僅能以點來嘗試說明。這些數以萬計的點，如同懸浮於宇宙螢幕的星辰，看似是靜止不動，其實卻依循著某種引力而不停流動著。

而在地球上構成一個事件發生的要素，所須要的三個原質分別是時間、地點和事件原型等三個點。一旦「觸媒」發生便會瞬間牽動與之相關的三個原質，只是**以人類的肉眼是無法觀測出這些存在意識場內數以萬計的點**。因此，人們沒有能力去準確預測三個原質何時會出現，也就無法捉取到它們讓事件發生。

時間、地點和事件原型等三個點具有不可預測、不可主動獲取、不可觀測等性質，人類僅能運用強大的靈魂意識捲起龍捲風（圖一），引爆觸媒牽動所須的三個點，但是何時發生（時間）、何處發生（地點），以及以何種形式出現（事件原型），甚至事件發生之後會產生何種連鎖反應，亦是人類無法掌握與預測。

舉例來說明，在2010年成為作家之前，我便要求自己每日要寫一篇部落格文章、每年平均投稿超過二十家出版社、要大量地閱讀各類型題材的書籍，我將生命完完全全投入作家身分中，將所有的意識全部投入作家的靈魂意識。在2010年之前，每日讓意識轉化為作家的意識層已經超過五年以上，雖然過程中還是有無數次被出版社退稿或是沒有下文，但是我依然每日大量地閱讀書籍、寫稿、嘗試多種不同的題材，直到有出版社願意出版我的書為止。在出版書之前是沒有任何跡象顯示我具有當作家的天命。而截至2021年止，我已經出版十二本書。無極瑤池金母向我解釋道：「宇色！你此生原來並無作家的命格，但你天生擁有流暢的書寫能力與善於思考的頭腦，此生因你夠努力再結合先天天分才促成此事的發生。」以此例子來說，暫且不論我是否帶有作家的天命，但我可以選擇投入所有的精力去完成這一個夢想，至於它何時會發生（時間）？由哪一間出版社出版（地點）？出版的型式（事件原型），沒有任何人可以說準，包含祂們也是。全力投入、專一意識是你唯一引爆觸媒的選擇。生命因無法預測而更彰顯出它無比的價值。

了解了這一層因果關係，再回到主題。這場流行全世界肆虐多年的大瘟疫，在缺少「人畜共通疾病」、「跨物種傳染」、「自然生態失衡」、「氣候變遷造成的動物遷移」等多重因素下，人類也無力研發出具有如此強大傳播力的「世紀型跨物種傳染病」。與其說是單一因素所造成，倒不如說，是人類利用了大自然氣候與環境變遷下的產物。

一件事情發生的背後成因必然是盤根錯節，尤其是超乎人類所能想像之事，在你們看不見的世界裡它已經沉寂醞釀無數年……

這一場造成無數人死傷的新型冠狀病毒，它到底是不是從某國病毒實驗室洩露？乍看之下，無極瑤池金母似乎沒有正面回答問題，幾經反覆思索這一段靈訊，它隱晦地傳遞以下重點：

一、當病毒因環境變異導致在世間出現時，有一群人未將它銷毀，反而放大與利用它的特性。

二、國家的集體意識因處於低危機意識中，面對處理病毒問題不當，導致病毒快速傳播與擴張。

三、病毒研發已經秘密進行多年。

四、它最後演變成一場無法收拾的結果，也是一開始讓它發生的人們始料未及之事。

研究病毒的科學家們一開始可能沒有預測何時能夠研發成功？會以何種形式出現？會在何處蔓延開來，甚至演變成一場造成無數人死亡的全球大流行疾病，可以確定的是它不是瞬間引爆發生，**在你們看不見的世界裡它已經沉寂醞釀無數年……它是集結無數頂尖人士、各界菁英，幾經波折與**

心力製造出來的。或許，一開始的研發不是用在此刻危害全世界，也沒有意料到會傷害自己的人民。誠如我方才所說，人類無法掌握事件發生的三個原質，最終才會變成一場連自身都無法收拾的局面。

不陷落對立與批判，即是靈魂覺醒的表徵，也是第一步

> 學習不是去評斷眼前所發生的事情，是當一件事尚未發生時，你便要從各種跡象去推測它的未來，要當一位觀察力敏銳的靈修人，不要當一名只會批評事件的人而已。

從這一段靈訊中可以明顯感受到無極瑤池金母的圓滿睿智。祂希望我們以更高的意識、宏觀的角度來看待此事，避免狹隘的從是非對錯二元論來看待眼前所發生的事情。**人世間的事情終將成為歷史，從事件汲取出不同的思維與觀點，萃取成滋養靈魂的養分，如此才能以更高層次思維來處理下一道生命的挑戰**。我想要藉此特別說明一個觀念，關於預言式的靈訊常常多有隱晦，主因是祂們無意介入人世間的因果，祂們是光、圓滿的化身、慈悲的顯現，祂們依循宇宙運行的天理，並非祂們無能力將事件底牌揭示眾人。

當你的意識昇華至更高的層次，思維不再單一路線，它將瞬間以３６０度放射狀的姿態銜接萬物，構成一幅唯美優雅的生命之畫。以元神意識與神明感應交流，獲得的最大收穫並非來自訊息本身，而是當靈識瞬間進入靈界的３６０度空間場域時，每一段靈訊都隱藏著龐大且多重層次的啟示。**只要專注不帶批判看待眼前事物，每件事物都具有強大啟迪力量，足以開啟靈性大門**。

在２０２１年，泰國東北一個小村莊，發生一則泰國僧人斬首獻祭佛陀換取來生成佛的社會案件。在一場共修法儀上，68歲的僧人將自己的頭放在自製斷頭台上，在弟子、信眾一片念經聲中，

他切斷繩子，刀落頭掉，頭顱平穩地滾入設計好的盒子內，以此獻祭佛陀呈上最崇高的信仰。此儀式的行前準備已經整整籌劃五年，而他這個自斬頭顱獻祭佛陀的計畫，則是在弟子與信眾知曉的情況之下計劃著……接受新聞媒體訪問的弟子及信眾一致地認為，此僧人是遵循佛教教義獻出生命，以此成就功德，在未來世能夠成佛。

事件暫時先說到這裡，想必你心中對此或多或少有一點想法。從現今的角度來看泰國僧人斬首獻祭佛陀，在接收媒體片面資訊，及未對事件全盤了解之下，社會想必會一面倒地譴責此僧人的行徑極不可取。從佛陀教導眾生珍惜生命、放生護生的觀點來說，此僧人自殺獻祭完完全全偏離了佛教教義。

這是一般人在看待這則新聞時必然有的反應，大多是全盤否定了他的行徑。但是，從泰國佛教相關的文獻與泰國流傳的佛經切入這一事件，或許可以得到另一層不同的省思，讓我們藉此重新看待此事。

你可能不知道，在泰國以肉身獻祭佛陀，期待在未來世能夠了悟成佛的例子還真不少；流傳於泰國的佛教經典《未來佛》[20]中，就有關於以較激進的方式向佛陀獻祭自身的記載。泰國在拉瑪統治期間，分別在1790年與1817年就曾發生兩起出家人自焚獻身的真實案例。在佛陀本生故事中，也有不少關於佛陀前世身為各種動物，或是轉世不同身分犧牲生命來彰顯自身對佛法信仰的行為。例如：佛陀曾轉世為象王，牠說道：「我願行大慈悲轉生菩薩道，削骨、醃肉、拔我巨牙仍不退轉此心！我已捨此無常色身，以求速證涅槃之境。」聽到這段話，不免令人感慨，成佛悟道入涅槃需要有極大的毅力、決心與持續力。

人類難以窺見世界的全貌，透過一次又一次地反思，得以體悟生命須以具彈性的視野來看待世界。

要對與價值觀有著極大落差的事件做出評斷時，須先捉住立即的反應，將心安住，未有更充足的資訊前不妄下評斷，順藤摸瓜依循脈絡尋找源頭，思辨整件事的前因後果萃取成經驗值，成為意識層的寶貴養分。

關於我個人對於僧人捨身獻佛的看法是，人是活在一個意識場當中的，你受它控制，包含命運也是在這一個意識場域中運作著。每一條靈魂都只是依循靈魂意識與意識層而行事，說到底「行為」是靈魂意識的展現，也是意識層的投射。或許我們也會不認同世界上的許多事情，宗教、政治、信仰、性向……畢竟人很難中立與客觀，你無須強迫自己接受與自身價值觀有所牴觸的事情，但你卻可以從尊重每一條靈魂的轉世課題切入思考，它會大大地削弱自身價值觀與外在世界的矛盾與拉扯。內心接受新事物的程度越多，生命也會越趨於平靜與祥和。

除了「捨身獻祭佛陀」還可以從以下角度思考這個現象：

支撐你生命價值的信仰是什麼？[21]

認知中的正信與邪教又如何分辨？

我對於南傳佛教與泰國佛教的認識有哪些？

此僧人的信仰又與以上佛教信仰有何差異？

支持僧人去做這一件事的強大動力會是什麼？

如果每一件事都存在正反兩面，我又可以從這件事學習到什麼經驗？

這一件事還可以繼續延伸出更多值得反思的問題，培養觸及不同層面的思考力，便已經是活在一個感知的意識。看待一件具有爭議性的問題時，不單單只有對錯二分法，角色位移不僅有助於延伸思考層面，只要稍稍調整一下我們慣用的思考點，更有助於喚醒我們的靈魂意識。**在思考具有爭議性的問題時，退省往往比力求解答更具有強大的力量。**覺醒的靈魂意識是富有彈性的，喚醒它的心法來自於**培養全方位思考，不掉落極端批判的思考陷阱**。

無極瑤池金母教導過喚醒靈魂意識與輪迴的關係——

人的意識在這個人世間要學會的是打開，不要用一個方式過你要的生命。要活在一個感知的意識，你死的時候你就不會苦了。

打開全象感知、喚醒靈魂意識是每一個人轉世來到人世間，都必須學習與面對的，若我們能夠學習靈活的思維、富彈性且多元的生活方式，生命就不會一直膠著在短時間內改變不了的事情上，較清明的靈魂意識會帶領我們繞過眼前一直執著的苦，向更高層次的人生繼續前行。

——錄自《請問輪迴》無極瑤池金母慈降靈訊

靈魂的覺醒不一定要經過某種宗教儀式洗禮，或是學習某種身心靈療癒技巧才能獲得，當你遇到一件與舊有觀念拉扯的事件，淡化此時的角色，暫緩對事物立即性的反應，試著從三種以上的角度思考同一件事情，經過幾次的練習你會意外地發現，不僅會獲得嶄新的視野，連生活也在你改變思考後起了細微的改變。

※專注力放哪裡，靈魂意識便在那裡幻化出你所想的

讓一件事顯現在人世間，須有強大的動能才能讓「觸媒」引爆。

無極瑤池金母以「觸媒」一詞解釋（圖二），是串聯這三個要素的重要環節，也是引發天災與人禍發生的關鍵。而我所感應的另一個層面的訊息是——**以靈魂意識連結宇宙場中取之不盡的能量訊息，集中火力於一處，串聯起引爆夢想的三個點**。強大專注力與堅定意志力是必須也是首要，更重要的是，**靈魂意識能連結宇宙的通道來自於它的甦醒**。

當生命受困在極小空間，是鍛鍊靈魂意識的重要時刻。分享一則關於以強大專注力逆轉現況的真實故事——

一名曾經是奧運選手的體適能教練，在某年，她旅遊到印度時遭逢人生最重大的一場車禍。待她清醒時，她已被院方牢固地綑綁在病床上；手腳毫無知覺，全身重傷到無法動彈，嚴重到無法坐起來與人對談，醫生宣告她可能要以此方式度過一生。

她整日躺在病床上，唯一能做的只有轉動眼珠和小範圍地挪動身體，這是身為職業運動員的本能。在外人眼中，她也只是動一動關節或移動幾公釐罷了，根本無助於康復。在探索身體無數回後，

她意外地發現到位移時骨節會有2～3秒的舒緩空隙，她趁勢將意識鑽入停留數秒，身體的疼痛感頓時得到釋放，就好像溺水之人突然吸入一口氧氣般全身通暢。待短暫的舒適過後疼痛感再次襲來時，她又繼續挪移身體其他部位，直到再次找到2～3秒的舒適空隙為止。每日重複做這個動作，這也是她每日僅能做的事情。每日幾分鐘的練習慢慢延長到4～5小時，周而復始地不間斷地練習，這樣的日子歷經漫長的三、五年後，持續不斷讓意識與身體得以喘息的2～3秒空隙，竟慢慢被撐大到幾分鐘最後是幾小時之久，從原本身體單一部位也逐漸擴大到全身，五年後她竟然康復了，她的故事令院方視為一種神蹟。曾經被醫生宣判終生須在輪椅上度過，但她以強大**專注力注入身體每一個部位、細部拆解、觀察、停留**，竟然獲得如此不可思議的驚人結果。[22]

靈魂意識連接到宇宙場，轉化成有用的訊息；從虛無帶入到物質世界，夢想隨之成真。

這一個概念乍聽之下似乎有點科幻電影的情節，其實它就曾經發生在你我身邊，只是過於常態導致我們無視它們的存在。

詹姆斯・沃森（James Watson）夢見兩蛇交纏，發現ＤＮＡ結構的組成。英國女作家瑪麗・雪萊在１８３１年某日做了一場惡夢，便將夢中所見之事創作成知名的《科學怪人》。特斯拉從小過目不忘，幼年經歷多次疾病後，常看見眩暈閃光及幻象，至此後只要一聽見單字，腦海就會自動產出此單字相關的畫面與細節，雖然他在科學方面的發明眾多，但他曾說道：我只是將腦袋裡的事物製作出來而已。從靈界、夢、直覺獲取資訊解決問題的例子非常多，打通這一條連結宇宙訊息場渠道的祕密，來自於連結內在更深一層的靈魂意識。當心由外轉向內探求時，那一大片尚未被發掘的意識層處女地，你所留意的不再是外界的紛擾，你會開始覺察與觀照內心的變化，心流的細微波動都在你的觀照下進行。當內在通道越順暢，靈魂意識便越清澈，越能夠連結至宇宙的訊息場域。

當你已經進入這個階段，以下種種現象將不定時降臨在你生命中——

❶預知未來之事
❷無意間獲取所需的寶貴資訊
❸突如其來的靈感
❹常常發生心想事成的例子
❺無意間認識對生命有所啟發的人
❻擁有源源不絕的創意想法
❼對很多事情皆能舉一反三、融會貫通

如果你的身邊常常發生以上的現象，顯示你的靈魂意識正逐漸連接到宇宙場，並從中獲取有用的訊息。

我們無能力知曉夢想之事是否命中注定，卻因不放棄，而意外獲得醒悟的生命

當我正專心感受「如果沒有引發事件的觸媒，事件原型、時間、地點就不會在一個時間軸上同步發生」這段靈訊時，後腦勺竟然顯現出以下這段清晰的訊息：

> 一味將心投入夢想，並無法促使事情的發生；引爆「一件事情」，它必須同時聚集時間、地點以及事件原型本身。天命沒有具備以上三個條件，費力勞神也無法將它在現實世界中幻化出來。我們無能力知曉夢想之事是否具備此三項條件，因此我們才能一次又一次地接受挑戰、實踐與臣服，歷經無數回的反覆印證，自悟此生的生命意義與價值。

這一段訊息可以用來解釋「心想事成」。心想事成不是整日幻想就能讓事件發生，你要知道，宇宙蘊藏著無以計數足以創造你眼前世界的源頭，任何人都可以將它開啟並拿取出來，其祕密來自於先喚醒你的靈魂意識、重組意識層，讓它與宇宙意識產生共振的頻率，再加上強大的專注力、續航力、意志力便能夠引爆事件發生觸媒。

你必須全力以赴才能點燃這一道觸媒，才有機會讓它發生，那一種決心是放手一搏，拚死也要有所成果的毅力，看似非常死硬的做事態度，卻是要以超高靈魂意識去處理它：**你只能顧好當下的心，結果就交給上天。**看似流於八股的字句，它卻是實在的做事原則，不強求最終結果，只自問當下是否努力。

一國王子喬達摩・悉達多以六年時間蛻變成一名覺悟者——釋迦牟尼。這六年中他非常努力地嘗試「成佛」，一個在他身上從未經驗過的身分，悟道、成佛都只存在某一種大腦的想像，畢竟他從未經歷過；如同「成功」兩字也是純粹是我們的想像，一個無法從他人身上複製到的感受。這六年來悉達多費盡一切的努力，依然徒勞無功，六年過去了，悉達多依舊是一名王子。最後，在一個高掛著皎潔明月的夜晚，他的心瀕臨放棄的界線：「我放棄了族人、國家、最摯愛的家人，我以各種方式摧毀身體就是要得到『那個』，六年過去了，卻沒有任何事情發生。」就在隔天，它到來了。

「它」出現在六年光陰之後，就在放下「想要與強求」的瞬間發生了。

生命亦然，暫且不論你想要站上的天命舞台為何，創建舞台前的燃點與火力須拚盡全力。因此，未來之事背後是否注定好的，它背後有太多需要討論的空間，以及牽涉到自我的意識。

請你再仔細看看圖一，你有看出端倪嗎？

詢問神靈未來之事是否可能發生？我以後有沒有房子？

我有無住豪宅的命？

我能否月入十萬……

祂們只能就線性時間軸上是否出現「觸媒」來回應你的問題。但是，飄渺於宇宙意識場的時間、地點、事件原型等等尚未出現，且你的生命中也未具足構成觸媒的三大元素時，祂們可能也不一定說得準。「觸媒」必須要有相當力量才能讓它聚集於一處引爆開來，你可以想像火箭發射台在發射火箭時，它必須將所有火力集中於一點將火箭奮力地推上去，其所需要的瞬間燃燒火力是如此的驚人才能達到。

夢想是它在召喚你，讓你看見它們的存在。

看完以上這一些話，千萬不要對生命感到無奈與挫折。人類的靈魂意識與宇宙是相連的（圖三），你無須去思考浩瀚宇宙是否有著你創造物質世界改變命運的元素，你只要先向內觀照內心，專心一意地投入想做之事即可。雖然努力只是讓事情有機會發生，但不努力事情一定不會發生，其原因來自於存在宇宙裡的元素，每一個人都有機會躍上宇宙擷取那一些元素，世間是公平的，端看你努不努力將夢想實踐於生命中。但是，如果你的天命中連一丁點都沒有「夢想」的元素，就算你拚了全力讓觸媒發生，最終也不可能讓事件在你生命中出現。就像在零下20度的大暴雪中鑽木取火一樣，不論你如何費力也依然不可能讓火苗出現。**我們並無能力知曉夢想之事是否具備此三項條件，因此我們才能一次又一次地接受挑戰、實踐與臣服，歷經無數回的反覆印證，自悟此生的生命意義與價值。**一旦我們看見並且接受了生命侷限，我們才有覺知地超越生命。

喚醒靈魂意識：靈修心法修持

關於心想事成，我的看法是時時刻刻保持覺知，你的靈魂意識將會逐漸走入覺醒，七脈輪也將進入到啟動與淨化。你的生命純以感知為最高行事原則，對於選擇不再存有一絲絲的質疑，全然地感知到天命所具足的因緣。對於眼前所有的抉擇都只是順應因緣，毫無遲疑地進入到**執行、承擔、接受、臣服天命，這四道過程便是靈魂意識覺醒後的生命態度（圖二）**。心想事成的解釋，我們可以看成是因為感知生命所擁有而去行使它。換言之，便是知天命、行使天命，不妄求天命之外的事。

無極瑤池金母是如此來解釋心想事成：

其實你們人所說的夢想成真只是天命本就擁有之事，它能不能實現依然端看你此生的努力。擁有，則必須付出相對等的努力。

人們不可能夢想超乎你想像與能力之外的事情，與其說是夢想成真，倒不如說是它老早就刻劃在你的靈魂裡。

每一個人的夢想皆是圍繞在此時、此地的可及之事上，過於遙遠的事情根本不可能出現在你腦海裡。例如登上月球、打造一艘光速飛行船、當總統、成為某間跨國集團總裁……絕大部分的人一生的夢想都只是圍繞在月入多少錢、買什麼樣類型的房子、車子、去哪裡遊玩、職業選擇、是否考公職人員、考博士……或許你也曾經聽過有人是如此解釋，因為夢想太平凡所以人生才如此平凡無奇，只要有偉大的夢想，總有一日我們必然能夠達成夢想成為與眾不同的人。對於這一點我並不是那麼認同，夢想是建立在現實生活的基礎之上，夢想離現實太過遙遠之事反而會令人感覺心虛不踏實，而無極瑤池金母的教導則是點出另一個宇宙運作的真相：你所能想到的一切，都早已寫入你的靈魂意識。

無極瑤池金母在靈訊中已經指出了一條靈修心法，只要你遵循它的指點，便能讓生命再次有新的契機。無極瑤池金母說道：人是活在一個意識場當中的，你受它控制，包含命運也是在這一個意識場域中運作著。換言之，我們的命運全盤寫在我們自身的靈魂意識內，只要懂得改變它，即可改變我們眼前的物質世界。

生命中的靈光乍現，它是呼喚你的細語。

當你抵達更高層的意識狀態，生命駕馭在自然法則間，

意識完全跳脫選擇性的障礙；亦即恐懼與期待。

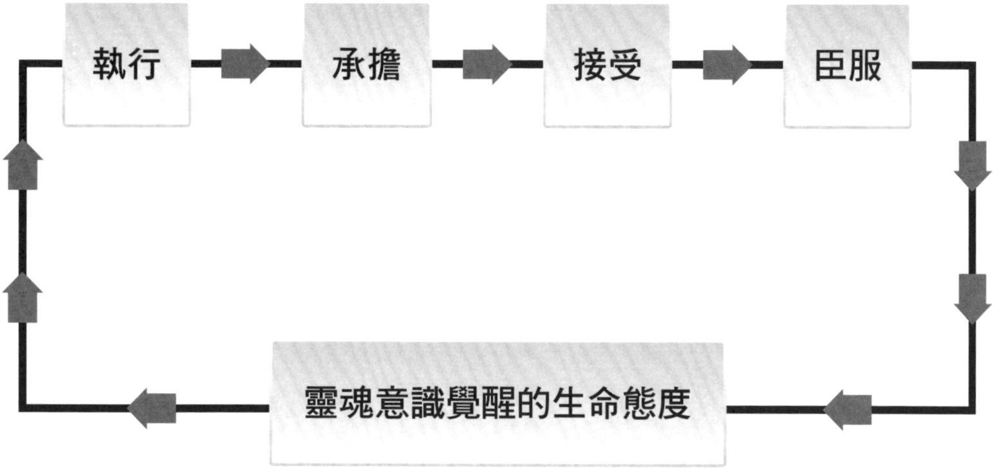

圖二

執行、承擔、接受、臣服天命，這四道過程便是靈魂意識覺醒後的生命態度。覺醒的意識隨時可能從生命中退出舞台，因此我們必須保持高度覺知，有意識的生活在當下；覺醒是一條周而復始之路，不斷在接受新的挑戰中喚醒靈魂的意識。

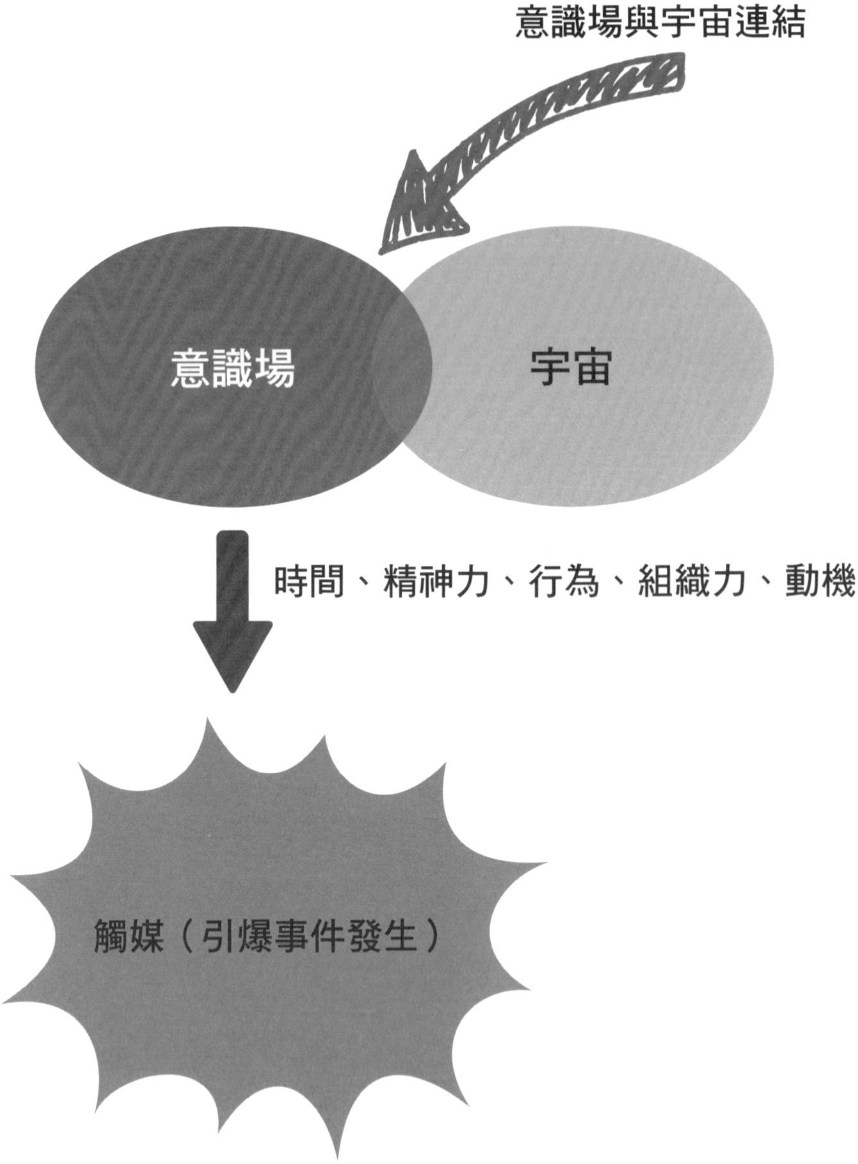
意識場與宇宙連結
意識場
宇宙
時間、精神力、行為、組織力、動機
觸媒（引爆事件發生）

圖三

⑯指我們所處的空間。

⑰最核心的因素。

⑱此名詞由我搜尋相關字詞後所使用，無極瑤池金母原始靈訊是以事件來解釋，為將發生在現實世界的事件有所區隔，故加上原型兩字，以利於區別。

⑲為保留無極瑤池金母慈降靈訊的完整性，保留觸媒一詞，此一詞可與動機交叉使用。

⑳此經典是否為佛陀所宣說仍有待研究。

㉑信仰不一定是宗教。

㉒引用自風潮音樂 Podcast【滋養身心】「專注什麼，就會放大什麼」快樂細胞——風潮音樂楊錦聰經營心法。

05

修練靈魂意識降低災難所造成的傷害

神蹟一直與靈魂共存，它來自靈魂的深幽底層。當生命黯淡無光之時，它必持光明與轉化同步到來。

——宇色

這段與前段靈訊同屬無極瑤池金母回應「2019新型冠狀病毒成因之謎」的內容。對於解說新型冠狀病毒是人類刻意所為？還是環境變遷所造成？祂沒有依序回答，而是將意識層、靈魂意識、災難、觸媒等觀念交揉在一起。如此的靈訊內容，對於一些讀者來說，可能造成某種程度上思考與閱讀的困擾。神明在回應問題上的邏輯，與人們有著極大的差異，不僅無極瑤池金母是如此，靈界眾仙佛們有著祂們自己本身慣用的回應邏輯，這很難去解釋為何會如此，或許我在祂們的教導下太久，已經習慣與理解祂們的語言。

由於原降靈訊內容過於龐廣浩瀚，再加上神諭往往藏著幾分不可明說的玄機，為避免讀者在閱讀原始靈訊內容時，一時片刻無法完全吸收消化；撰寫時也難以在一章節內用有限的文字說明，故將它拆成兩段，同時也做了微幅調整。因此會建議你在閱讀完這兩章後，再次將兩段靈訊一口氣閱畢，勢必會令你茅塞頓開。

一場疫情災難爆發時，決定人們生死的是上天？還是命運？已經注定發生的災難，人類無力扭轉。假設這場百年一遇的世紀大流行疾病——新型冠狀病毒會持續蔓延未來好幾年，我們該如何調整心態才能降低這一場災難對自身生命的傷害？

※直覺是靈魂與世界頻率相連的共振現象

宇色！你問我，該如何改變意識得以因應未來發生的災難？

我想舉一個你們應該都能夠理解的例子——地震。

地震，它是地殼變動時產生的一種自然現象。但是，在地殼產生變動前，何時、何地會發生地震，這一些都是人類無法精準預測的。你們只能在「地震」（觸媒）發生當下才有時間、地點與事件原型（地殼變動）的概念，也就是說，所謂的預測只是人類串起過去累積的經驗所組成的能力。但是，不會有人能夠捕捉到時間、地點與事件原型去推測事件的發生。

地震後發生一連串的災害時，並不是每一個人都會在相同的時間點，遭受到地震造成相同的損害；你會看到有些人在一場大浩劫之後倖存下來，但是並不是每一個人都是這麼的幸運，有些人會遭遇家庭破碎、家園被毀、居住環境遭受重創與不同程度的損壞……

在上一則的問題中我有說道：觸媒只是連帶地牽連出時間、地點和事件原型。但是，事件發生後對於每一個生命的影響幅度均不一。原因在於，**在生命平順期保持多少的覺知在當下，強大的覺知力便強化了生命危機感**，這就是你們人類最常說的直覺力。

你們一定常常聽見過直覺力，對它也有許多不同的詮釋。直覺力是每一條靈魂具有的能力，只是因為業力與習氣的關係，導致許多人失去了它。

該如何解釋直覺力？直覺力是靈魂意識與世界頻率相連的感應能力，一條靈魂的意識與宇宙運作法則一起連動，靈魂的意識層已與宇宙意識層相連。

在一件事情尚未發生時，你的靈魂意識感知到宇宙傳來的振幅波動；當一場災難發生前，靈魂意識會帶領你的生命躲過災難，而且是以最敏捷的處變方式。你們以為躲避一場災難僅僅只是累世福報及業力所感召嗎？並不完全是如此，你是否在平時就不斷地精進修練，將靈魂意識喚醒至具有直覺力（危機感），它也是幫助你趨吉避凶的因素之一。

千萬不要以為這一個意識場只是單純的潛藏在靈魂意識底層，看不到也起不了任何作用，不是的！靈魂底層的每一個元素與你們的生命息息相關。在《請問輪迴》裡已經有仔細地說明，你過往的生命經驗、所接受的種種教育、宗教觀念、每日所接觸的資訊、你看待事情的角度……它們都會構成意識場裡的元素。靈魂意識就好像是倉庫一樣，每一天無時無刻都在無意識下往裡邊丟東西，能夠躲過一場災難的靈魂意識是宏觀、整齊、全面性、具有生命可利用性、且富有彈性的……當一場猝不及防的天災人禍來臨時，該如何應變它取決於你的靈魂意識與意識所處的層次（意識層）；靈魂意識如果沒有裝載應有的資訊，也就不知該如何處理它，天災會無止境地擴大，最終釀成一場重大的災難。

靈魂要能夠預知並躲避在一個時間軸中即將發生的天災，它的危機感（感應力）必須要非常地強烈與敏銳。

你要知道的是，其實這一場大瘟疫的影響層面完全是可以控制防範的。如果有些人平時的靈魂意識處於較高的意識層，他的直覺便會非常地敏銳，他會很容易地去察覺到即將發生的災害所帶來的可怕連鎖效應，那麼，這一場災難在未來對他生命的影響力相對就會非常小。

宇色！在《請問財富》我們曾經討論過靈魂的富足意識，書中你問過我：為什麼有人一出生就很有錢？有人這輩子賺的錢是許多人好幾輩子都賺不到的數字？是因為他的靈魂意識處在與經濟、經貿、政治相同的意識層面，因此與他生命相應的事件就會比常人靈敏，這裡所講與喚醒靈魂意識避開災難是相同的概念。

你要知道一件事情，**事情只能注定發生，其影響幅度卻是可以有所改變**。

很多人這輩子他會沒有錢，這輩子的財務狀況出了問題，你覺得是注定好，還是自己造成的？當一個人此生遭逢重大的財務危機時，你覺得是命運安排還是人禍呢？你會說，是人禍。因為他沒有管理好自己的財務，他沒有去了解處理錢的態度，所以他一錯再錯造成了財務上的缺失，對吧！

我們將個人財務放大到世界金融來說，什麼是金融災害？是景氣？是政治？還是突如其來的一場自然災害，卻演變造成全球人類經濟上的損失呢？這些問題，你只要用一個觀點就可以看到所有的答案了，就是當一樣的災害發生時，為什麼有的人他受傷程度低？有的人他沒有受傷？有的人卻可以在災害當中，安然地度過並且賺到金錢？答案還是出在他的意識層。

人們在平安無事之時，心性很容易安逸下來，這是人的本性，但是喚醒靈魂意識的祕訣來自於——你們必須時時刻刻去觀照、去看顧你們的意識層。它就好像是你們的武器（行為）庫房（意識層）一樣，當任何一件事情發生的時候，它必須要能夠有武器去對治這個災害，如果你的武器庫房（意識層）裡面是沒有任何東西的（意識），你很難在這一個多變的世間生存，你會很痛苦。

不要讓你的意識層裡面是空的，我說的空不是沒有東西，是指沒有能力足以應付世間的多樣變化，而造成了你生命的損失，這就是我一直和宇色在談論，並向你宣說的——喚醒靈魂意識。

修行的目的不是只有成仙一途，這不是修行的目的，修練成仙也要你的意識層裡面有成仙的意識啊！不是嗎？

你如何去經營你這個意識層裡的東西，是你可以自己去決定的，這是外人沒有辦法去干預的，不管你是貧窮、富貴、聰明、愚昧，不管你有沒有生活在一個物質非常優渥的世界，你依然可以自由地決定如何經營你的意識層，你可以決定你如何去看、去聽、去想，這是人跟其他動物差別最大的地方。

無極瑤池金母 圓滿諦語

◎直覺力是一條靈魂意識與世界頻率相連的感應能力。

◎要能夠預知並躲避即將發生的天災，他的危機感（感應力）必須要非常地強烈與敏銳。

◎事情只能注定發生，其影響幅度卻是可以有所改變。

◎不要讓意識層沒有足夠能力應付世間的變化，而造成生命的損失。

◎如何經營意識層是靈魂可以決定的，不管是貧窮、富貴，是否生活在優渥世界，依然可以自由地選擇意識層。

❊打造純粹的意識層，超越生命的有限性，創造多元生命，強化直覺感應力

為了讓你更深刻地了解與善用意識層與生命的連結，我將無極瑤池金母所傳遞的靈訊，及我所感應到的畫面繪製下來（圖一）：

每一個人的意識層粗略可以區分為靈性、精神與物質三種層次，越往上層，靈魂越須有甦醒的意識。每一條靈魂幾經無數世的轉世輪迴，在正常的情況之下，靈魂意識會逐漸地從物質層向上發展到靈性層，但是也有不少人的靈魂是待在相同的意識層裡，或是在不同層次的意識層重複來回翻

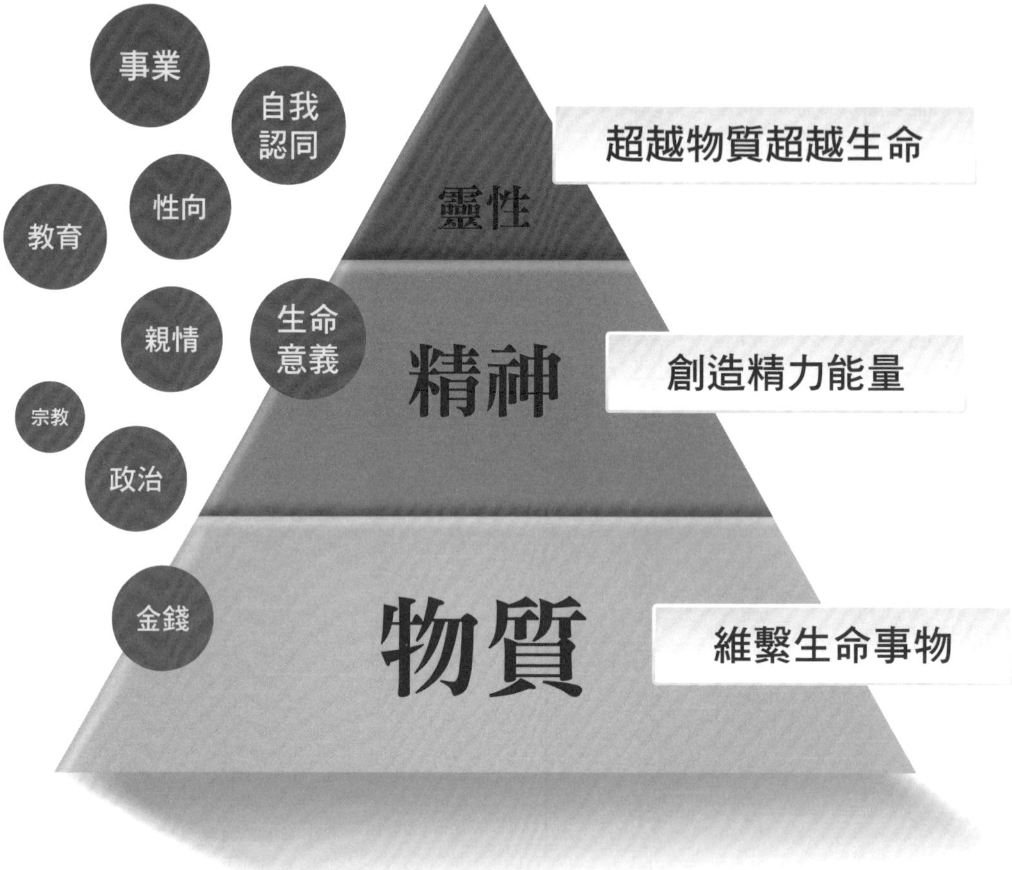

圖一

轉、流連忘返。靈魂意識層的概念在《請問輪迴》與《請問財富》中，無極瑤池金母都以此概念來解釋關於輪迴、金錢、富足意識、鬼神、靈界的問題——

當這件事情發生當下，他跟這個被他破壞的對象沾黏性更大，他跟這個世界關係更為緊密。他會繼續掉入這個運作循環中，一直重複……一直重複……一直重複，他必須不斷地輪迴，除非他醒覺了[23]，意識到靈魂投入這一個有限壽命的極限，他遵循本身與宇宙的法則，不再干擾、奪取本身生長必要的養分。

——錄自《請問輪迴》無極瑤池金母慈降靈訊

那你有看過有一些人，為什麼他看事情的角度、他的思維模式會跟別人不一樣，會非常的快速，因為他已經快成為水的特質了，當有人的意識已經逐漸回復到水的特質的時候（靈魂本質），也代表他已經快要離開（脫離輪迴）人世間了，這是非常有趣的。

——錄自《請問財富》無極瑤池金母慈降靈訊

當靈魂意識已經修練到覺醒狀態時，當業力現前，它是有力量與智慧不讓心偏離天命軌道，讓靈魂安穩行走在軌道上，這就是修行對於靈魂意識的重要性。

——錄自《請問財富》無極瑤池金母慈降靈訊

有一些靈魂生長在優渥的家庭或國家，他們天生可能道德品行不好，但所出生的家庭中可能有許多是靈性富足的人，這一些人會影響他們的靈魂、能夠讓這一條靈魂一樣是富足的。就算是如此，他的道德品行依然是不好的，那下輩子呢？他會馬上走入貧窮與邪惡的世界嗎？……終有一世便會走入了貧窮，這就是我方才所說的，你的世界與靈魂意識最終會處在相同的頻率上。相同道理，如果這一條靈魂本質是非常純淨的，他投胎到非常貧窮的國家跟家庭，這些外在環境並不影響他純淨的靈魂本質……靈魂也會逐漸地喚醒富足意識，還有不斷調整想法與觀念以及他所做的每件事情……外在環境好壞皆不會影響到靈魂的本質，靈魂的意識是可以由自己掌握。

——錄自《請問財富》無極瑤池金母慈降靈訊

以上無極瑤池金母所傳遞的靈訊，說明靈魂轉世的祕密皆是從靈魂意識層的角度探討。這並不是指靈魂意識只能處在單一意識層，靈魂意識甦醒者會完全開通靈性、精神、物質三個靈魂意識層，他的意識流暢地在這三個層次間流動，在人生中面對危機、事件、處理種種生命問題時，他會分別從不同的層次去思考並採取行動。因此，靈魂意識越高的靈魂，其意識越富有彈性，他更能夠自由穿梭於任何一個空間維度、意識層與生命向度（圖二）。在靈訊中可以常常看見無極瑤池金母以優雅、悠遊、緩慢、輕盈等字眼形容高覺醒度的靈魂意識。

關於以下兩段靈訊，我想要進一步說明。

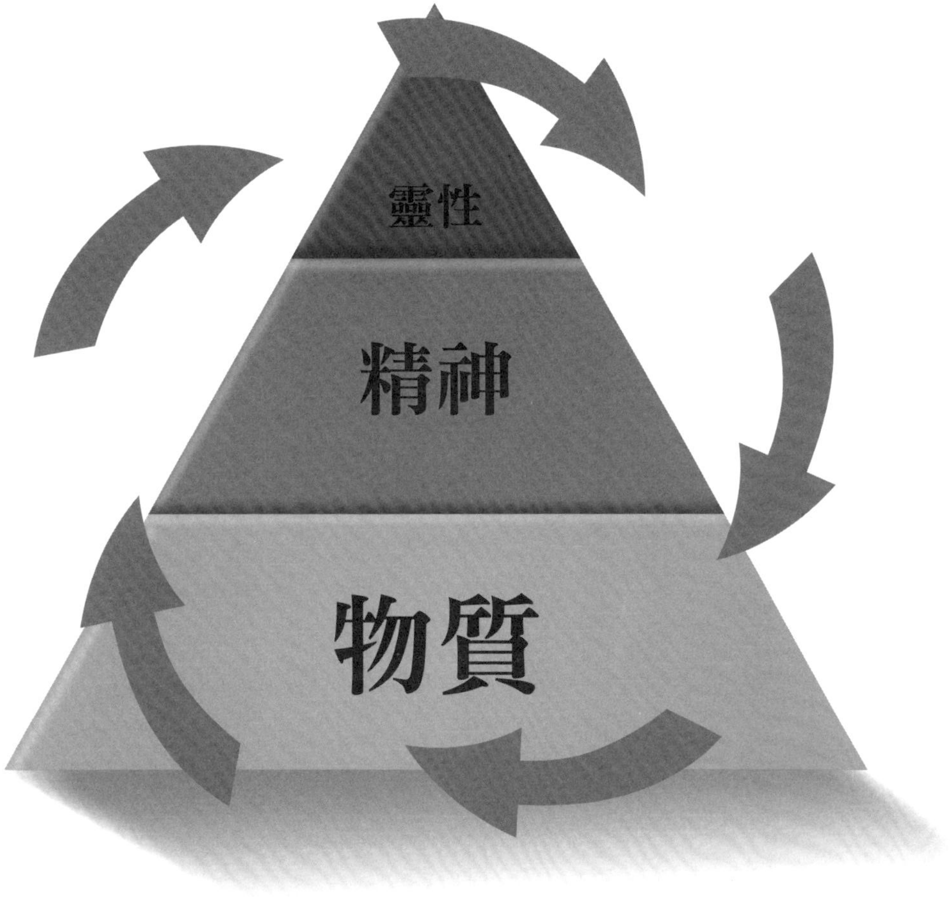

圖二

當一樣的災害發生時，為什麼有的人他受傷程度低？有的人他是沒有受傷？有的人他卻可以在災害當中，安然地度過並且賺到金錢？答案還是出在他的意識層。

喚醒靈魂意識的祕訣來自於——你們必須時時刻刻去觀照、去看顧你們的意識層。

在生活順遂之餘，我們應該時時刻刻去思考：難道我只能用一種方式在過生活嗎？以目前的生活為基礎，是否還可以再外掛幾條不同的生活模式？讓我們的生命同步進行更多的模組呢？我想表達的並不是要你實際去做，而是試想各種生活的可能性，這就是擴充意識層的冥想技巧。舉例來說，在疫情之前，你是一間餐廳的主事者，當工作進入到某種固定型態時，開始大量地瀏覽網路訊息、學習跨產業的資訊，例如開發冷凍產品、外送服務、Podcast、自媒體剪輯、銷售口條技巧、電子商務（B2B、C2C、B2C、C2B），不斷將意識層塞入多元的訊息，讓它無限上綱不停地運轉，當災難來臨時，你的靈魂意識會自動地捉取意識層內這一些曾經學習過的資訊，並且將它快速且有效率地串聯起來。**它就好像是你們的武器（行為）庫房（意識層）一樣，當任何一件事情發生的時候，它必須要能夠有武器去對治這個災害，如果你的武器庫房（意識層）裡面是沒有任何東西的（意識），你很難在這一個多變的世間生存，你會很痛苦。**

當一個人的靈魂意識是僵固不流動時，也就代表他大部分是處在較低的意識層居多。它代表了不懂變通、執著、頑固、單一思考、重視自身的利益等等，靈魂意識所處的意識層與財富、事業、成就、婚姻並無太直接的關聯性。有許多意識覺醒度夠高的人，他們的注意力並不是放在金錢與事業，他們在意的是對世間真相與解脫生命苦難的洞見。他們在現實生活中呈現給世人看見的一面，可能是有著種種怪異的行徑，或是違背一般人世俗觀點的生活態度。當然，也並非指靈魂意識越高的人就越清貧，有許多大企業家、財團CEO身處極度競爭的職場環境，富甲一方的身價亦是常人幾輩子都難以超越的，但是他們將靈修毫無違和地與生活結合在一起。

石頭的意識是停止、植物花草比石頭有較高一層的意識、動物又比它們有著更為流動的意識，而人類則因能夠自由地汲取知識，使得意識得以在世間與萬事萬物進行交流，這一來一往間的過程便是一種生命的流動。**靈魂意識無時無刻都在與世間進行著交流，它的靈活度越高便會與宇宙運作法則一起連動，靈魂的意識層已與宇宙意識層相連。**

意識與呼吸

靈魂意識與靈魂意識層我們能夠捉摸它們的存在，它表現於外的祕密來自於——呼吸。

印度瑜伽經記載著，呼吸是意識的流動，它是維持生命平衡的方式，當你呼氣時排出二氧化碳也送出你的負面情緒與能量，當你吸氣時，你是吸入維持生命的能量，靈魂的意識也就在這個過程中進行交替。

當你在閱讀或工作時精神渙散之際，只要提醒自己呼吸，記憶力與專注力便會提升數倍，這是因為透過呼吸送出二氧化碳，使得大腦得以換取更多的氧氣。可以將呼吸這一道過程視為一種洗刷身體與內心的利器。當生命落陷進入困獸之鬥時，緊繃的身心無法使呼吸正常運作，身體與大腦在缺氧之下無法以更高意識解決生命難題，此時，每日有意識地呼吸，能夠促使意識在世間更有效率地流動運轉。

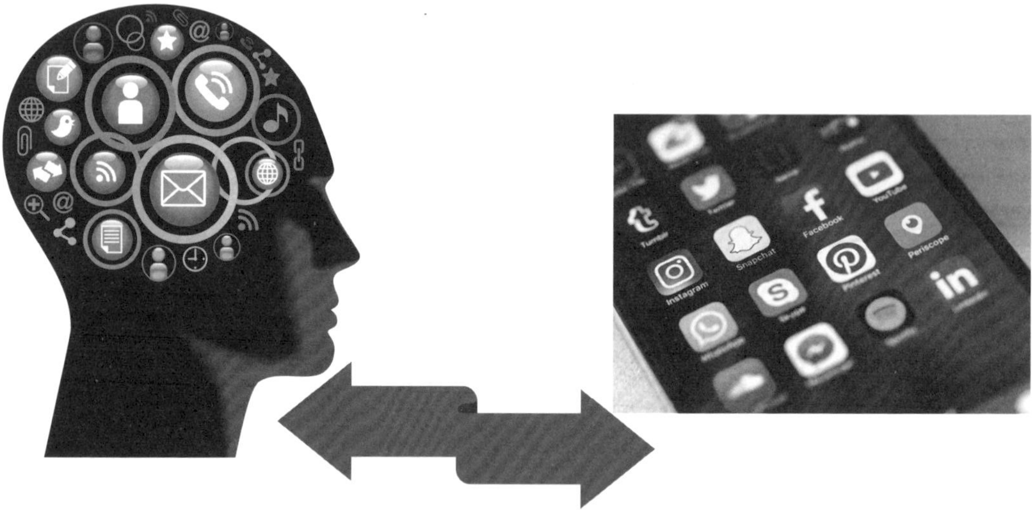

圖三

你曾經瀏覽過的 YouTube 影片、臉書粉專、社團等社群媒體，在在地投射出你的靈魂意識全貌，你的靈魂意識裝載哪一些事物就會顯現在電腦螢幕上，它鮮明地活在你的眼前。

不妨此時做一個深度大呼吸看看，你可以發現，清涼感頓時消除大腦的疲憊。

網際網路就是一個打通意識層任督二脈的好場所

有次我在網路上搜尋某項3C產品，意外地發現，隔天我的電腦網頁、臉書、YouTube 大量地自動跳出與此產品相關的訊息，甚至在觀看 YouTube 影片時，中間插播的廣告也都與此產品相關。我在很早之前就知道網路公司利用科技，捉取每一個人的上網慣用模式投遞廣告，只是我從來沒有認真去看待過這一件事。

在瞬間，我意識到某種關乎覺醒的事情。明明這一項科技已經發明許多年，它也早已悄悄地置入到各種搜尋引擎與社群媒體，這一些都已經算是公開的資訊，但是當頁面跳出一個接著一個與我過往搜尋影片相關的訊息時，我卻依然感到驚訝，在當下我馬上分析與檢查我曾經在 YouTube 觀看的紀錄、頁面自動跳出的相關影片。我才發現原來過往在不知不覺間，我已經搜尋過或看過那麼多對生命如此沒有意義的影片，有些是在打發時間看的影片、有的是滑手機因標題而點入的影片、有些則是博君一笑的綜藝節目精華片段。

這一些影片對生命不會產生正面的意義，充其量只是在消磨時間而已，雖然我的搜尋引擎用於找資料或研究的比率還是占大多數。但是每日一點一滴將網路用於消磨時間，浪費在「無意義」的事情之上，日積月累下所浪費的時間也是相當驚人。它會導致你的日常行為在連續性無意義下進行著，你會不知不覺中在網路與現實生活裡，重複做著這一些事情。換言之，你不僅沒有充分地運用大腦的功能，甚至長期處在心之外進行著無意識的行為，那是一件非常可怕的事情，**在生命平順期**

保持多少的覺知在當下，強大的覺知力便強化了生命危機感。

改變未來不是寄託在求神拜佛上，**若一棵樹已經注定生長成一棵大樹，你不需要去改變它最原始的種子，它日後在後天環境底下必定生長成注定的樣貌。當一顆種子注定沒有辦法養成一棵雄偉大樹，它就必須改變種子。**[24]這裡所指便是我們的靈魂意識、我們的心。你的靈魂意識到底要放入哪一些資訊，才足以因應未來的演變、改變命運與處理一場災難的發生，還有你該如何取決意識層要放入哪一些東西（圖一），都是要仰賴你平時如何在有意識之下行使你的慣性行為模式。你的心對應到相同的世界，世界回饋了心的影像。因此，無極瑤池金母才會不斷提醒我們，**不要讓意識層沒有能力足以應付世間的變化，造成生命的損失。**換言之，將意識層視為戰備糧食的地方，災難來臨時，你會做出何種的因應，均來自於你平日檢視生命的覺知力。生活必須保持充分的覺知，才能夠讓靈魂意識處在對生命有用的意識層裡，進而自由地穿梭流動於各層的意識層中（圖二）。

檢查靈魂意識最直接的方法就是，回頭分析自己常常觀看的 YouTube 影片、臉書粉專、社團等社群媒體（圖三），你可以從中發現，它在在地投射出你的靈魂意識的樣貌，你的靈魂意識裝載哪一些事物統統顯化在你的螢幕上，大腦世界鮮明地活在你的眼前。也因為投射的力量，才讓我們眼前的世界以各種形式出現。投射是反映了我們內心種種對生命的記憶，同時也投射我們對於生命的期待，世界也以相同的能量反映出我們的內在世界。試想一下，哲學家、科學家、大學生、媒體創作人、畫家、書法家的社群媒體與影音網站會跳出相同的訊息嗎？

你一定會迫不及待想要了解如何改寫靈魂意識的程式碼，改變自身的生命與未來的靈修心法？不要急！在下個章節中無極瑤池金母將會繼續講述這一個關乎我們生命與趨吉避凶的靈修心法。

◎喚醒靈魂意識：靈修心法修持

過濾掉靈魂意識的雜質，就是在靜心的狀態下檢查你的社群媒體、現實生活的交友圈、社交群組、臉書社團。這非常簡單，卻也是讓靈魂意識更為純粹，將意識層置放到更好位置的技巧之一。

以下是練習的做法：

❶找一個不被打擾的時段與空間，舒適地闔眼坐下或躺下，你可以點一些天然精油、香氛蠟燭、或是線香，最好可以選一首令你感到愉悅的輕音樂。

❷想清楚你真正嚮往的生活方式，充滿自由、不受任何外界言語干擾，擁有真正的靈性富足意識，抑或是生命中總是聚集擁有相同高意識頻率的朋友。

❸想好之後，接著做幾次深呼吸，讓自律神經在呼吸間完全放鬆。

❹張開眼睛，打開你的手機，並直覺地先打開某一個社交媒體，例如臉書，開始解除或隱藏一些消耗你精神能量體的好友關係，千萬不要有任何遲疑，做這個動作不會摧毀你的現實生活，畢竟你的世界中不只有網路這個社交圈。

❺等到告一段落後，再回到第三步驟，再次觀想你方才選擇的生活方式。做幾次深呼吸觀察身心的變化，內心會傳遞出一陣又一陣的輕鬆，彷彿將心頭沉積多時的石頭搬移開來。

❻從冥想中離開後，記得把剛才的心得完整地記錄下來。

這一個練習可以重複做很多次，在第四步驟可以自由地改變社交媒體、網站、書架，以及手機好友名單等等。不要恐懼做了這一個動作你就會被社會孤立，你必須完全信任在冥想狀態與靈魂溝通的聲音，這一個練習有助於喚醒你的靈魂意識，淨化至提升直覺力，直覺力是一條靈魂意識與世界頻率相連的感應能力。當你經過一次又一次的練習到非常熟稔之後，在現實生活中，你的直覺天線會隨時提醒你應該躲開某些吸附你精神體的人、事以及環境，讓你的靈魂意識完全處在高頻率的時空當中。

㉓ 指靈魂意識從物質層昇華到靈性層。
㉔ 《請問輪迴》Ｑ１５ 如何修行靈性才能解脫？

06

關於預知未來的超意識能力

自訂一套規律的生活作息，你正在統整生命的循環。

——宇色

想要一探未知的未來是人類基本的心性，「預知」對於人們來說既迷人又帶著神祕色彩。人類好奇未來的心理可以歸納兩點原因，一是未來本身就充滿了科幻與想像空間，預測未來能夠幫我們跳脫現實環境，提供任何無限幻想的可能性；另一方面，未知帶著某種濃烈的吸引力，這兩者都有著些許好奇與恐懼的成分，預知、恐懼與好奇的心理因素，驅動人們以各種方式去探尋未來，不論它是否具有確切的考證來源。

我們最為熟悉的占星、命理與占卜都是預知未來的工具，藉此滿足我們內心的好奇心，同時又能趨吉避凶。其實我個人比較喜歡將預知視為一種對於生存渴望的心理投射，對自身生命未曾感到一絲絲存在感與熱忱的人，自然對於未來就不可能有所好奇，另外當我們對當下生命越感到不安時，便越想提前預知世界的未來發展。如同現在全球被新型冠狀病毒侵襲之際，網路、社群軟體、書局到處可見關於疫情、國際局勢、政治等等眾多的預言書，說不定你也是抱持如此心態來拿起這本書吧！

說到預知，就不得不提直覺力。敏銳度高的讀者或許就可以從前一段靈訊裡頭發現，有關預知能力與靈魂意識的關聯——

……直覺力是靈魂意識與世界頻率相連的感應能力，一條靈魂的意識與宇宙運作法則一起連動，靈魂的意識層已與宇宙意識層相連。在一件事情尚未發生時，你的靈魂意識感知到宇宙傳來的振幅波動；當一場災難發生前，靈魂意識會帶領你的生命躲過災難，是以最敏捷的處變方式度過災厄……

這裡所指的直覺力便是預感能力、預知力。當靈魂意識與宇宙振動頻率對焦產生共振，便能夠感應一場即將發生的災難，簡單來說，就是預感。這一個章節要更深入地探討關於靈魂與預言之間的關係——人類是否真的有預知能力？在網路上充斥各種對於未來世界與疫情的種種預測，我們該如何看待與因應？以及，我們又該如何修練靈魂開啟直覺力？

無極瑤池金母

※預知是一種全然進入合一的生命態度

在世間，沒有任何一個人能夠準確地預言未來發生的能力，這是不可能的事情，但是，你是可以提前感知某一些事情即將發生。

例如大洪水，你有預測大洪水即將發生的能力，是因為你已經敏銳地觀察到大自然界正悄悄地醞釀著某些事情的跡象。比方說水面升高、空氣中瀰漫著水氣味道、居住在河流旁的動物與昆蟲不安騷動，紛紛離開牠們原本的棲息地。透過這一些外顯跡象，有一些心性敏銳的人類透過觀察牠們得知大自然的變化，確實能夠預知一場大洪水即將到來。

有些動物似乎擁有某種預知能力。例如，當一場大洪水來襲、地震、森林大火等等，牠們會預先知道，進而更改每日行為或是逃離森林。那麼，牠們又是如何提前得知呢？難道牠們具有比人類更高的靈魂意識嗎？不是的！當溫度、濕度與氣候變遷，這一連串細微的變化，導致牠們毫不費力自然而然地順應變化進入到另外一個規律。

宇色！你知道為什麼會特別提到動物與昆蟲嗎？

從《請問輪迴》這本書開始，我們談論到許多關於輪迴、富足以及靈魂意識的議題，從這裡頭你可以看見我不斷地述說著「規律」對於靈魂的重要性。規律就好像是天體運行的軌道，也因規律，世界才得以無礙地流轉與進行，而與此境界相應的靈魂才得以真正的覺醒。

動物跟昆蟲，雖然沒有像人類及一般動物較高的意識，也不具有思考能力，活在單一且不具變化的意識層中。也因此，造就了牠們生生世世活在某種規律底下。宇色！我告訴你一件許多人從未覺察到的事情，當一個人仔細觀察牠們與大自然的互動，你會感受到一種前所未有的寧靜祥和，你的靈魂意識在無形間會受到薰習進入與牠們同步調的平和與規律。這也就是許多生活在大自然環境中的人會散發出的一種靈性氣質。這也是為什麼，有許多人想要遠離城市進入大自然的緣故，這是人們靈魂意識與大自然相應受到感召所致。

當動物跟昆蟲嗅察到大自然界的改變時，就算是微細到人類察覺不到，牠們也會被一股「被動能量」驅動而調整慣性行為，驅使牠們離開原本的生活圈。當大自然有著微妙改變時，便會在無形間產生一股動能短暫地改變牠們，迫使牠們離開原本的生活型態與規律。

牠們有預知能力嗎？沒有！牠們沒有預知未來即將發生變動的能力。昆蟲與動物本身並沒有你們人類所想的預知能力，只是因為牠們世代活在相同的意識世界，讓牠們生活在某種規律底下；也因為牠們一成不變的生活，才能夠敏銳地因應大自然變化而改變牠們的行為。

宇色！你還記得我先前說的嗎？

人是活在一個意識場當中的，你受它控制，包含命運也是在這一個意識場域中運作著。

人類是如此，牠們更加是如此。相同的動物與昆蟲習性幾乎都是一樣，單一的意識層令牠們世代無法改變原有的生活，彼此緊密靠在一起。

你問我，人類有沒有辦法去預測一場大災難的發生？

當然是有的。此人必須遵循著星體、宇宙、四季的運行軌跡，讓生命嚴守某種極度規律，如此才能擁有與動物、昆蟲一樣，隨著大自然界變化而變化的敏銳度，與其說是預知，倒不如說是感知世界脈動的頻率，不是嗎？

隨著時間的推演，在科技方面的研發也不斷地推進，人類總希望通過科學儀器預測一場災難的發生，例如暴風雪、颶風等。雖然如此，科技對於大自然的預測僅止於它們形成之後，依然無法在數年之前便準確地預測它們的到來，包含這一場席捲全世界的新型冠狀病毒。除此之外，人類依然想要藉由科技預測未來可能發生的大流行疾病、地震、金融風暴等危及人類身家安全的災害，請問無極瑤池金母，關於這部分人類有朝一日能夠實現嗎？

想用儀器來預測未來嗎？是有可能的！人類所研究的儀器確實有能力做到預測某些事情的發生。但是你要知道的是，在地球上萬事萬物的發生，它絕對不會只存在一種因素，尤其是一件重大危機事件的發生，它背後牽扯的成因與因素是非常非常多的，就像我們前幾天所討論的「一件事情發生須串聯起這三件原質，而串聯的祕密來自『觸媒』」。你要知道，科學儀器怎麼可能精準地預先偵測到一起災難背後龐大的成因？成因是什麼，你可以想像是蜘蛛網般地交織在一起，蜘蛛網是由無數蜘蛛絲所構成，牽動一線都會影響它的形成。

就像我剛才所說的，只有在生命恪守日月星辰的運轉，保持在一種看似固定、純然地與大自然的韻律同在，活在一種規律底下，讓自己的生命完全投入在地球規律的頻率底下，你才能夠進入與大自然相同的韻律。如此做到的人，才能擁有極高的敏銳度。宇色！你生活在地球多時，當你有一天離開地球，難道當地球發生了嚴重的變動，當你再次回到地球，你會不知道嗎？你絕對會知道的，不是嗎？這就是我所說的，當你保持覺知且有規律地生活在當下，自然而然能夠感知大自然的變化。

該如何才能達到如此的心境？只要有一個人不斷地精進修心養性、遵守每日規律的作息，嚴格地督促自己不妄為，不做出超過本分之外的事，如此的態度便是與大自然擁有相同規律。

宇色！透過你的問題我想向正在聆聽我靈訊的人說道：當你做到我所說的，改變了行為之後，連帶地便會改變了你看待生命與對待世界的態度，只要做這麼小小的改變就可以產生如此巨大的影響。

無極瑤池金母，聽祢如此解說，令我聯想到關於「定課」這檔事，是不是只要將靜坐、冥想、瑜伽、持咒、念經其中一項列為每日的生活作息當中，便能達到收攝心性的效果，當有一日天災人禍降臨時，便能夠預知未來即將發生的事情嗎？

宇色！你知道為什麼有些人走靈修很精進嗎？同樣的一句話，你能夠舉一反三有著不同的聯想，你有著其他人想不到的思維。

從古至今，為什麼一些崇尚修行的人，他們的靈魂終將引導他們走入山林間，過著隱士般的生活？那是因為山林具有一種神祕且不被言喻的力量，它對於統攝心性與意念有著莫大的幫助，山林間隱藏許多人類所不知道的祕密。因此，選擇一個僻靜的山林獨處，對於一條靈魂的覺醒是有必要的，尤其是對於那一些修行多年仍然毫無進展的人來說。

今天，我要向世人解說關於山林與靈魂其中的一項祕密。

在古代，當有一個人生病時，只要他進入山林間靜靜地待上四十九天，就只要待上四十九天，讓靈性、靈魂、身體、感官全然地浸潤在大自然中。靜靜地不被不屬寧靜的事物所干擾，他的身體便進入到某一種神奇的轉化階段，他的病體會完全地痊癒，日後，他不再容易生病，大自然擁有的神祕力量便是療癒大地與人類身心的力量。這也就是為什麼，我希望你將道場選擇在深山中，而不是高樓大廈裡頭的緣故，讓每一個有心靈修的人走入大自然；藉此修補他們的身心，這是靈修。

你要知道，當人心開始對物質生起貪婪時，接下來便會展開對大自然無盡的破壞；你覺得當大自然的運作法則被人類一味地破壞與干擾時，原本應該與大自然共存的生物，包含你們人類，怎麼可能在失衡的大自然韻律下感知自身的生命與未來呢？你有看到嗎？真正不斷干擾人類靈魂覺醒的是你們，而想透過各式各樣身心靈技巧喚醒靈魂意識的，也是你們。

當一個人他可以嗅察到身體隨著時間演進產生的細微變化，比方說味覺與嗅覺就是隨著年紀增長或疾病會連帶產生的變化，在日常生活中，這一副身體會變得要比往常花上更多時間休養，或是，他特別想吃或不想吃什麼東西，這一些細微變化每一天都在你們人類身體上發生，只是你們不曾去留意與發現。如果連身體的改變都未曾關心過，此人豈能喚醒靈魂意識，不要忘了，身體是靈魂的載具，想要擁有覺醒的靈魂就要留心觀照你的身體。

只要你順從身體變化，不斷地去微調生活步調，不過度使用身體，順從身體運作而生活，感覺疲倦就讓它休息，觀察身體每一天對攝取食物的需求量，細細地留心身體變化，進而去調整作息，你會發現，其實人也跟動物一樣，當天災人禍來時，順應身體的意識，會帶領生命走過每一場的災難，最重要的，請善待地球及與你們共存的每一種生物，請好好照顧地球。你們人類為了利益不斷地傷害大地，也切斷了人與大地的連結，這一個山林與靈魂的連結也已經逐漸地消失了，你們只想用科技與醫學來破解病毒，為什麼不停止對大自然的傷害，鼓勵人們投入大自然呢？未來的世界將接著一場又一場病毒之災，你們或許沒有想到，讓它不斷擴散的源頭是你們啊！

這裡，我必須再講一次，有覺察到你的嗅覺、味覺與視覺上都已經與以往不同了嗎？

你有感覺每一日的睡眠時間變長了嗎？

你想起受到哪一本書的影響嗎？

你有很想去學習某一位作者所教導的觀念嗎？

或是你其實對生命已經有一種新的體悟嗎？

這些非常非常細微的元素，無時無刻都對你的身體、思想、意識產生影響，那你必須要扣緊這樣的覺知，你要緊緊地抓住這一些細微變化，當你對生命與身體保持高度的覺知，靈性便會不斷綻放光芒。就好像你搭上一艘預計遠航的船，當你看見水面已經降低時，你要趕緊上船拉錨離開，不是嗎？你怎麼會放任湖水乾枯後，才意識到應該要拉錨起航呢？這是不可能的事情啊！

你方才說修持宗教性的定課是否有助於預知未來，我沒有否定這一些東西，只是，儀軌是人們所設想出來與內在溝通的方式，我想要進一步明確地點醒你的是，身體的細微變化、心理的細微感受，你有真正覺察到嗎？如果你連身心都不曾留意過，那一些外在的事物又如何與你身心產生相應呢？

此時此刻正在發生的大流行疾病㉕，你有覺察到身心已經產生變化了嗎？不要以為只有感染者才會產生身心變化，不要忘了！病毒此時正影響你們人類的集體意識，你的身心自然受到集體意識的影響。我想進一步提醒你：

你有覺察到生活起了什麼樣的變化嗎？

你有曾經覺察到特別想要吃什麼東西嗎？

你有去覺察到需要休息的身體嗎？

你有覺察到在這一場疫情中你改變了多少的行為與生活方式？

不要讓對生命的覺察很輕易地流失，去覺醒它、去看見它，順著每一次的覺察走，就像這一場你們人類口中的世紀大瘟疫。有一日當疫情離開了你們，你依然不要讓這一份對身心的覺察力斷掉，那麼在疫情期間你所培養的覺察力、所喚醒的意識，在你的意識中便會不斷地產生強大的靈性力量。未來，對你所居住的世界、對自己的生命、對自己的未來，甚至對自己的靈魂會有很深的體悟的。

◎規律就好像是天體運行的軌道，世界才得以無礙地流轉與進行著，靈魂真正的覺醒便是與此境界相應。

◎仔細觀察動物、昆蟲與大自然的互動，靈魂意識無形間會受到感染進入某種平和的規律意識狀態。

◎遵循著星體、宇宙、四季的運行軌跡，嚴守某種極度規律，會擁有感知自然界變化而變化的敏銳度。

◎山林具有一種神祕且不被言喻的力量，它對於統攝心性與意念有著莫大的幫助。

◎當一個人進入山林間靜靜地待上49天，他的身體便進入到某一種神奇的轉化階段。

◎身體是靈魂的載具，想要擁有覺醒的靈魂就要留心觀照你的身體。

◎順從身體變化不斷地去微調生活步調，不過度使用身體，觀察身體每一天對攝取食物的需求量，當天災人禍來時，順應身體的意識，會帶領生命走過每一場災難。

◎疫情期間所培養的覺察力、所喚醒的意識，在你的意識中便會不斷地產生強大的靈性力量。未來，對你所居住的世界、對自己生命、對自己的未來，甚至對自己的靈魂會有很深的體悟的。

看這世界似乎是四分五裂毫無章法可言，

恪守生命規律，

便能感受宇宙深層的韻律。

當你開始懂得透過自我約束，心性與生活慣性便會產生某種規律性的節奏感，此時意識與靈魂便會進入到共同頻率，或者我們可以稱之為合一，就可以進入到宇宙的頻率當中產生更高靈性的覺醒。這也是無極瑤池金母祂在回答關於預知能力之外特別強調的地方。

這段靈訊中，無極瑤池金母示現給我的第一幅感知畫面是宇宙星體（圖一），宇宙是在充滿規律與韻律之下進行著，千億個星體就是在如此規律下運行，就在這一層關係中彼此間互不碰撞卻能相互影響，這是宇宙所呈現的優雅。無極瑤池金母希望我們低頭細細觀察每一種生物，雖然牠們是以單一意識生活著，獅子與豹不會在不飢餓的情況下傷害其他生物、天鵝一夫一妻的配偶關係、螞蟻有著固定的覓食路線與分工制度、相同種類的蝴蝶在幼蟲時，僅會在一個活動區域取食和棲息，許多同類型生物都是在共同的規律底下生活著。這就是無極瑤池金母所說的牠們不具有思考能力，牠們活在單一且不具變化的意識層中，也因此，造就了牠們生生世世活在某種規律底下……當溫度、濕度與氣候變遷，這一連串細微的變化，導致牠們毫不費力自然而然地順應變化進入到另外一個規律。

這一種能力是本能，就像靠天吃飯、日出而作日落而息的農民們，望向天空一眼便可預測何時會下雨？今年會不會豐收？你覺得他們具有預知能力嗎？其實，只要人類約束自身的生活作息，依

圖一

循日月星辰、四季的運作法則，為自己制定一個規律且對生命友好的生活作息，自然就會對未來與生命有著某一種預知能力，這就是無極瑤池金母希望我們能夠學習與體悟之處，就如同圖二所示，人們想要了解世界未來的走向，須先處理雜亂的生活步調就可以達到心性圓滿，進而進入宇宙運行的軌跡。

你無法以肉眼看見生命的運行，除非你與它合而為一。

關於遵循星體、宇宙、四季的運行軌跡，讓生命嚴守某種極度規律，如此才能擁有隨著大自然界變化而變化的敏銳度，讓我聯想到觀世音菩薩救渡眾生的故事，你一定聽過，至今我仍然很喜歡。

一位虔修觀音法門的信眾，一心憶念觀世音菩薩法相，持誦祂的聖號與咒語，期許與觀音慈悲願力相應，多年下來，他的虔誠已經臨近狂熱。迷與虔只有一線之隔，一般人是分不清楚的。家人與村民都覺得他太過沉迷了，但是他不以為意，他最常講的一句話就是：等到有一天觀世音菩薩在我身上顯靈，到時候便會知道誰才是真正的迷信。

一場災厄到來，都是要你重新檢視過往的生命

一連數日大雨不斷，導致上游堤壩被大水沖毀，傾盆大雨伴隨滾滾河水在半夜淹沒了半個村莊。村民顧不得家當與家園，攜家帶眷紛紛往高地避難，信眾的家人要他一同前往避難，他拒絕了家人的要求，他要獨自一人在家中念誦觀音聖號，祈求大水退卻，他相信經典所說：若有持是觀世音菩薩名者，設入大火，火不能燒，由是菩薩威神力故。若為大水所漂，稱其名號，即得淺處。同

宇宙規律的運行軌跡

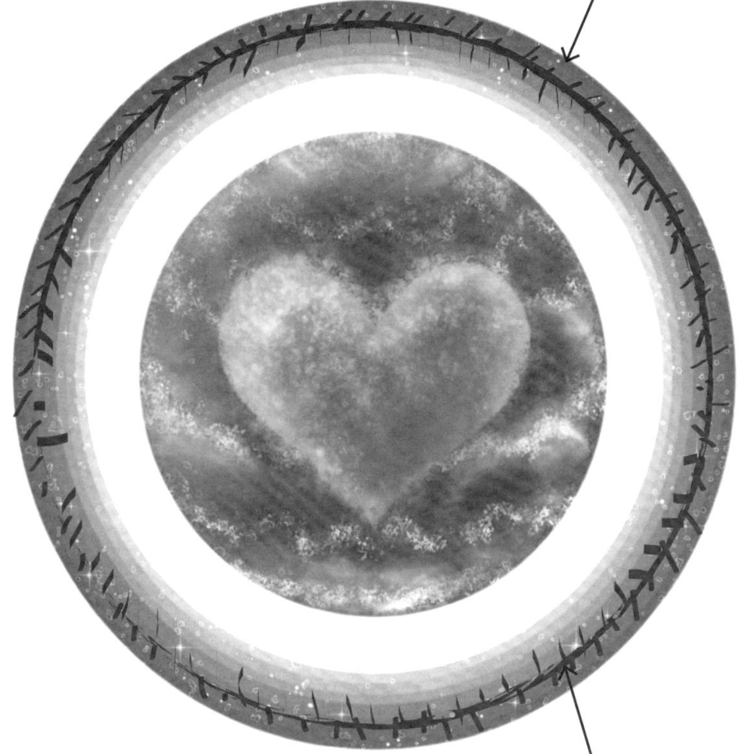

人們隨興不受約束的生活步調，
一根根的刺顯示困難雜亂生活，
導致了衝突、矛盾、不安、焦慮

讓生命嚴守某種極度規律，如此才能擁有隨著大自然界變化而變化的敏銳力，規律就好像是天體運行的軌道，世界才得以無礙地流轉與進行著，靈魂真正的覺醒便是與此境界相應。

圖二

時他要讓更多人看見他的虔誠，家人說不過他只好放棄，就在家人離去後不久，在他內心響起這麼一句話：

看清楚你在哪裡！

這是他首次聽見神靈的召喚，但那並不是他所想要的，也不符合他所期待的顯靈，唯有觀世音菩薩親自救渡他以及大雨停止才是真。

不久，屋頂傳來嘎嘎作響的聲音，他迅速奪門而出，屋頂承受不了連日雨水重量垮了下來，雖然他躲過一劫，口中卻仍然不停抱怨著：為什麼觀世音菩薩沒有阻止屋頂坍塌？為什麼觀世音菩薩沒有來拉他一把？話才剛說完洪水已經淹至膝蓋。一群路過的村民們勸他此時應該要一同去避難，信眾擔心如果與村民一同前去，是否會遭逢更大的災難，他不知道離開住家是否是更好的選擇，想了一會兒後，他覺得待在家中比冒險更為安全，至少家中的觀世音菩薩會保護他的安全，他拒絕了那一群村民：「觀世音菩薩會保祐我平安無事。」他以為是出於虔誠而拒絕了村民，其實內心是出於恐懼不想改變現況，村民們見勸不動他只好放棄。待村民離去後不久，他再次聽見由內在傳來的聲音：

看清楚自己的心！

這句話比第一句話更為清晰，他卻不知道這句話的涵意，因為他的信仰只有教導他神明會顯靈救渡眾生，卻沒有教導如何解讀感知。他的問題也是許多人的信仰問題，當不可言傳的感知現前時，人們總是向神明抱怨說：「神明啊！祢有話就直說吧！不是讓我猜，我可不知道祢在說什麼啊？」殊不知，神明從不跟我們打啞謎，只要我們將感知與心對照便有答案。

很快地，不消半刻洪水就淹到屋簷，水面上漂滿了家具與各式家當，信眾迫不得已之下只好爬上屋頂，口中仍然不忘持誦觀世音聖號，希望菩薩真如《普門品》所言：

雲雷鼓掣電，降雹澍大雨；念彼觀音力，應時得消散。

他也相信就算菩薩沒有現身，雨水也會在他念經聲中停止，只是出乎他意料之外，雨水不但沒有趨緩跡象，還快速淹過了屋簷，他驚慌地大聲呼叫觀世音菩薩顯靈救命，一艘坐滿逃難村民的破船從遠方緩緩地駛過來，船主表示船上還能再擠一人，要他趕緊跳上船來。信眾說，我有聽見兩次不知從何而來的聲音，代表觀世音菩薩已經聽見我的聲音，祂即將來救我了，說完信眾堅定地回絕船主好意，船主見信眾固執地活在他認定的信仰，無奈之下船主只好帶著其他村民逃難去了。眼看洪水逐漸逼近信眾胸口，就在危急時刻他靈機一動，縱身一躍跳往屋旁一棵大樹，此時不知從何處飛來一隻被雨水打到無力飛翔的小鳥，牠就剛好停靠在信眾旁，信眾對牠說：「為什麼不是觀世音菩薩來呢？」就在信眾漸感無力之際，他第三度聽見不知何處傳來的聲音，這也是他此生最後一次聽見：

看清楚自己的偏執！

聽到這句話，信眾突然醒悟，他終於知道一心稱念的觀世音菩薩，自始至終都以各種形態幻化在他身邊，只是他執拗於祂應該以某種形象現身，但是，此時了悟也為時以晚，他再也無力攀住大樹便摔落大水溺斃。

觀世音菩薩因不捨世間的苦難，心中升起憐憫與慈悲那刻，祂的頭部現出了一尊覺悟的阿彌陀佛相，顯示觀世音菩薩已近乎悟道成佛之境，因祂不捨離眾獨自一人得道，就在瞬間40隻手臂從兩側展開，每隻掌心現出一隻充滿智慧的眼睛，每一隻眼睛代表洞悉化解世間25種業報與愚痴㉖，觀世音菩薩慈悲願力瞬間直通欲界、色界、無色界三界……觀世音菩薩已進入覺悟之境，以不可思議之功德願力顯現於人世間。觀世音菩薩千種靈氣與慈悲流轉三界，上至天界的辟支佛、梵王、帝釋身、自在天……下至人間的長者、童男、童女、婦女……以幻化其相應之身顯現度化。

從神話角度來說，水代表的是人類深層的意識世界，故事中大雨滂沱沖毀了房舍、土地，顯示潛意識正突破意識界線與外部世界進行融合，印象深刻的夢、連續夢境、無意識行為、突如其來的感知……都是潛意識向你招手的無聲警語，就像故事中主人翁聽見三次的聲音一樣。信仰中的神靈不是活在木頭裡，祂們一直與我們內在同在，祂是我們尚未喚醒的神性。內在聲音是潛意識與我們交談的語言，我們從各種災厄、危機與困境中甦醒時，正是靈魂意識的覺醒與重生。

當靈魂感知到天體運行前，總會先從聆聽內在召喚開始，而且總是會來三次，無論它是以何種形式出現——

看清楚你在哪裡！

看清楚自己的心！

看清楚自己的偏執！

當你在生活中意識到以上類似召喚並且臣服於它，靈魂意識進入宇宙的軌道便由此開始。

神明是我們每一個人內在的神性，修持它便是在滋養我們的靈性，綻放的神性在引導我們清除心中的雜質，鋪設出一條規律且富有彈性的生活軌道，進而走入宇宙的運作。

故事中的主人翁一直沒有真正地意識到，觀世音菩薩是我們內在慈悲的投射與化身，藉由修持具象的觀世音菩薩是喚醒內在神性中的慈悲。

神性覺醒第一步看清楚你在哪裡，它隱含著退省力量，將專注力由外在轉向內在，當你做到這一點便開始檢視過往的生命、處事態度、觀點，退省是中止與覺察外在行為，中止是暫緩所有的慣性行為，唯有如此才能看見自己的心，清楚知道身在何處，意謂看清楚此時此刻所處的環境、條件、心性、資質，你不再與他人做無謂的比較，也不會固守過去的經驗與價值觀，了了分明地看清楚意識所顯現的外部世界，這是靈魂覺醒的第一步。故事裡頭的信眾因修持觀音法門，靈性正逐步地覺醒，但他卻執迷經典文字忽略神性，相信一尊活生生的觀世音菩薩現前，錯失一次寶貴的逃生機會，也首次與神性失之交臂。這在提醒我們，神性不在經典文字中，它會以各種樣貌示現在我們生命中。

靈魂的覺醒不會因為你忽視它而棄你不顧，
它仍然會以不同的姿態幻化在你眼前，
直到你完全放棄它為止。

看清楚自己的心，是靈魂覺醒第二次向你召喚的聲音。看清楚自己的心，意謂你必須捨棄大腦的干擾，聆聽靈魂的聲音，清楚地看見你以何種態度處理每一個生命課題，能夠清楚看見面對困難時所生起的種種反應，你才能勇敢地承擔起選擇後的結果。千萬不要輕忽看清楚自己的心，許多開悟者都會經歷這一道程序，勇氣、無懼、平靜、決斷皆由此而生，便能感知世界脈動的頻率。

大腦與靈魂是兩個完全不一樣性質的導師。大腦會叫你什麼事都不要做，要你聽命於它，唯有聽它的話你才能夠安然地生存在這一個世間，不要去冒險、不要貿然地做出任何改變，甚至它會以各種方式來打擊你的信任。大腦會要你放棄挑戰，放軟姿態等待外部救援，這是大腦的技倆與手段，當你成為大腦的奴隸便很難駕馭心，靈魂終將繼續沉睡。因此有許多人到了中老年之後，他會變得非常膽小，不敢去嘗試從未接觸的挑戰，他會以各種理由與藉口抗拒它們，他會說：「不是我不願改變，而是時不我與」或是「事實根本沒有想像中那麼簡單」，那是因為多年下來已經習慣將生命交託給大腦，此生的生命將陷入無止境的乾涸與失落中。

而靈魂則是你內觀自己的生命，覺醒的靈魂會告訴你，成功與否都不是生命應該在意的重點，成或敗皆是讓靈魂覺醒的重要養分，它不要你成為一名聽話的人，它反而要你勇於當一名冒險者，勇闖不同生命面向。當你由外部世界轉向內部觀照自己的心，這一個動作會掃除各種對未來的假想、恐懼與不安，外部世界的言論與評論不會進入你的生命中，你會在不受干擾之下，勇敢地去執行感知帶來的訊息，忽視內在聲音勢必陷入二元對立與不斷追逐競爭的遊戲規則，你不僅再次失去信任自己的機會，一而再再而三反覆之下，再次遇到難關時，你只能將生命主導權平白地交給他人來做決定。

靈魂召喚你進入宇宙的頻率中，最後一道是「看清楚自己的偏執！」偏執往往是人們最容易也最不易覺察的習氣。清楚看見對觀點的偏執是完全不同於前兩項的領會，**時時覺察偏執表示你的心**

已經進入到某一種轉化階段。偏執往往是表現對某項事物的喜好，以及對某個觀念堅定不移的信念。只是已經身陷其中，如果沒有相當的覺知力，一般人是很難看清楚自己的偏執。

當主人翁看見小鳥的到來（鳥帶有重生之意），才恍然大悟自身對經典文字的偏執導致錯失了兩次逃難的機會。此時他才醒悟到，觀世音菩薩是內在靈性的化身，神靈是每一個人內在的神性。信仰是喚醒靈魂的覺性，也就是神性。

觀世音菩薩並不是活在歷史上的圖像，我們的神性都是觀世音菩薩的化身。觀世音菩薩是我們冥想的對象，藉由修持它喚醒內在的神性。還記得九天母娘曾經說過的這麼一句話嗎？神的存在是因人的存在而存在。[27]當你意識到何種意境，我們便以此意境顯化。

傾聽內在的聲音並且依循生命的召喚，是精神轉化與靈魂意識覺醒之旅的開始。將聆聽到內心的聲音帶到這個世界去做印證，並且將外部世界的體悟與內在神性做一個對話，便能夠達到靈性的合一。在來來回回之間到靈性轉化，缺少這一道程序，靈魂意識將四分五裂難以重整合一。

當你做到這一點，便能不執著於過去經驗，以富含彈性的心來面對生命種種困境與選擇，以舞者之姿優雅地面對生命種種考驗與苦難。當一個人靈魂可以悠遊在時間與空間當中，他的生命是具有彈性的，這就是無極瑤池金母所說的：「活著的時候臣服一切的世間所有運作法則，在臨終那一刻，他的輪迴也就在那一刻停止，不再轉動。」

——錄自《請問輪迴》無極瑤池金母慈降靈訊

接受應該到來之事，沒有迴避，是進入感知之境的第一步。

我想要進一步說明的是，無極瑤池金母雖然明確地表達了：「沒有任何一個人單靠某種能力，便能夠準確地預言未來會發生的事情，這是不可能的事情！」祂並不是否定人類對於未來的預測能力，此段靈訊完全沒有隱含如此的訊息。這段靈訊所要強調的是，心性與生活在未經自我約束之下，感知力不易昇華，人們的靈性很難進入宇宙韻律。而具有預知未來能力，培養一套專屬個人適合的修行定課與規律生活，是靈魂覺醒相當重要的基本課題。同時，祂也沒有否定以各種工具達到預知未來的效果，例如擲筊、占星、命盤、卜卦、面相等等，就算是通靈，也是將神靈視為一種預知未來的工具，不是嗎？

另外，在接收這一段靈訊的同時，我感知到以下幾項重要訊息：

一、心性的提升與約束，比冀望未來更為重要。未來雖然難以預測，只要端正心性自然就有美好的未來。

二、一名命理師或靈媒想要提升占卜與靈通能力，準確地預測未來的發生，心性修練、自訂一套定課與對私生活的約束都是不可或缺的要素。

三、嚴守與制定一套規律的作息，遵守日出而作日落而息是非常基本的要件。

四、如果你想要找到一名有較高預測能力的占卜師或靈媒，品德、心性與他們的生活作息是一個重要參考指標。你敢將生命與未來交託給一位作息顛三倒四的命理師或靈媒嗎？

另外，關於「當一個人進入山林間靜靜地待上四十九天，他的身體便進入到某一種神奇轉化階段。」這一段靈訊隱藏著相當重要的訊息，我知道，這一篇靈訊裡頭許多的重點，對大多數人來說需要花費一點時間消化與釐清，因此，關於「山林與身心轉化」的詮釋我想放在後文當中，另闢篇幅來詳細說明。

或許有一些朋友心中會對靈訊中提及的**提前感知某一些事情即將發生**感到好奇，到底該如何修練才能預知未來即將發生之事呢？不用急，這個問題的答案就在本篇「靈修心法修持」中，提醒你，以下三個方法是我在這段靈訊中同步感知的訊息，你可以將它當成老生常談，但我相信，只要努力將它們實踐在生活中，你的生命旅程將從此展開不同的樣貌。

喚醒靈魂意識：靈修心法修持

對於提升感知與直覺力，我個人並不太相信那些遙不可及的名相與專有名詞，對不起！恕我言語過於直接，可能會傷害到一些人的自尊心，但這卻是我真實的體悟。靈修是一種將心與生活互相印證的修練，絕對不是架構一個虛無卻看似高超的境界，因此，以下四個修持方法是我與無極瑤池金母對話時所感知的訊息，分享給你，希望有助於你連結內外部世界。

一、**善用深呼吸排除過去的經驗與記憶**。深呼吸是一種強而有力，且流傳於全世界各民族都有的修法之一，當你聽見與過去截然不同的觀念，感到不耐與排斥，或者遇到生命重大抉擇時，務必停止你平時的慣性反應來回應它們。請先閉眼做三回深呼吸，每回僅須十秒不要做任何觀想——

吸氣時默念：我所做決定皆符合主神安排。

吐氣時默念：我全然相信內在的安排。

就只要十秒鐘，你會突然發現有一些微妙的改變正在悄悄發生中，甚至有一些不同以往的感覺由內部升起，相信它，不妨放膽做一個不同以往的全新嘗試，你的生命將在深呼吸中有了不同的改變。深度呼吸的作用是完全釋放深層的印記，還有助於緩解做出選擇之前的焦慮，排除這兩個要素，自然而然就會為生命做出不同的選擇。

二、**當意識感到特別焦慮與不安時，放慢生活步調，調節每日的作息時間**。回顧每一天的生活作息，找出可以調節的時段，調節的要點是讓自己感覺有點舒服又不太緊繃，重點只有兩項——提早與延遲。例如，提早上床睡覺、提早起床時間、提早出門上班、準時下班，延長則是延長讓自己獨處的洗澡時間、放慢吃飯速度、延長看書時間、多增加陪伴家人與各種可以獨處的時光等等。每日保持覺知地觀察每一天可調節的時間，久而久之意識會更富有彈性與靈性，不再麻木地過活，意識也會逐漸地覺醒。雖然每一個人一天都是24小時，但是，如何在固定時間內全然做自己則是掌握在你手上，當你保持覺知，便已經找到專屬的生命規律，且有助於靈魂覺醒的生活作息了。

三、**多接觸想要達到境界的人、事、物與環境，是讓靈魂意識重新對焦最直接的方式**。因此，無極瑤池金母才會說道：「你的世界觀讓你的朋友、你的家人及你所處的環境都是一樣的，這一些的本質都是很相近。」[28]以及「仔細觀察動物、昆蟲與大自然的互動，靈魂意識無形間會受到感染進入某種平和的規律意識狀態。」說穿了就是，如果你想要擁有敏銳的洞察力與對生命的預知力，多接觸大自然與善待每一種生物絕對是不可或缺的要素之一，就算你沒有因此而具有神通力，我也相信一個懂得友善對待世界的人，必能得到世界良善的回報，其生命必然不匱乏。

四、**定出起床與睡前必做的事情，你的生命會顯得更有意義**。這看起來非常的簡單，我卻認為它比許多靈修技巧有用得多。訂定每天起床第一件事也就是肯定生命的開始，有許多人每天早上都是匆匆忙忙地度過，迷迷糊糊起床、匆忙刷牙、急急忙忙出門，像這樣處理生命的態度最終換來也是失焦的人生。會建議你，起床做一件不受打擾且覺得有意義的事情，例如運動、瑜伽、悠閒地吃著早餐收聽最新資訊的Podcast。以我為例，早上起床第一件事是冥想靜坐，靜心是喚醒靈魂意識的唯一一把鑰匙。

在冥想時，人會經過這一條路徑進入另一空間擷取養分，進而得到充沛的養息。一些意識較清明的人，是可以透過靜坐進入另一空間，獲取更多的靈感，而得以解決生命中的疑慮。

——錄自《請問輪迴》

就算打坐時腦袋黏稠像膠水一樣也無妨，只要將靜坐當成像吃飯一樣規律，久而久之就會從中獲益。睡前做一件讓心沉澱下來的事情，也是對靈魂意識進入宇宙規律運作一個重要的修練技巧。

冥想，可去除心中的雜質，讓神性覺醒。
許多不可思議之事，
就在什麼事都沒有發生之後發生，
你會清楚生命舞台與所扮演的角色。
從冥想中退場，世界依然保持它的樣貌，
而你，已經有全然不同的感受，
冥想，它未曾對你做出任何事情，
你的世界卻因它而有些微改變。

我個人非常重視睡眠這一件事，你知道嗎？觀察一個人的健康指數，睡眠絕對是首要的。關於睡眠與靈魂意識覺醒的關係，在《請問輪迴》中無極瑤池金母也有詳細的說明：

要看一個人的靈魂他是不是真的是自在的，就看他在入睡時是不是自在的……。靈魂轉世是需要休養的，休養過程中必須淘汰許多的事情，淘汰對靈魂沒有意義的事物，就如一個物品被淬鍊後，有許多的雜質會被淘汰，之後保留的物質一定是最精華……。

——錄自《請問輪迴》無極瑤池金母慈降靈訊

這兩段靈訊都是在講睡眠與靈魂重要的關聯性，許多的修行方法都是特別著重在睡覺進行修法。以我的靈山派來說，也是必須在睡覺時來修練元神出竅的功法，同樣在《請問輪迴》一書中有所提及。

簡單來說，如果你想要進入某種平和的規律意識狀態，擁有感知大自然界變化而變化的敏銳度。不要太執著以高深辭藻包裝的修練技巧，猛操練複雜的身心靈技巧並不會為你帶來立即性的好處，強烈建議你把那些東西拋諸腦後，先把你的睡眠品質搞好再說，帶著一顆沒有煩惱的心安然入睡，便能夠淨化靈魂意識，這是一種經濟又實惠的生活修行。搞好自己的身體，比玩弄身心靈技巧更為重要，不是嗎？

㉕此時為2020年6月。
㉖40×25＝1000，千手千眼觀世音菩薩。
㉗請參閱《我在人間的靈界事件簿》，柿子文化出版。
㉘錄自《請問輪迴》。

07

意識、集體意識與凝聚靈魂意識

臣服生命，成為靈魂的主人，你便能傾聽到生命的聲音。

——宇色

期待創造一個全新的未來、想要躲過每一場重大災難；這看似完全不同邏輯的兩件事，它們卻來自於同一個源頭——**此時心態決定了你的未來與它共處的樣貌**。當你閱讀完這一段靈訊後，想必會有一個非常深刻的省思：盡可能減少將精力與時間放在造成自我恐懼不安的事物上，將意識從外界轉向內心。世界沒有內外之分；外在世界是由你的意識向外投射的，簡言之，你的心態決定了想看的世界，世界只是反映出你的內心世界。如果你的心被其他事物嚴重汙染而失去自由，你的心不再屬於你，你所處的世界也將不再平靜。

將生命寄託於外在世界，豈有自由的一天？獲得自由先從觀察內在世界做起，時時刻刻思考當下的位置。讓意識安穩地處在和諧頻率上，保持不被汙染的意念，靈魂才得以安穩待在它應該在的位置。換言之，喚醒靈魂意識的覺醒是走向平靜之路。我知道這對一般人來說很難理解，你只要知道生活不要盲目與盲從，保持「覺知」，靈魂意識總有一天必然從你的生命裡覺醒。生活須保有一份高度覺知，覺知是喚醒靈魂意識的途徑；也是一種為人生負責的態度。

在這一段章節裡頭，無極瑤池金母會從「災難」切入，為我們解析關於靈魂意識、覺醒與災難三者之間的關係。

當這場災難於2020年初在世界各地蔓延開來時，網路充斥著不少宗教、靈修教團、身心靈老師、教派……等等，號召大家以透過網路或實體共修，進行集體冥想、祝禱，迴向給全地球遭逢病毒襲擊的人們，祈願以功德與仙佛之力祛除疫病、強化身心、避免病毒威脅。

既然氣候、地震、火山爆發，甚至一場危及無數人生命的傳染病都是屬於天災的範疇。意識真的具有如此強大的力量去扭轉地球的命運嗎？人類真的可以透過聚集眾人的意識改變未來災難的到來嗎？

無極瑤池金母

※將眼前的災難視為一場靈魂意識的完美排演

我們再回到這一場大瘟疫未來會對世界造成的影響幅度。這一道問題完全取決於你們人類的意識所創造出的龐大意識網；你們把意識定位在哪一層的意識層，並將它投射到物質世界的哪一個地方？它就會對應與幻化出相同的世界……

（靈訊停留在此處甚久，無極瑤池金母似乎不太願意再繼續深入這一道議題）

我現在要教導你一個強化靈魂意識，改變自身的生命與未來的靈修心法，**從今日起觀察你是用什麼「心態」來看待與處理每一場災難及事件。**「心態」種下了未來的樣貌。

要理解這一個看似簡單的觀念對一般人來說是有難度，我再解釋一次，當大瘟疫事件在世界各地蔓延開來時——

它所夾帶的訊息是什麼？

你每日接收到什麼樣的訊息？

在眾多恐懼不安的資訊中，你將何種類型的資訊放入你的心中？

醫療嚴重不足、糧食短缺、死亡人數每日以倍數攀升……這一些被有心人士處理過的負面新聞不斷在你眼前播放——

你的心態又是什麼？

平靜？祥和？能夠安然地做好每一天應盡之事嗎？

有觀看到每日業力的輪轉嗎？

行為與心是可分開的，你的行為須因應大環境而有所調整，但你的心卻可以保持它應有的樣貌。不論你的心反映眼前訊息是何種樣貌，它都已經深深地刻劃在你的心裡；並且勾勒出未來的草圖了。

千萬不要輕忽你的靈魂意識在處理災難、危機、突發事件的反應，任何反應都會深深刻入靈魂印記中，成為滋養靈魂意識的養分。處理危機的反射行為是復刻靈魂的意識；看待危機的態度則又一次改寫靈魂的意識。靈魂意識會順其心的鑿痕雕塑未來，一條覺醒的靈魂會安穩地坐在它應該坐的位子上，提升與宇宙共振的連結，避開未來的災難與危機。

此時，你不妨再想一想，重要的是未來尚未發生之事？還是思索應將靈魂意識安置在哪一層的意識層呢？**世界的未來尚未被定型，此時此刻人類的意識依然可以扭轉未來發生的樣貌。**

❋心在哪裡，它就放大了哪裡

2020年這一場疫情殺傷力如此地強烈，有一個重要的因素是人類一開始沒有去思考到的問題——自身的抵抗力與平衡。你們只是一直將焦點放在媒體與訊息上，初期完全忽略如何調養自身的健康。

我方才有提點過你，當一場災難發生的時候，你的意識層裡面的東西，決定了這個傷害對你的影響程度。病毒產生的時候，並不是每一個人的受傷程度都是一樣的，有的人他會帶原卻完全不起反應，有的人一受到感染很快就離開人世間，有的人他被感染卻不自知，這一些身體遇到病毒入侵所產生的反應，又是由誰來決定的？是命運？是業力？還是媒體？確實有一部分是個人命運在操控，但是絕大部分是來自於，每一個人的身心狀況決定了這一場瘟疫對他的影響。

你仔細地觀察分析一件事情，在這一場瘟疫當中死傷最多的國家——

他們的領導者在意的是什麼？

他們的政治如何教導人民看待他們的健康與身體？

他們用什麼樣的態度來面對一開始發生的疫情？

你知道嗎？越是著重名利與權利的意識，有時候帶來的損害會是健康，當身體尚可以使用時，你不會留心注意這一副與你共度一生的身體，你會完全忽略了它所傳遞的種種訊息。

想要獲得更多錢的意識會讓你忽略了身體傳來的警訊。將此觀念套用在一個國家元首、公司領導人、家庭一家之主也是如此，也就是過度在意金錢往往會失去健康，非常有錢的人他不一定是健康的，貧窮的人也不代表他不健康，孰輕？孰重？如何取捨是考驗你們的心性。

我所要說的是，一個國家在這一場疫情當中能夠受到的損傷越小，代表這個國家越重視人民的健康，而人民自身的健康意識也是越高的。

反過來說，如果一個國家他們重視的是高層自身的利益、金錢、經濟發展，當局者與人民將心力都完全投入金錢與獲利這件事情，無形間，對於國家醫療的重視程度便會降到最低，一國元首與官員對於教育人民的健康便不會在意，那麼損害的程度、傷害的程度就會非常大，這個還包含了——

一個國家統治者在意（意識層）的是什麼；接著他會以相同的意識去教育全國人民；人民受到統治者的意識影響了他們的行為。

這些一連串互相影響、干擾與因果關係的因素，都會直接構成了一場洪流來襲時，全國人民遭受到的傷害會到何種程度。

為什麼人民會受到一國統治者、官員的意識影響，或許聽起來是如此不公平，宇色！你覺得這個世界是公平的嗎？

公不公平不完全是命運使然，你知道嗎？你是可以去創造公平，你也可以去決定不公平。所謂的公不公平取決於，每一個人站在一個事件上面所承受的程度！當你躲過一場災難，你不會覺得不公平。當你在一場災難中遭逢不幸，你不會覺得是公平。誰決定所站的位置？這就是一開始對你所說的靈魂意識、意識層與未來的連帶關係。

就好像你曾經問我，命運是注定好的嗎？[29]以命運來看每一個人此生的生命，它並不是站在同一個基礎點上來看待一件事情。命運是不公平，因為你們人所站的位置受到自身生命經驗影響，思考的出發點就不會相同，但它最終依然是公平的。[30]

如果你今天用一個天災來看待這件事情，同時在一個地方發生了，有的人往生，但是有的人安穩地活了下來，有人大難不死，公平嗎？有什麼不公平，但是是誰決定了這公不公平呢？是你啊！我方才已經告訴過你，是由你平時耕耘的靈魂意識帶領你躲過災難，你不可能等天災危機來臨的時候，才要求命運要公平，那麼當沒有天災危機的時候，此時你又做了多少努力呢？不是嗎？

※認同是意識層的顯現，專注則是凝聚靈魂意識

在前兩本書《請問輪迴》與《請問財富》中，我們花了非常多的時間在討論靈魂輪迴轉世與靈魂富足意識，這一些包含了靈魂、靈魂意識與意識層等複雜的概念在其中。我知道你這一個問題是為了釐清某些人的思緒，靈修是由許多的觀念、實修與理論加乘而來，你必須先對這一些東西下工夫，擁有基礎認知，當更難的概念進入你的大腦時便會融會貫通、舉一反三。

意識層是什麼?就是你平日專注在哪一件事情上，它就是你的意識與意識層。你平時在意的事情，並且願意投入心力，就是凝聚靈魂意識、強化意識層的靈修心法。

如果你在意金錢，你的意識層就會充斥著金錢，我想要提醒你的是，與此同時，你也要承受金錢意識層所帶來的利與弊，每一件事情不僅包含著得與失兩個層面，一件事情又可能參雜了各種不同事件。例如，有婚姻的人的金錢意識層，就會包含了情感、子女、婚姻、事業，它都會與金錢處在相同意識層架構的一個意識世界。反過來想，沒有婚姻的人，他們的金錢意識層就不會有子女的存在。你能夠理解嗎?換言之，意識層裡面的世界越純粹，他所投射於世界的也就越能與內心世界相符合，這也就是為什麼在世間上有許多在某些領域特別突出的人，比方物理、音樂、化學、宗教……他們的行為不僅顯得與眾不同，他們對於處理情感

的態度也令一般人感到匪夷所思。

簡單來說，意識與意識層的關係是，**你要將自己的生命帶往哪裡去**？它決定了這個意識層的變化與發展。

關於你一開始所提問的問題，人類原本可以躲過這一場疫情的發生嗎？它是注定要發生的，但是許多的變化，還是取決於人龐大的意識層，當災害來臨的時候，是誰可以救你？是你曾經受過的教育、你的經驗，你處理生命的一種態度，他完完全全的決定了當一場災難來臨的時候，你如何去面對它？這一些都是你的意識，這一些意識層從何而來？都是你平時所專注的事物累積在意識層中的東西。

※轉世，本身就是一場靈魂與集體意識互相牽引的遊戲

這一個觀念似乎超過許多人的理解範圍，宇色！我們將思考範圍縮小，再回頭來回應方才你所提問的問題——一場災難影響範圍與國家集體意識的關聯性。

在一個房間裡面，有許許多多的小孩子，每個小孩子其實就是一個個體、是一個世界，他們在處理一件事情的時候是非常簡單跟單純的，因為他沒有那麼多的思維在裡面，他就是一個本能。這個本能從哪裡來的？是天生的，它是天生的！你千萬不要小看處理事件的本能，它決定了你一生的命運，以及你遇到災難的時候，你如何去面對它。

宇色！你要知道，每一個國家都是一個集體意識的場域。為什麼人會在這邊投胎？為什麼有些人會在那邊出生？其實，他也是受到這個意識場的影響，決定了他在這邊生活。所以你不能夠說，喔！這個國家怎樣，所以他們做這件事情，那個國家怎樣，所以他做那件事情。你不可以這樣子來看待一件事情，每一個國家就好像有一個漩渦不斷地轉動，他們只是在這個漩渦裡面生活而已，他們是沒辦法決定的，因為意識層的不一樣，有些人在這個國家會顯得格格不入，那是誰決定了這個格格不入，以及決定了這個人他適合在這個國家來生存，其實還是在這個意識空間裡面來談論的問題。

在一份科學報導中發現，為了避免病毒在社群大規模的蔓延傳播，許多重工業以及化學工廠都被勒令停工，在工業活動趨緩甚至暫停的狀況下，許多國家在疫情發生後 CO_2 濃度大幅下降。在疫情期間，各國紛紛祭出封城、鎖國，限制民眾自由活動的範圍與時間，竟然讓原本活動範圍在高山野嶺的野生動物走入城市。人類的生活足跡干擾了地球平衡，這一場疫情只是稍微修正了嚴重偏頗的天秤，雖然造成無數人類傷亡、家庭悲劇與重創世界經濟，卻意外讓世界共存意識圈更加地擴大，也使得我們賴以生存的地球復甦生機。請示無極瑤池金母，人們會因為這一場大瘟疫後，更意識到人類與世界共存的關聯性，靈性因此大幅度地覺醒，人們開始懂得節制用度，不再過度耗費地球的資源嗎？這個事情是有可能發生嗎？

不會！人類在面對極度統治與外部環境壓迫之下，才會去約束自身的行為與退省。

在沒有極度不好的外部環境下，其實絕大多數人類的行為是放縱、放逸的，是不受拘束的，僅只有絕少部分人具有強大的自制能力，他的靈魂經過一世又一世的修練之後，靈魂覺醒度非常高，他在未經外部環境的考驗之下，才能夠擁有極高的內省能力，因為你能退省才能重新檢視處理生命與所處的環境。

如果你問我這個問題，我會放大你的意識去思考一個問題（此時無極瑤池金母帶領我進入更為虛無的空間），地球它不會有爆炸毀滅的一天，它不會！但是，你們人類的未來，是要生活在一個水深火熱？還是舒適而宜人的地球？這個還是決定在於你們的集體意識層[31]。當你們人類集體希望共同創造一個更美好的居住環境，人類在政治、經濟、科技、環保等思維，便會朝此方向前進，反過來說亦是如此。所謂的集體意識就是集體共識所創造出來的無形意識網。

現在在網路與書籍中就有不少關於未來預言之說，人類在這場疫情結束之後，會改變他們的思維、意識，有一批新人類會誕生，他們會懂得不去耗費地球資源，創造一個更美好的地球？不用去設想一個如此遙遠未來之事，你就自我檢視在這一波疫情期間，你是以何種心態來面對生命？你的行為有因此而改變嗎？

我想要告訴你一個如何以環境修正信念，創造更美好的未來的方法。

未來是由一連串不間斷的行為所構成。如果這一個人在這波疫情所導致的嚴峻時刻，他觀察自身的生活開銷，開始反省到底什麼才是應該花費的金錢？哪一些則是不必要的，就像在前一本《請問財富》中所說「現在很流行極簡生活風，人人都要鄙棄金錢走入極簡生活嗎？」所談及關於極簡與富足的概念，他透過反省修正他過往的生活行為。在未來，他掠取地球資源的程度會變小，**當一個人懂得節制不再過度浪費地球資源時，他的靈魂會開始轉化**，未來的生命也將由此改變。

反過來說，也有許多人在這場疫情當中，他根本沒有任何的改變啊！甚至不斷地對環境、政府有諸多不滿，疫情對他的生命還不構成嚴重傷害，沒有近距離地升起威脅，他的行為在疫情發生前跟後是沒有任何改變的，那你怎麼會冀望這類型的人在疫情結束後，能夠用更友善的對待生命，有意識地減少對地球的傷害跟掠取過多資源呢！這是不可能的事情啊！不是嗎？雖然，絕大部分的人依然還是過自己的生活，那是因為他們在多年來養成的生活形式，你怎麼會期盼他馬上能夠得到改變呢？

我一開始就有說了，人類的意識是要在極度制約底下才會被改變的，並不是每一個人都可以在自由且不受威脅的環境裡，懂得自我約束與反省，思索出生活另一個不同的面向，還能保持高度覺知體察到更多生活空間，不會！大部分人類意識是不具有如此的能力。

在這一場大瘟疫後，從小處來觀察人類在這一波疫情期間的變化，確實有一小群人，他們開始從生活做了一些改變，是因為他們在疫情期間省思到生命的脆弱與對大環境的無可奈何，他們覺得應該要更加地珍惜生命。

他們開始思考生命的意義，他們這段期間見證到何謂有情？何謂無情？

世間本來就是無情，是指它不帶人類的私我慾望，這就是「道」，順應宇宙運行而轉動。無情，是因為它本來就沒有分好人與壞人、老人與年輕人。

❊無情造就有情

當一場洪流席捲而來時，它不會因為你的身分而繞過你，洪水對每一個人的傷害絕對是無私且公平的。是誰決定洪水對一個人生命傷害的嚴重性？源頭依然來自於你自己本身，來自於你平時所搭建起的意識層，這就是我們一開始所說的。

當洪水來臨的時候，諳水性、身強體壯、擅游泳等等這類型的人，他們存活機率大於老弱婦孺、不會游泳的人或者是整天喝酒的人。

宇色！你在靈修路上向我請示多次，關於有情與無情、慈悲與冷漠這道人性問題。雖然此處不去談論人性，但我想藉此說明，世界之大並不是因為它有情，而是因為它無情所以才能夠造就更多的有情。這場病毒的無情與無常，在它結束之後，將會造就更多有情的眾生，這比某些宗教與身心靈觀念所創造的力量更為巨大，一群更懂得珍惜生命的人會出現，他們看待事情的角度會開始不一樣。

說到這裡，宇色！你走靈修如此多年，你已經見過千萬位的個案，聆聽過許許多多的生命故事，你是否有想過，在未經雕琢之下，人類的靈性是向上成長的呢？還是向下沉淪的呢？我會告訴你實話的……

無極瑤池金母 圓滿諦語

◎觀察此時此刻的你是用什麼「心態」來看待與處理眼前一場災難事件，「心態」已經決定了你的未來及與它共處的樣貌。

◎你的心反映眼前訊息是何種樣貌，它都已經深深地刻劃在你的心裡；並且勾勒出未來的草圖了。

◎命運的公平性，取決於每一個人站在一件事件上面所能承受的傷害程度。

◎一條覺醒的靈魂會安穩地坐在它應該坐的位置上，提升與宇宙共振的連結，避開未來的災難與危機。

◎你所專注的事情便是意識與意識層。投入的心力就是凝聚靈魂意識、強化意識層的靈修心法。

◎集體意識就是集體共識所創造出來的無形意識網。不要小看處理事件的本能，它決定了你一生的命運，以及你遇到災難的時候，你如何去面對它。

◎當一個人懂得節制，不再過度浪費地球資源時，他的靈魂會開始轉化，未來的生命也將由此改變。

◎意識是要在極度約束才會被改變的。

值得注意的是，在這一段靈訊中是無極瑤池金母首次使用到「集體意識」這一個名詞，祂所謂的「集體意識」泛指人類共同信念的意識，以此架構出相似的意識圈，以此疫情來說，一場疫情來臨時絕大多數的人對它都是心生恐懼，當一個外部媒體挾帶更大的負面訊息在其中時，人類對於疫情便會產生一個無形且巨大的共同意識圈——疫情＝恐懼＝死亡。這個共同意識圈會干擾每一個人在生活上的判斷，間接地影響身體對抗病毒的免疫力與代謝率。在日後的文章中你將不斷地看見「集體意識」這個名詞，為方便了解，你可以將它想像成「共同信念」，雖然兩者仍然有些微的差距，但並不妨礙閱讀與理解。

如果你從〈請問母娘〉系列第一本《請問輪迴・無極瑤池金母的28堂生死課》開始閱讀，想必可以了解，無極瑤池金母與其他的神祇最大的不同來自於，祂甚少談論愛世人，不太教導何謂慈悲度化眾生，更不會教導你如何成為一尊神，至少在靈修上祂從未對我如此教導過，這或許有違你對神明的認知，但是從靈訊中你可以體悟到，祂在教導如何讓生命更為圓滿，前提是先讓自己更趨向於完整，成為一名有覺知、有意識的人。無極瑤池金母祂並沒有要你放棄原本的信仰，祂只是要你不斷地回到內心去，靜靜地看著它的變化，就只是靜靜地什麼事都不做，有時會達到淨化的功能，你的靈魂意識因此與宇宙融合為一體，這就是祂的圓滿教法。佛陀教導過他的門徒：「你我唯一的差別，我是清醒；而你是沉睡。我們皆擁有覺性，過去的我與此時的你相同曾經沉睡過，此時的我已全然清醒，保持覺知。」

這一段靈訊傳遞的訊息看似非常簡要，似乎沒有講太多重點，但是如果你細細地閱讀它，便會發現裡頭挾帶著多重重要訊息。

我們一一來列舉裡面所談及的部分——

第一、**強化靈魂意識的方法，觀察此時此刻的你是用什麼「心態」來看待與處理眼前一場災難事件。**

在看待一件事件上，每一個人切入的角度都不同，全世界沒有人是相同的，左右你切入事件的思考點與抉擇來自你的靈魂意識，有趣的是人們並未真正地覺知到，人是活在意識場當中的，你受它控制，包含命運也是在這一個意識場域中運作著，它左右了你看待事情的立場。從處理一件事件的反應順藤摸瓜回到靈魂意識，你才能清楚地窺見未來發展進而改變它。靈魂意識、思考切入點、

圖一

反應，這三者的關係宛如站在同一條直線上不斷地運行著，三者是環繞在循環中互相影響與牽制。

回到一開始的問題是，人類真的可以透過聚集眾人的意識改變未來災難的到來嗎？無極瑤池金母並無直接地回應這一道命題，祂所要特別強調的是：

完全取決於你們人類的意識所創造出的龐大意識網。

改變一場災難的關鍵來自於全體人類所創造出的集體無意識，它必須仰賴地球上每一位人類共同編織相同的意識層才能辦到，換言之，龐大意識網是人類以相同的信念集中於一處編織而成的能量世界。意識可以改變未來的劇本，但是不會在此時此刻發生，**此時的行為增加改變未來的發生率；此刻的發生僅是反映過去的行為**。簡言之，現在的世界是展現過去人類的集體意識，此時人類的集體意識也正在編寫未來中。改變未來幅度越大，須動用到的意識力量也就越龐大，並非單靠某一人或某一團體之力所能辦到。改變人類集體未來命運，須從時時刻刻檢視自身的意識做起，而不是單靠某一個團體或組織一時興起所能改變。

值得注意的是，無極瑤池金母在此處話鋒一轉，從原本討論關於龐大意識網能否改變未來，轉而帶領我們去思考該如何強化自身的靈魂意識，這一個轉折是祂不想在此處停留太久，意念改變未來的理論是可行的，祂更要特別強調的是：在事件中覺察我們的心，進而去修正與調整它。太陽底下無新鮮事，網路世界有著虛虛實實、奇幻不可思議之事，讓意識從事件中覺醒，是從每一次事件本身拉回到我們自身來思考，此技巧是培養喚醒靈魂意識的力量，以此改變意識層的層次。保持覺知，是喚醒意識、修正與改變未來的一種修練手段。

集體祝禱、冥想到底對於靈性上有沒有提升效果？當然有！我完全認同聚集龐大意識創造出來的意識力量能夠改變世界，畢竟，外在世界是內心世界的投射。我就親眼目睹許多信眾在宇色靈性美學工坊參加多場共修法會時，感受到仙佛菩薩的願力召喚，人生際遇從此翻轉。只是在無極瑤池金母的教導之下，讓我更加在意的是每一位信眾私人的意識世界、心性修持，兩者不同的是，前者是堅信集眾人祝禱、冥想之力改寫世界、災厄平息；後者則是透過宗教行為逐次調整每一個人的心性，教導他們用智慧照破諸多煩惱，至於未來如何演變，就讓它自由發展吧。

你是用什麼「心態」來看待與處理每一場災難及事件

此次疫情期間，全世界每一個人皆籠罩在疫情的恐懼中，無一例外，但是，你卻是可以自由地選擇如何與疫情共處。我們接收疫情的資訊全部來自於新聞媒體、網路社群，我們對於疫情的認知來自於它們，有些媒體對疫情的報導是在事件中散播著負面、恐懼與不安，呈現出來的無不極力渲染著病毒傳播性、死傷人數、對全球經濟所造成的嚴重影響；另有媒體則是帶著正向觀點來分析疫情，例如有新款的疫苗正在研發中、哪些國家正逐漸走向解封階段；也有不同立場的媒體會不斷去挖掘疫情是由哪一國所研究、病毒陰謀論等等，不同的媒體各自以主觀的立場傳播疫情的訊息，不會有一個媒體站在相同的立場。看到這裡你應該就會聯想到，真相永遠不可能只有一個，在選擇資訊的同時，便已經**敞開意識大門，歡迎選擇的資訊進入我們的意識層**，而這一道的過程在未來就已經成為你反映事件的能力。聽起來是不是很驚人，因此，無極瑤池金母才特別強調：你的心反映眼前訊息是何種樣貌，它都已經深深地刻劃在你的心裡；並且勾勒出未來的草圖了。這裡所講的反映便是選擇，看起來是外界訊息干擾了我們的判斷（圖一），說到底，每一項選擇不也是由我們的意識層所決定，如果我們沒有偏好又怎會選擇它們呢？不是嗎？

如果你不知如何選擇對靈魂意識有利益的訊息來源，不妨嘗試三天不去看關於疫情的相關報導，就只要三天，你會突然感覺到，你的世界根本沒有病毒這一檔事。哪一國多少人染疫？新增多少的死亡人數？全世界此時染疫與死亡多少？這一些媒體口中的世界與你無關，你的心靈世界彷彿回到２０１９年之前沒有疫情的年代，沒有病毒恐懼，也不再有疫情造成的經濟恐慌。這裡並不是要你當一名缺乏國際觀、不管世事的邊緣人，**你的行為須因應大環境而有所調整，但你的心卻可以保持它（純粹平靜）應有的樣貌。**

病毒不再只是病毒，它是能量訊息場

我有熟識一位專門研究訊息場、能量測試與能量醫療的醫生朋友。一次碰面閒聊時，他冷不防地打開一個盒子，盒內整齊地放著將近百來個透明瓶身的玻璃瓶，他快速地從裡頭取出一瓶上頭印有 UK-Covid-19 字樣的玻璃瓶，他向我解釋道此瓶身內載有 Covid-19 英國變種病毒的訊息場，他請我手持玻璃瓶，經過一連串能量場與訊息場的檢測後，他表示我身體沒有與 UK-Covid-19 產生共振訊息，也就表示我體內沒有 UK-Covid-19 的病毒。他緊接著透過測試的結果，在我靈魂中輸入避開 UK-Covid-19 訊息干擾的訊息場，他說日後當我接觸到 UK-Covid-19 感染者，或者不幸受到感染時，已經有 UK-Covid-19 訊息場的意識會開始調整身體頻率，進而產生相對應的免疫力與代謝率去對治病毒，概念就像打仗一樣，先摸清楚敵軍的想法並研擬對方可能使用的戰術，當戰事發生，自然會將傷害降到最低。

接著他向我說道：「你知道為什麼最初發生在大陸的病毒已經不具有威脅性嗎？那是因為地球大部分的人類已開始認識它，並且堅信醫學與疫苗可以與它抗衡，因人類意識對它已無所恐懼。」

此番話也正預告最初爆發的病毒即將從全球疫情戰爭中退場，未來它對於人類健康方面的威脅力是少之又少，要如何因應未來不斷變異的病毒，才是人們要去學習思考的。訊息場與靈魂意識是類似的概念，它與我們生命的連結在於：當你的靈魂意識與訊息場不與某個信念產生連結，它對你的靈魂與身體所產生的威脅就不再存在。

你知道嗎？我和專門研究能量醫學的朋友們，不會去討論政黨、陰謀論、疫情死傷多少，以及充滿負面與令人感到不安的網路訊息、同業之間的八卦流言，這都未曾出現在我們的談話場域，我們在乎的是，我們該如何讓自己的生命更為美好，該如何以自身擅長的能量醫學、靈學、通靈與修行來讓身邊每一個人過更好的生活，這就是**當一場災難發生的時候，你的意識層裡面的東西，決定了這個傷害對你的影響程度。**

第二、**「集體無意識」是每一個人潛藏於意識底層共同的語言，包含了遠古祖先世世代代的生命歷程、人類集體的經驗行為寶庫。**這句靈訊所指的不僅僅是個人意識，也包含了人類集體的意識。緊接著，無極瑤池金母話鋒一轉又帶到此觀念套用在一個國家元首、公司領導人、家庭一家之主也是如此……一個國家統治者在意（意識層）的是什麼；接著他會以相同的意識去教育全國人民；人民受到統治者的意識影響了他們的行為。

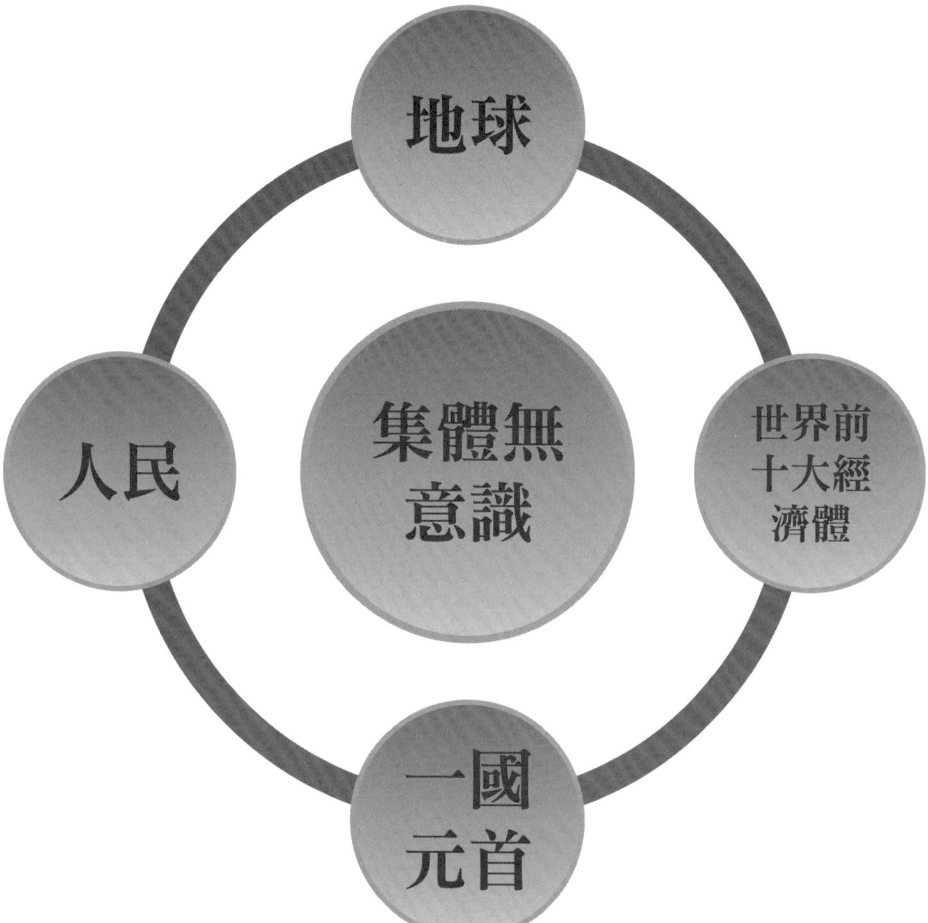

圖二

這一則靈訊揭露一個大家所不知道的人類集體意識運作法則，世界是由無數個集體意識所組成，集體意識看似摸不著看不到，但是它一直在影響著我們，小至個人與家庭、大至一國元首與國家，每個人都是生活在集體意識的範疇底下，卻都也是營建這一個龐然大物的來源。因此，當你在咒罵與讚美任何一個人時，請記得，你我都是由同一個集體意識所控制著，只是站在不同的意識層（沒有高低之分）看待世界罷了，你我又有何分別呢？

曾經有一個信眾來請示無極瑤池金母：我死後該往何處去？無極瑤池金母是這麼回答：你先看清自己的心，留心四周圍的環境，這些就是你往生後的歸屬。這段靈訊精簡地回應了靈界、靈魂意識與意識層的關係。對於死後世界與靈魂意識的關聯，無極瑤池金母就曾經有過說明：

人界對冥界有一個錯誤的認知，人死了便會進入到另一個地方，這是不對的想法，它並不是一個地方（並不是指在地球上的某一個位置），它是一個集體意識所創造出的空間，它是一個……如真要我以你能夠理解的方式比喻，我只能用形容的方式來讓你理解，我無法具體地用你能夠理解的文字來描述那一個空間。

你有上電影院的體驗，所有人聚精會神在看一部電影，這些人所投射出來的念頭與情緒都將一致，不會有你與他人不同的情況發生，或許觸動的內心情感會有不同，但電影情節所牽動大部分的感受是相似的。會有人看電影有不同的情緒嗎？是不會的，因為所有的人都在相同的電影院中看著相同的畫面。幽冥的世界就如同一群意念、習氣、心性相同的人待在同一間戲院看同一齣電影。若有一群人的心性是非常樂觀、向善、進取的，內心對未來、對當下沒有恐懼、沒有擔憂，這樣相同特質的人在往生後，會與相似靈魂特質的意識體相聚，與一團相似的意識體處在一個相同的意識空間當中。

——錄自《請問輪迴》無極瑤池金母慈降靈訊

如果你想要到達你心中所想要去的靈界，在人世間就不要去過分遐想，任何不是你應得之事與物，少了貪念與怨念，自然心中的罣礙就會減少，如果你在人世間無處不爭奪，我們就算有天大的本事也度化不了你，不要以為我們擁有高深的能量去左右人心，你們要去的靈界，大部分都是被自己在人世間的磁場所吸引，你被你所培養的能量與信念，而吸引到符合與你磁場相近的靈界，我想告訴你一件事，如果你在人世間是心存善念，不管是在人世間或是靈界，自然有適合你的靈界，不過我想再次表達一個觀念，不要以為我們會去干涉一個人行為的種種，一切都是你們自己所造下的念而去影響你們往生後的去處。

——錄自《靈驗2．我在人間看見拜拜真正的力量》無極瑤池金母慈降靈訊

每一個人看似是獨立個體，但它與所生活的家庭、社會與國家皆息息相關。簡單來說，每一個人都是活在集體意識的共同生活圈中，或許行為舉止與思維有所不同，但是，每一個人依然受其龐大集體意識的影響。換言之，「認同」便是靈魂意識與某個同性質的集體意識相連結的結果。每一

個人都是由多重的意識組合而成，也可以說是，每一條靈魂意識都能連結至各個層面的集體意識。

當你認同某個組織的信念，你即受到它的影響；而誰又是決定你去認同某個組織的信念，其源頭依然是你自己。這分明就是一個先有雞或先有蛋的大哉問，但是，睿智的無極瑤池金母提出一個破解之道：安穩地坐在它應該坐的位置上，提升與宇宙共振的連結。簡言之就是，保持敏銳覺知，時時刻刻觀察心對於外界的反應。每天睡前養成習慣反問自己一句話：我在忙什麼？我又在幹什麼？如此反問會中斷你的慣性行為，將你的意識更為集中與聚焦，看清楚自己生命正處於哪一類型的意識層，再說一次，千萬不要小看這句反問，將它視為一種神奇的咒語持誦它，它會幫助你強化意識，看清楚生命的樣貌。

喚醒靈魂意識：靈修心法修持

化解靈魂意識場內沉重的業力習氣

改寫未來劇本最核心的是聚集靈魂意識對生命有助力的元素，搬移掉那些干擾我們思想的習氣。淨化與清除不淨的意識，可以達到喚醒靈魂意識與提升直覺力的能力。藉此達到與世界頻率相連的感應能力。

選擇一個不被打擾的時段與房間，點亮一根黃色蠟燭，將姓名、出生年月日、地址寫在一張黃表紙上[32]，在黃表紙左下角寫上「祈請無極瑤池金母降臨」[33]。

召請神靈降臨祈請文

閉眼、雙手合掌、默念：祈請　無極瑤池金母降臨，化解阻礙我生命走向更為圓滿的業力，我如實地看見此生要改變的習氣，我願誠心地改變我自己，願　無極瑤池金母指導與降臨。

◎重複念誦，腦海會閃過許多過往的畫面訊息。

可能是小時候與某人的不愉快，或是憶起近年來不經意常常說出口的話，也有可能是憶起一直想要改變卻不想面對的心性。

◎停留在「最有感覺」的橋段不要讓意念離開此處。

留心觀察身體是否有任何細微的反應，身體左右前後晃動、眼皮跳動、胸口沉悶、莫名地想哭泣……不要去刻意停止，就讓它發生，一切的反應都只是內在與身體產生共振的正常現象。

◎深吸一口氣觀想與無極瑤池金母相應合一；吐氣，想像身體的反應緩緩隨著吐氣，遠遠地離開身體。

◎直到身體反應慢慢停止，感覺全身被包覆在一股平靜祥和的氛圍中。

◎合掌，念誦迴向文：

感謝　無極瑤池金母

願我將此生的功德迴向過往的習氣業力，此刻我已平靜。

願我將方才所得的寧靜迴向給我身邊所有的人（憎恨與所愛的人）。

我的靈魂已平靜，我已化解不善的習氣。

我的生命已圓滿，願我快樂吉祥。

此生我行之事，皆順應圓滿。

此生我行之事，皆順應吉祥[34]。

當你按照本書教導的喚醒靈魂意識靈修心法修持，內心須堅定地相信——無極瑤池金母的靈訊文字無一不是祂的智慧化身，浸淫於文字、視為真諦，靈魂與祂同在，靈魂意識得以淨化與覺醒。

在練習時，或多或少因應個人的靈魂意識層次，也會產生不同的身體與心理反射，莫名地悸動流淚、感知過往某件已遺忘之事、一陣電流通過全身、靈動……無須感到恐懼與不安。務必提醒告訴自己，走在靈性操練這一條路上，心理與身體所有的反應均是一種自然流動的現象，無須放大它，能夠從中獲得最強大力量的方法就是靜觀所有的反應，因為，它都是靈魂因你將注意力回歸到軌道後回饋給你的細語呢喃。當你願意向內在探索時，靈魂自然而然會以各種方式回應你。

㉙請參閱《請問輪迴・無極瑤池金母的28堂生死課》。

㉚如對此觀點不甚清楚，建議閱讀《請問財富・無極瑤池金母親傳財富心法》20・為什麼有人有錢，但品行道德卻為人詬病？

㉛預示未來地球暖化、天然災害將成為人類生存最大的課題。

㉜約A5大小的黃色紙，一般書局、文具店皆有販售。

㉝神尊名號可以改成信仰神與家神尊號。

㉞可先行錄音下來後，操練此段播放出來一起默念。

08

聖靈在災難中扮演的角色

當你進入神聖場域，神之願力降臨時，言語與思緒瞬間消失，心就好像從來不曾響起過聲響，神靈不可思議力量，便由此顯現。

——宇色

不論是在西方或東方，人類的行為都是依循著某種信仰與信念，它會成為你我的思想典範與制約；當所有人相信、遵循並以承諾與經驗回應它們時，原本毫無意義的生命才得以在裡頭無限開展。神明存在宗教與儀軌當中，開啟我們的眼睛，帶領心去認識自己與這一個世界，以如此的姿態準備喚醒每一個人內在的真誠與良知。

神明的存在無庸置疑，祂們顯靈度化眾人的事跡一代接著一代傳承下去，因此，我們不得不去思考的是，當一場大災難、戰爭降臨時，神明會以何種心態面對眼前數以萬計無辜的人們？當人類面臨生死關頭之際，神明會以何種角色顯現於人世間救度眾生的苦難？會化身成大吉祥之神阻止瘟疫蔓延？還是在世界運轉定律之下，讓災難依循它們的運行方式自然發生與消失？

這場已蔓延全球的流行疾病，又將為未來的人類靈魂留下何種印記，深深地影響後世的人們呢？

※重新詮釋神靈與救世者

你們看到的是在一場大流行疾病當中的死亡、感染，但是我們神在處理的是你們人所產生出來的魔性。從神的立場來看待人世間的災難，我們是無法讓一件應該發生的事情不發生，這是沒有辦法的事情。

就好比一場火災，我們神靈絕對不可能進去火場將它撲滅，那是你們人類消防員的工作。當一場火災來臨時，我們可以做的是依據每一個人的因緣，以他們能夠感應的方式指引一些受困的人民安然躲過火災，使得人們的心安住下來，這是我們神靈所應該要做的。只是，能夠感受到神靈願力召喚而逃過一場災難，最終還是來自每一個人平時心性與意識上的修持，這在今天早上的問題中我有回答了。㉟

宇色你知道嗎？這一場在全球造成無數人死傷的大瘟疫，它對於人們在心理上所造成的莫大恐慌與焦慮都是台灣人難以感受的。㊱在未來，你們也只會知道它們曾經存在過地球，卻不會在心理上留下太深刻的創傷與不愉悅的記憶。

這場大瘟疫會令許多人對國家、朋友與家人產生極度不信任感，國與國、人民與人民、社會與社會之間會籠罩在詭譎氛圍中，它隱藏著一股非常驚人的負面力量。未來將發生許多因為靈魂與外界失去連結（信任）的事件，小至人際間不再有更深的連結[37]；大至國際間的動盪。

你們不要只看見災難對於地球與人類的傷害，那只是表層，越能夠一眼便看見的災害往往都不是最大的傷害。

你要知道的是，人類長期處在災難所造成的恐懼心態中，並以強烈的懷疑、憤怒與咒罵等不淨心回應眼前的世界，此強大的暴戾之氣在未來必然會誘發人們做出一連串意想不到的行為，這個循環之下所產生的現象，是人們沒辦法阻止與避免的，這完全是人類在經歷重大災難後的人性反應。因此，看透生命的實相不要只是將「眼睛」停留在事件表面，要用「心」更深層地感知整件事的脈動。

關於我們會如何因應如此的現象呢？宇色！與此同時，靈界神靈會感應到人類靈魂意識所散發出的不淨穢氣，那是人類用肉眼難以觀察到的，神靈們會因應眾生的因緣與願力來到現場，轉化與清淨由靈魂意識所凝聚的不淨之氣。由此你便可以知道，為什麼大戰爭與災難發生時，在心性有所修持的人會感應到我們神靈存在的緣故。

宇色你要知道一件事，當一個人面對災難時心生恐慌是必然，但是，當為數眾多的人們在遭逢災難時，心中升起的暴戾之氣，其對世界的影響是更巨大的。由眾多暴戾、穢氣、汙濁（負面意識）聚集而成的巨大不淨能量場，往往比一場天災對大地與人類造成的傷害更為巨大，天災只是一時，而人性敗壞對社會的影響幅度相當深遠，它們會誘發人類靈魂深處的魔性甦醒。對於一名未能充分保持覺知的人來說，一旦捲入負面集體意識圈當中，就必須花更大的力氣與時間才能完全根除。這也就是為何長期戰亂的國家，暴亂、搶劫、燒殺擄掠等事件頻傳的原因。因此，當一場造成死傷無數的災難發生時，我們會前往轉化掉由人類靈魂散發的不淨之氣。

你不妨想像一下磁鐵，信仰力、神靈與災難三者間不可分割的關係，巨大的暴戾之氣有如一股磁力會將神靈吸引過去，淨化與轉化它，這是我們神靈所能做的，也是順應宇宙的運行法則。

只要人們秉持著虔誠心，神靈必然有所相應，神靈順其善心，淨化暴戾之氣。不幸的災難發生時，你們會同時聽見感人的故事，看到人性的光明面，這是神靈於人世間所幻化的神奇力量。你知道嗎？宇色！當魔性（心）蠢蠢欲動之際，我們會以種種形式促使人們的靈性美同時顯現，讓魔性無法從靈魂深處甦醒。

你們人最感到不可理解的問題是：為什麼天災會傷及好人？做好事也避不開天災人禍，為何要做好事？為什麼好人總是不長命？為什麼我們不去懲罰壞人？

神靈無法讓應該發生的事情不發生，我們是無法逆轉宇宙運行法則；我們也沒有辦法讓人們不去做某些不良的行為，這是由他們的業力所構成的結果，除非他們有意識到此時此刻在做什麼，在做不良之事時保持高度覺知，在那瞬間，我們才得以讓他們的靈魂覺醒，這就是你們所說的懸崖勒馬。

宇色！我們神靈與你們人都一樣，都必須遵循天道而行，何謂天道？即是因果。當災難發生時，神靈能夠消弭身處苦難的人們內心當中的恐懼與不安，綻放靈魂的覺性與光明，堅信生命最終將迎來美好，如此便能夠讓你們安穩地度過每一場災難，讓內在的光明持續長存，如此便足矣。

神靈就像大自然有著淨化與轉化的功能，我們不斷地轉化掉你們人性中累生累世累劫的惡習與不淨心。

但是我想要告訴你們的是，宇色！在這場大瘟疫當中，造成無數家庭支離破碎，但你們不能只看見疫情、病毒、傳播力的可怕，卻不去看因災難激發人性的靈性光明。人與人互相扶持，國家之間也因此而有更緊密的連結，不是嗎？

不要怪罪神明為何不去阻止戰爭、天災、人禍的發生，不要怪罪神明為何不以各種方式向人類示現災難即將發生，不要將所有的問題責怪於神明身上，就好像是經驗豐富的消防員也沒有辦法去預測火災什麼時候會發生，他們只能不間斷地宣導安全用火的觀念，但是火災該發生時依然還是會發生，不是嗎？我們無可改變宇宙的運行，那是天體運行的結果，萬事萬物都必須順其軌道。

我想透過宇色的身體告訴你們一個重要觀念——不論人性如何發展、不論世界如何演變，我們依然會不間斷地現身在你們有需要之時，只要你們堅信生命的美好。除此之外，我更想要告訴你們的是：

我們對於人們是不會有分別心的，我們不會去選擇你是否有崇高的信仰，或是因為你們有來膜拜我們，我們才會去救你，誠如方才我所說的，當巨大的暴戾之氣已經大到足以喚醒之時，我們必然也會出現，不會讓暴戾之氣不斷地蔓延出去，宇宙有一股力量讓善與惡維持平衡。

我們沒辦法阻止一場災難的發生，但是我們的顯現將帶給人民更安穩的心，當安定的力量出現的時候，他必然會相信生命的美好，靈性的覺醒便是從此處孕育而生，人們靈魂意識會開始覺醒，這便是人跟神之間微妙的連結。

無極瑤池金母 圓滿諦語

◎神處理的是人在面對恐懼時萌生的魔性。

◎看透生命的實相不要只是將「眼睛」停留在事件表面，要用「心」更深層地感知整件事的脈動。

◎神靈應眾生的因緣與願力場，轉化與清淨由靈魂意識所凝聚的不淨之氣。

◎秉持著虔誠心，神靈必然有所相應，神靈順其善心，淨化暴戾之氣。

◎人們靈性美顯現的同時，魔性便無法從靈魂深處甦醒。

◎天道即是因果。

◎神靈能夠消弭身處苦難的人們，內心恐懼與不安，綻放靈魂的覺性與光明。
◎堅信生命最終將迎來美好，便能夠讓你們安穩地度過每一場災難，讓內在的光明持續長存。
◎不論人性如何發展，不論世界如何演變，神靈依然會不間斷地現身在你們有需要之時，只要你們堅信生命的美好。
◎當安定的力量出現的時候，他必然會相信生命的美好，靈性的覺醒便是從此處孕育而生。

有一名歷史學家深入某個深山部落，研究當地的信仰、人文與宗教。在所有的原始山區部落裡，關於婚喪喜慶都要聽從祝巫的話，村民將祝巫視為與神溝通的代言人，也唯有祝巫才能代替他們與神溝通，傳遞神明旨意，避免人們做出錯誤決定觸怒了神明，這一個深山部落當然也不例外。

這整座山的部落都是由一位年邁女祝巫負責全村的禍福吉凶，她獨自一人住在部落外頭偏遠的山區。據一位部落最年長的老者所說：我小時候看到女祝巫時，她就已經這麼老了，我在很小很小的時候也詢問過爺爺和其他長老，他們也都是說，女祝巫在他們還沒出生時就已經在部落為所有村民祈福。因此，沒有人確切知道女祝巫的年紀。

某日有兩個部落正好要舉辦婚禮。一隊是男方去對方部落迎娶女方，另一隊則是另一個部落男方要來本部落迎娶女方。女祝巫對兩部落迎娶人馬說，今日適逢蛇神當職（就像台灣生肖），迎娶路線須曲折前行，不能直線、不能碰頭，彼此也不能並行擦身而過。第一支迎娶隊伍要繞至右山再去對方的部落，而另一個部落的迎娶隊伍要繞向左山而來。

這位歷史學家站在一旁聽得是滿頭霧水，這樣荒誕之事完全不符合邏輯，他心想，部落就是充斥如此迷信之事，才會無法接軌外界文明的社會，他打算以一名歷史學家又是大學教授的身分，藉此機會教導那一位年老的女祝巫。

在那一日兩對新人迎娶結束後，歷史學家前去找女祝巫，他劈頭就問女祝巫見過蛇神嗎？女祝巫聽了沒有任何反應，緩緩地抽了幾口香菸，望著天空久久，她不疾不徐地反問歷史學家，你有看過星期二嗎？原本打算要好好教導女祝巫一番的歷史學家，毫無預警女祝巫會如此的反問，一時間他愣住了，女祝巫說道：「你們都說自己是文明人，一切以科學為證，為什麼你們都沒有見過星期二，卻要遵循它呢？」女祝巫沒有直接回應歷史學家的問題，而是從另一個更崇高的靈性角度切入，蛇神的存在是教導部落的人們遵循與尊敬鬼神、大自然；將它們視為一種轉化自身生命，進入大自然的運作得以喚醒更高的意識。

神的存在是因人的存在而存在

神明存在人世間的意義是什麼？又是先有人還是先有神？在我非常年輕時就曾經請示過我的指導神之一九天母娘。祂如此解釋道：神的存在是因人的存在而存在。㊳

在一次「靈修覺醒旅程」課堂中，一位男學員向我詢問，是先有人還是先有神？我向他說道，在一個沒有人存在的地方，是不可能有神明存在。他不認同這樣的說法，他認為浩瀚的宇宙存在著一群至高無上的神靈，宇宙所有的生物均出自於祂們之手。我向他解釋道，神明何必存在一個杳無人煙之處呢？既然沒有人又如何印證祂們是否存在呢？如果沒有人去膜拜祂們，祂們並無法續存在人世間，這也就可以解釋為何在一些無神論、無祭祀、無信仰的地方，你完全感受不到生命的流動感。並不是神靈需要人們的香火祭拜才能續以生存，只有鬼魅層級的靈體才需要人們膜拜祂們。你可以從科學角度印證神明是否存在，以及靈界位處於哪裡，但我更加地相信，神靈存在人世間的意義，遠勝於科學的論證。你可以完全不相信耶穌復活的故事，也可以從人體醫學角度否定佛陀是從摩耶夫人右脅腋下誕生，神靈是我們內在靈性的化身，以更高的精神體展現，心中選擇與肯定了神，等同於選擇了看待生命與世界的方式。神話與現實本來就是兩個完全不同的時空，科學與醫學完全打破了人類的靈性世界，神話讓我們更加地看見自己的心，現實讓我們認識世界。

我曾到新竹文化中心演講，一位上了年紀的男聽眾，聽了我分享關於拜拜與神靈的故事後，他舉手向我詢問：你相信神？你有看過神嗎？我從他的表情可以知道，就算我將所有的靈修經驗說完，他依然是站在他的世界在聽我的故事，我們是不可能有任何意識交集的。神是否存在一個人的心中，左右一個人以何種角度來看待生命，這是一道需要將生命完整地攤開檢視的大命題，當你詢問一個人相不相信神時，就代表他必須回答他的「生命意義」，如此龐大的問題豈能以簡單的三言兩語就能夠回答。

一直以來我就是一位懷疑論者，對鬼神始終是抱持著高度懷疑，雖然我經歷無數次與鬼神交鋒，也正因為如此才令我以更謹慎的態度來處理神明與人的關係。我想說的是，當你與鬼神有無數次的接觸之後，你越加地肯定人鬼神之間存在某一種不可言喻的關聯。因此，你不可能與鬼神有了實際接觸後，便毫不考慮地相信網路流傳的所有靈異故事，將所有不可解釋之事視為神蹟。因此，是否相信、是否見過與如何看待鬼神之事，純然是不同層次的問題，就像前文所說的女祝巫反問歷史學家的問題一樣，神靈存不存在並非重點，而是神靈在你的心目中起了何種意義，這問題唯有你自己進入退省之中才能找到答案。

神靈絕對不可能進去火場將火撲滅，那是消防員的工作

常在廟宇當中看到各種神靈顯靈的照片，例如：觀世音菩薩顯靈騎龍救渡眾生、關聖帝君現真身於天空、佛陀化現於雲彩之間……這些將神靈具象化的顯靈照片，容易讓人們誤認神靈存在人們心中的地位與意義。當災難發生或是正遭逢生命谷底時，乞求神明顯靈幫助我們度過生命的危機，這是人之常情，殊不知，**使得人們的心安住下來，才是神靈所應該要做的。**安定的心才能為自己理出一條明路，錯誤地看待神靈顯現一事，就算神明以神通之力化現於你的心中，貪婪、愚昧、痴愛等不淨的心終將淹沒祂們。我從未將祂們視為具象的靈體，神靈的顯靈是我們內在靈性的化身，祂們的現身暗示我們須進一步為生命做一番反思，也因如此，從一開始祂們便不曾與我們的靈魂分離過。

神靈以鼓舞之姿顯現在你眼前；向你宣告生命即將進入轉化期。

神靈所及之處便是生命綻放光彩之處。

來談談關於無極瑤池金母教導我如何看破幻相與透徹生命意義。

走入靈修，稀奇古怪之事便一直圍繞在我身邊，見鬼神、預知未來、與神交流、靈療……這一些在外界眼中視為不可思議的特殊能力，在我眼中卻是再平常不過，只要不去妨礙到別人，對此我都可以選擇慢慢去思考它們，但是，只要這一些事情發生在別人身上且與我有關聯，就逼著我不得

不去正視這些事情背後隱藏的意義。

在《我在人間的靈界事件簿》中有提及一段關於顯靈的故事，當時書中並未完整地說明清楚，其實，這一段故事相當發人省思……

許多年前，一位家中開宮廟，本身具有敏感體質的女網友告訴我，某天晚上她正準備要上床睡覺，躺平後不久，天花板隱約浮出一個人影，她說：「那個人從遠到近慢慢地靠近我，等到那個人影完全浮出天花板時，我才清楚地看出那個人影竟然是你，一個活生生的宇色竟然出現在我家天花板。」我還在思索整件事情的來龍去脈？她接著說：「浮在天花板的那個宇色沒有任何表情，他右手拿著一支發出金光的黃色令旗向我招手，似乎在告訴我：『我在等妳，妳怎麼還不來呢？』我才正想要進一步追問是怎麼一回事？宇色就慢慢地從天花板隱退消失了。」聽完她的故事，其實只要我大言不慚地告訴她，那是我的元神分身之一：「對，是我的分身去看妳睡得好不好，我身上還有妳的主神託付給我的無形寶，要轉給妳，因妳與我有累世因緣，因此我顯化分身度化妳……」反正只要誇大當事者的親身經歷，並且穿鑿附會一番，這種死無對證又帶有玄機的話誰不喜歡聽，不是嗎？只是我還真的無法昧著良心說出這樣的鬼話。

對於她所經歷的不可思議經驗，我的指導神無極瑤池金母是如此解釋：

能夠從你身上看到神靈之人都是相信你的人，因為相信你才會看到，景象所要傳遞的訊息大部分與你無關。了解訊息內容的真偽，應該要去觀察的對象不是你，而是看到你的人。㊴

此生因緣與相信幻化出奇幻之事。她今世與宗教有著密不可分的因緣，只因心性問題，無法突破與深入靈修，她為此苦惱多時。她與你結識多年，堅信你的品性與為人，便萌起向你學習靈修的念頭，此念頭與因緣的結合，今世與她有緣的仙佛便幻化為你，借你的形象告訴她，切勿妄自菲薄，靈修路上應該堅持走下去。仙佛所持之黃色令旗是提醒她：妳有妳此生的天命。令旗；天命也。

無極瑤池金母仍然不忘叮囑我，祂說道：

宇色！你要了解一件事情，

當一個人將生命寄望於宗教與無形之事時，他的大腦會幻化出此人所堅信的某位宗教人士。因此，信眾夢見主事者是常有之事，但那並不真實，當主事者與信眾的信任是建立在心所投射的幻相之上，便偏離了修行正道。

宇色！切勿因他人在你身上見過種種異象便心起傲慢，修練元神就如同擦拭一面鏡子，你的元神足以反射每一個人的心性，他們透過你的元神得以窺見自身的心性。日後相似之事再度發生時，務必放下「我」，如此才得以協助他人從幻相中了解自身的心。

也正如無極瑤池金母所說的，類似事情在我身邊持續不斷地發生中。某年到高雄舉辦新書分享會，會後一位讀者直指我說，我旁邊站著一尊巨大的地藏王菩薩。我問她，妳覺得此尊地藏王菩薩對妳的意義是什麼？她不解地反問我，地藏王菩薩出現在我身上，怎會是問她呢？當我再次詢問她時，一陣電流從她頭頂流竄至全身，此時她才告訴我，原來她家有供奉地藏王菩薩，一直以來她都非常虔誠膜拜地藏王菩薩，只是多年下來，她一直感應不到地藏王菩薩的存在，在靈修上同樣苦尋不到一位名師教導她如何繼續走下去。聽完，我向她解釋道：「今日全場讀者就只有妳一人看見地藏王菩薩在我身上顯像，不也正說明妳與祂有因緣。祂的顯現也已經明白告訴妳，『祂一直存在妳心中』。對此，妳對妳的信仰還有什麼要懷疑的呢？」聽後，我看見她的眼淚不自覺地流了下來。她告訴我：「宇色！謝謝你，我第一次感受神明的力量是如此慈悲。」如同無極瑤池金母所說的，我們的顯現將帶給人民更安穩的心，當安定的力量出現的時候，他必然會相信生命的美好，靈性的覺醒便是從此處孕育而生，人們靈魂意識會開始覺醒。

一旦你將神明由外部世界轉向內心世界，將顯靈視為生命退省的召喚，對神明乃至於生命都將獲得更不一樣的詮釋。前提是，你必須拋棄更多大腦裡頭神靈、鬼怪的既定印象，否則你會對神蹟感到更多的焦慮與憂愁。就像許多自稱是敏感體質、通靈、陰陽眼的人，最終被困在自身感受一輩子走不出去。**對自身生命沒有回顧能力的人，豈能看見生命的美好。**

大腦世界千變萬化，尤其是一踏入布滿宗教符號的場域中，你永遠無法預期大腦裡會蹦出來何種奇幻之事。另一件也是神靈顯像故事，不同的是，祂們以西方聖靈之姿現身在台中宇色工坊暨無極瑤池金母道場，一則發生在信眾身上真實的神奇故事——

今日又是一場殊勝的法會，在法會過程中，此次無極瑤池金母慈諭，特別降下氣，讓信眾在靜心靜坐中，可以看到神靈，進而堅定靈修的信念。我在靜心時，觀想無極瑤池金母與觀世音菩薩坐在神壇上，漸漸地感覺神壇前有很多的神祇到來，但我看不清楚，只能感覺到很多。這時我慢慢的深吸一口氣，感覺氣從我的頭上很快的上去，突然間，在我左後方聽到一聲「碰噠」，一聲腳底落地的聲音，讓我心裡一顫的聲音，我看到白色翅膀金色頭髮，我心裡有個聲音跟我說是「大天使米迦勒」，我真的太意外了，在靜坐結束後，因為心仍然處在震驚當中，所以無法記住後面所發生的事情。此次會有這個機緣，是想讓我們打破框架，相信自己看到的，並堅定自己的靈修道途。所以，我相信，並感受到無極瑤池金母靈修法的宏大。最後，感恩母娘、感恩菩薩、感恩共修的師兄姊、感恩自己參加庚子年辭歲謝平安・圓燈總迴向法儀。

為何在宇色工坊暨無極瑤池金母道場會出現「大天使米迦勒」，無須在此處鑽牛角尖，只要將焦點放在此處必然會再度陷入幻境的泥濘中。無極瑤池金母對此已經有祂的解釋——我們對於人們是不會有分別心的，我們不會去選擇你是否有崇高信仰，或因為你們有來膜拜我們，我們才會去救你。此處的我們泛指所有的神明，據說世界上的神靈與宇宙繁星一樣多，光是印度就有三億三千三百萬尊神明，印度教神明滿足人們需要的所有慾望，在新型冠狀病毒肆虐的同時，印度產生了一尊全新的新型冠狀病毒女神，神的存在是因人的存在而存在，人們相信膜拜這一尊女神，只要讓祂開心就能消除印度的病毒。我們怎能狹隘地以為神明只有以某種我們熟悉的類型現身。你永遠無法預料神靈以何種姿態出現在你眼前，同樣你也無法期待祂們何時會出現，當祂們出現在你的眼前，我相信沒有任何一個人不會感到興奮。神靈會在你回頭向內觀照時顯靈。它不是由外從天而降，神靈是你內在深處靈性的化身。**只要人們秉持著虔誠心，神靈必然有所相應，神靈順其善心，淨化暴戾之氣。**

遠離是非八卦之處，就是驅離魔性的最佳方法

該如何準備才能讓神明有機會在生命中顯靈呢？嘴巴，是你應該首要關切之處。不要小看嘴巴這一個器官，它完全反映出心與大腦的狀態，你仔細看處在焦慮、憤怒、不安以及過去承受過許多苦的人，等到了晚年，靈魂無力消化負面情緒，也不會想再背負無法承受的情緒，這些人的心不再有力量控制住自己的嘴，嘴巴就像沒有栓緊整日不停呱呱叫，四處找人訴說心中的苦。女人是如此，男人則是沉默不語，因男性從小被教育成一名有苦向內吞的男子漢，到了晚年，心中的苦多到不知如何說。因此，如果你身邊有人到了晚年突然轉性，整日嘮嘮叨叨或突然聒噪起來，你要原諒他們，他們只是想透過訴說來平衡心裡的苦。

當靈魂正處於覺醒階段，意識會完全處在一種靜態的能量場中，心會充斥著飽滿的能量，會特別顯得安靜不多話，連站在他的身旁都會如處在肅穆之境，任何的聲響都顯得吵雜。我曾經去泰國參訪過一間佛教寺廟，它在泰國算是規模最大的佛教組織。下午時刻太陽西落，佛寺路上幾名年輕沙彌三三兩兩地結伴而行，有幾名較年輕的出家人低頭不語，獨自一人不疾不徐默默地向前行，就算在路上遇見熟識之人，他們也只是點頭微笑後便各自離去，整條路上滿是靜默安詳的氛圍，這是一種非常殊勝的生命經驗。

這讓我想到二千五百年前的佛陀。佛陀是一名覺悟者，覺悟是帶有優雅的氣質，當你在路上看到佛陀，你不可能不被他的靜美所吸引，覺悟者確實帶有一般不可言喻的靜謐。覺知對當下保持清醒，不帶有目的與期待結果的，全心全力觀照當下每一刻。佛陀對生命有一種全然的融入與看透，他的靈魂是非常清透，當你坐在佛陀面前直視他的雙眼，你不會感到害羞與不安，你甚至感受不到

他的存在，你會從佛陀的眼睛看穿他，他就像不存在於人世間一樣，佛陀全然地活在當下的境界。他的呼吸與大自然有著相同的脈動，他的心如流水般地清澈，佛陀的覺悟境界會令你惱亂的心消融，你的「我」會完全消失。面對佛陀就像是置身於大自然中，你的五感會全然地打開感受到大自然所呈現的氛圍，你會聽見蟲鳴鳥叫、猛獸吼叫、水聲潺潺、人聲嘻笑，會完全融入美景中，但是，你不會發出一點聲音，你的心會與佛陀同在。一旦你達到如此的心境，你的生命會變得非常緩慢，對生命所有的褒貶與對外界的評論將全部被拋棄，純淨的心與大腦會讓你自然而然地閉上嘴巴，這就是覺知所顯現的力量。

我的經驗是，當我不想與任何人多說一句話，腦袋與心也沒有任何話語，我會覺得那是一種靜心狀態，不想說話，連心中也沒有了聲音，只是想靜靜地遵守著業力的輪轉。此時生活步調會放緩下來，對此我不會感到絲毫的緊張與不安。只不過要特別小心的是，讓靜謐的心境離開是一件非常簡單的事，就是好奇別人的私生活，議論是非八卦，當你一做出此事便打破靜心，切割了與神靈的連結，這也是為什麼我不曾想開設群組與社團的緣故。

靈魂是神靈的住處，我們希望神靈於生命中顯現，我們就必須將心打造成祂們所喜歡的環境。人們必須非常努力才能清掃內心的不淨，方能達到如此的境界，**能夠感受到神靈願力召喚而逃過一場災難，最終還是來自每一個人平時的心性與意識上的修持**。就算是如此，只要稍有不慎隨時都會讓神靈離開我們，心的特質就是一直處在某種平衡拉鋸戰中，唯有保持覺知才能讓心安住下來。嘴巴連結了大腦與心，只要你環顧四周便可以發現，有不少人透過嘴巴宣洩心中對於家庭、婚姻、公婆、工作、政治等種種不滿，他們的嘴巴充分表現出內心世界，雖然他們一直希望能夠讓神靈顯化於生命中，同樣的，也一直用盡辦法將祂們甩出門外。

當巨大的暴戾之氣已經大到足以喚醒之時，我們必然也會出現，不會讓暴戾之氣不斷地蔓延出去，宇宙有一股力量讓善與惡維持平衡。

喚醒靈魂意識：靈修心法修持

你有沒有想過，當某一件事或某人不斷地引發你的不悅，導致你控制不住自己的嘴，連珠砲似地四處訴說心中種種不滿時，它已經在暗示你必須與這些人事切割。我將這些令我無法保持平靜的事物，視為一種業力的考驗。但是我要說的是，我絕對不會與他們硬碰硬，畢竟每一個人的承受力是不一樣的，無須拿石頭砸自己的腳。

我想分享幾個非常實用的生活修行小技巧，你可以選擇任何一種適用的方法，當然，你也可以全部將它運用到生活當中。

❶如果有一個人每每出現就會令你感到不安、緊張、不耐煩，他可能是你的同事、家人、朋友，絕大多數都是家人居多。當他們的出現再度觸發你的心理底線時，請勇敢地對他們說：抱歉！我非常願意好好聽你說，但我此時真的無法承受，讓我安靜一會兒，等我好了，我會再找你好好聊聊。勇敢地說出你的心裡感受，適度地與外界做一個切割，可避免你的靈魂意識陷入迷亂的深淵當中。

❷睡前仔細地觀想讓你今日感覺特別不舒服的人或事，將以下話語完整地在心中默念一次：我

沒有欠你什麼，你也沒有欠我什麼，當我入睡後，與我有緣的主神，會淨化我的心、轉化我的靈魂，讓我以智慧處理每一天所發生的事情。

❸找到一個屬於你私人的神聖空間，大至可以是一間房間、佛堂，小至可以是一張瑜伽墊，你知道嗎？營造一處屬於個人的神聖空間，便是打造靈魂與神靈溝通的神聖場域。以我自己為例，每每遇到煩心的事，第一時間我會進入佛堂望著無極瑤池金母的法相發呆，什麼事也不做，就只有呆呆地看著祂許久，很神奇的是，當這樣再平常不過的方式漸漸變成某種儀式後，它確實對於靜心起了無比神奇的功效，你知道嗎？當你什麼事都不用做便能轉化不平的心，豈不是神靈的顯現嗎？我現在體認到實體的神聖空間是靈魂的顯現，也是神靈的住居，當你了解到這一點，你便可以將神靈的力量轉化至其他場域與空間，讓你的生命隨時與神靈保持穩定的聯繫。

㉟請參閱〈07意識、集體意識與凝聚靈魂意識〉，第六道題目是早上所提問，因此，無極瑤池金母才會說，早上我已經回答過了。
㊱此段靈訊請示時間為2020年年中，這句話暗示了，台灣受到新型冠狀病毒的波及是最小的。
㊲這裡所指是人們害怕被感染而更顯冷漠。
㊳請參閱《我在人間的靈界事件簿》，柿子文化出版。
㊴請參閱《我在人間的靈界事件簿》，柿子文化出版。

Chapter 3

疫情後的世界與人性

09

病毒從此銷聲匿跡vs人類細胞共存

避免墜入不善的共業，唯一方法是必須先知道你現在在想什麼！

——宇色

靈魂一次又一次的轉世輪迴，雖然身分、性向、性別與角色在每次輪迴中皆不盡相同，但是靈魂轉世課題總是圍繞在思考存在意義、生命價值、生從何來死從何去、確立專屬的天命道途、打造一個屬於自己的修行方法……因此，靈魂的覺醒才能從每一世的輪迴中獲取答案，前提是，生活中須保持高度覺知。

我將這一個概念帶入「疫情在未來會再次大爆發嗎？」雖然在這段靈訊中，無極瑤池金母並無直截了當地答覆我的提問，靈訊卻隱含著「藉困境與逆勢轉化靈魂、喚醒沉睡的靈魂意識、創造更美好未來」這道重要的靈性訊息。

同時，在這段靈訊當中，無極瑤池金母再次重申了一個國家集體意識底下，文化多元與宗教包容賦予人民的意識彈性，以及對於喚醒靈魂意識的重要關聯性——

生活在極權專制的國家，人民的腦袋會變得僵化……當一場災難與危機來臨時，無法即時應變，只能被動地等待命令、等待國家救援，失去了應變與處理自身生命的能力……

祂最後不忘提醒我們，服膺地球運行時所產生的晝夜、四季、節氣，無論未來發生何種災難，必然對你生命的影響幅度不大。不論未來是否有更大場的災難發生，它終將結束。與其整日提心吊膽懸念病毒是否捲土重來，更重要的課題是思考該如何在混亂的局勢中，開闢屬於個人安身立命的意識空間。

值得注意的是，此段靈訊無極瑤池金母首次預言未來國際與經濟發展。誠如我在序裡所說的，為了不偏離撰寫本書的初心，已將大部分類似的預言剔除，但是你依然可以從靈訊中找到蛛絲馬跡。

雖然我不知道你閱讀到這章節將是何時，但是無極瑤池金母的靈訊是完全跳脫時空框架的限制。在閱讀本章節靈訊時，不妨將第七章「意識、集體意識與凝聚靈魂意識」對照閱讀，你會深刻地感受到，每個人無時無刻都受到國家集體意識的影響，我們都無法置身事外。因此，當你對國家有所批判時，就陷入了自我批判的陷阱。

同時，本章節裡面有許多牽涉到關於國際、政治、財經等方面的訊息，在這裡建議你，當你閱讀到相關段落時，請闔上書本不要再讀下去，上網搜尋各國疫情發展、國際局勢、疫情期間人民的行為改變、各國元首在疫情期間的作為……以此反思無極瑤池金母所要教導的靈性課題，相信你一定會從中獲益良多。

※生命的權衡，是智慧的展現

某些支撐世界經濟的大國，因為有了前車之鑑，在這段期間對於抗衡病毒有了成熟的經驗，未來他們在醫療、物資、人力等方面會以更謹慎的態度來處理疫情，只要他們對於疫情的防備不鬆懈，未來在這些大國再度爆發的機會就不大。㊵要小心的是，只要人民與一國之首沒有意識到醫學之外的世界，它依然會零星地在各國間爆發，但你無須為此擔憂，它不會是全面性的。

而你們擔憂未來是否疫情會大爆發，那將會發生在一些政局不穩定、意識較低以及經濟體較小的國家、宗教觀較不多元（這部分後文將有說明）；或是一些不是支撐世界經濟體的國家（指落後國家）。主要的原因是，在初期一些經濟小國因為沒有在第一時間受到病毒威脅與經濟衝擊，再加上當局者鬆懈了對新型冠狀病毒的防範，甚至輕忽了病毒的威脅，以僥倖的心理來看待這一場全球大流行疾病的嚴重性，錯失了與先進國家在防疫、衛生觀念、醫療等方面的觀念接軌。在不久的將來，這些經濟小國或較落後國家，會因為防疫鬆懈、財力貧困、民眾對疫情錯誤觀念的散播、對病毒的錯誤認知，以及衛生條件落後等種種因素而爆發疫情，造成人民與經濟嚴重的損失。

如果有一個國家，處於看似傳染性極高的地區，但是全國人民的共同意識是關心健康、生命存在意義與珍惜大地，一國之首不會為了國家利益與經濟發展而忽略與犧牲人民[41]，這些國家就不容易在這場疫情中受到大波及。你一定會想，真的有一個大國會在經濟發展與國民健康兩者之間取得平衡嗎？我想告訴你，並不是每個國家都會在經濟快速發展之下而忽略人民健康的。

如果一個國家是真心照顧人民的，它們遵循著宇宙的運作法則[42]，這個國家便不會有太大的疫情爆發，所以你不妨觀察一些大爆發的國家，初期大部分都是你們口中所謂的先進國家，這是為什麼？相較於其他國家，他們雖然在衛生、醫療與經濟都比它國有更好的資源，但其實這些國家重視的是財團利益、政府財務與經濟發展。他們忽略了，共同創造友善與高意識的集體意識對國家才是重要的。

宇色！當你聽到這裡必須了解到一個非常重要的觀念——人類須與居住在這片土地上的生物、大自然共存，沒有人可以獨立於大自然之外，這絕對是人類靈性提升不可或缺的心法。人們必須要依循與尊重日月星辰與大地的運作。

※對人類與大地的關懷，是最佳的天然疫苗

（如果新型冠狀病毒短期間內不會消失，未來是否還會再度爆發另一波新的病毒？）

宇色！方才你的大腦瞬間閃過一個問題：「這個天災（指新型冠狀病毒），這一場災難會不會在未來引爆其他更大的災難呢？」[43]我必須告訴你一件關於宇宙運作的法則，事件只能被注定會不會發生，卻沒有辦法注定好它的影響幅度，人類的命運亦是如此，命運該發生也必然發生。在２０２１年之後的數年間，這場大流行疾病以及類似的問題，依然會零星地發生在某些國家，只要有國家一時鬆懈對醫療、健康的防備，疏忽了對人民的照顧，疫情將再次爆發。更重要的是，人民與一國之首未將意識提升至關懷這一塊人與大自然界共存的環境，病毒短時間內不會完全消失，它與你們人類將共存一段相當長的時間，不要期待病毒在短期間會銷聲匿跡。

看似無極瑤池金母沒有直接回答問題，卻隱諱地肯定「未來將有其他新的一波大流行疾病」之說，請大家務必留意後續的靈訊，祂將揭露關於靈魂覺醒、意識與改變疫情發生的關聯性。

改變事件發生之後受傷害的程度，它包含了兩個因素：人類的集體意識，以及不可預測的命運。前者掌握在你們每一個人身上，後者則是連天都無法預測的，這兩項完全超乎人類思維所能參透，這也說明了為何從古至今從未有人能夠準確預測與掌握人類命運與世界未來。

你們此時擔心未來再度有新的病毒大爆發的一天，坊間各式各樣的預言都圍繞在這上面，甚至預言未來將有新的疫情造成人類大滅亡，但是我必須要告訴你的是，那種事情並不是絕對性的，不會走入人類滅絕的一天。

因為人類擁有創造靈魂意識的自主權，地球上的人類並非每個人都以相同方式對待自己的生命與大地，不是嗎？你必須了解的是，人雖然都生活在同一個地球上，看似生活在相同的生活圈當中，但是真正決定你生命幅度的是個人的意識層，不同意識層的靈魂投射出對應的世界。

我剛才有說了，災難對一個人生命所造成的威脅性，決定於一個人此時此刻的靈魂意識層，當未來新的病毒再次大爆發時，豈可能對每一個人造成相同的傷害呢？還記得我在前面曾經說過的嗎？**一場災難對於不同意識層的靈魂也會造成不同程度的傷害。**

如果有些人已將靈魂意識修練到更為純粹的意識層，它的意識層包容了多元且富彈性的訊息，將造就他擁有極高的靈性與敏銳的直覺力，他會很容易地去察覺到即將發生的災害所帶來的可怕連鎖效應。那麼！當未來發生新的一波疫情災害時，對他生命與財產的影響力相對就會非常小。

我想要教導你的是，不要去擔憂災難的到來，轉世輪迴的終極目的是為了進入大自然的運作法則，喚醒一條覺醒的靈魂意識，服膺地球運行時所產生的晝夜、四季、節氣，無論未來發生何種災難，必然對你的生命影響幅度不大。

※宗教，隱藏著喚醒靈魂覺醒的強大神祕力量

現在甚至在未來，台灣仍然會是疫情期間受到病毒波及最小的國家之一？為什麼此次台

灣的疫情沒有那麼的嚴重[44]？那是因為台灣人民相較於其他國家重視健康與養生[45]，對於環境衛生條件的重視也是非常高的，不要小看你們台灣政府對於改善醫學與人民健康方面的努力，台灣政府在初期推行的這一個政策，對於全面提升人民的健康意識層，它在此次防範疫情上起了莫大幫助。

台灣人民能夠具備創造如此高的共同意識，最主要是在於台灣對宗教的包容性。台灣是一個極為特殊的國家，它在文化、宗教、政治、知識等方面有相當大的包容性。也因如此，人民在極度自由之下，造就了極高的思想與行為意識彈性，生命的變動性也是非常大的。因為共同意識創造出如此的環境，當面對自身生命課題與災難時，大部分的台灣人在天性上有著高度的自處與應變力，思想上也就不受政府或主導者所控管，這是長期生存在極權國家底下人民所沒有的。

千萬不要小看宗教包容性與靈魂意識的關係。

宗教對於靈魂意識的影響程度是相當大的。當一國的宗教性越自由的時候，人民的意識層會越具有彈性。反過來說，生活在極權專制的國家，人民的腦袋會變得僵化，因為他（們）被教育成只能有一種思維，他（們）沒有辦法看見更多的可能性，當一場災難與危機來臨時，他（們）無法即時應變，只能被動地等待國家救援，失去了應變與處理自身生命的能力。（讀到這裡不妨闔書思考一下，哪些國家符合此靈訊的條件？）宇色！你聽完我的說明後，還能小看國家與人民共同編織而成的集體意識，對國家底下每一個人民的影響嗎？[46]

※世界經濟板塊大挪移，重組世界經濟版圖

宇色！你曾經多次向我詢問：在未來，這場疫情是否會改變國際經濟版圖？

在這裡我想藉由這一道問題來回答你，雖然它們兩者似乎沒有關聯，背後的牽連卻是萬縷千絲。

在資源有限的情況之下，當全球因疫情導致經濟、貿易嚴重失衡時，必然讓一些原本就掌握地球大量資源的大國，以更有利的方式吞噬其他小國的資源。原本在國際上已經位居小國的，必然會更為窮困與貧瘠。一些大國在疫情期間為了穩定政局與國際地位，以經濟為考量的前提之下，必然會更強勢地掠奪地球與小國的資源，不是嗎？

未來的地球資源會重新分配，以亞洲為例，被中國大陸視為經濟重要區域的香港、澳門，在未來因為疫情關係，將在國際地位與經濟貿易等方面被其他先進國家影響。

也因這一波疫情關係，日後中國在國際上將受到孤立，而台灣在國際上的能見度則會大大地提升。在未來，全球將被分化為三個大盟區，分別是歐美國家、東南亞、東北亞一些國家以及被孤立的中國。未來中國內部將出現派系分歧問題，甚至將發生內戰，這是有可能發生的。也因此，至於你們一直擔心被統戰的問題也將……

不要小看此次疫情對於中國大陸的影響，它們在疫情期間所受到的傷害幅度是非常的大，

絕對不是你們所能想像。此時與未來它們仍然會以各種方式掠奪其他國家的資源，因為當一個經濟體有大變動時，國家會以大動作擴張來支撐內部嚴重的缺口……[47]

你們千萬不要輕忽美國在科技、武器與經濟等方面的實力，它們一直以來掌握的資源遠遠超過你們所能想像，在未來此現象仍然會持續發生。未來不久，國與國之間的科技戰、網路戰是不可避免的，國與國之間的不信任感會越趨加劇，你將看到一場接著一場的國際關係瓦解與重組事件，人民反抗事件將不斷地頻傳上演……

無極瑤池金母 圓滿諦語

◎須與居住在這片土地上的生物、大自然共存。這絕對是人類靈性提升不可或缺的心法。

◎事件只能被注定會不會發生，卻沒有辦法注定好它的影響幅度。

◎不同意識層的靈魂投射出對應的世界。

◎轉世輪迴是為了讓靈魂意識進入大自然的運作法則，只要服膺於地球運行時所產生的晝夜、四季、節氣，災難必然對你生命的影響幅度不大。

◎當一國的宗教性越自由的時候，人民的意識層會越具有彈性。

每個人身上都有一套專屬對應大環境變化的天線

我第一次見識到無極瑤池金母解釋靈魂意識在轉世輪迴時所扮演的角色，是在多年之前，一堂我專為靈修人所開設的〈靈修覺醒旅程〉課程當中。此課程的設計完全依循我走靈修時的脈絡，課程中主要是教導網路不方便公開的靈修觀念、個案故事與修練方式，除此之外，課程中令所有學員感到期待的是靈山派請神術，此術法是在課程中奉請仙佛降乩在我或是學員身上，讓神明親自為學員講解生命的疑問與轉世課題，讓學員與神靈近距離的交流互動。關於靈山派請神術的一些故事，在後續章節中將會有更多的敘述。

一次課程中某位學員向當天降駕的無極瑤池金母請示：如果我在臨死前一刻不想投胎了，往生後我就能夠中止輪迴不再轉世嗎？當時的無極瑤池金母是如此回答的：

「你臨終的念頭決定了不投胎，但你深層的意識是如此嗎？當你臨終時，陪伴在最後一刻的家人態度也與你一樣嗎？你能夠身處吵雜環境[48]而安住不起念嗎？」

——錄自《請問輪迴》無極瑤池金母慈示靈訊

我猜測學員的問題應該是受到「放下屠刀立地成佛」這句話的啟發。放下屠刀立地成佛講述的是佛陀時期，鴦掘摩羅誤信惡師，只要斬殺千人便能快速覺悟成佛。為了方便計算，只要他殺死一人便會將往生者的手指串成項珠掛在頸上。當他殺光村莊以及附近居民時，想不到仍然差最後一人即達千人，他為了尋找那最後一人感到苦惱。惡師騙他說，回家殺死老母吧！而且殺死母親的功德最大。

永不滅的大願，它終將開花結果

一日下午釋尊在精舍靜坐入定，以宿命通知曉鴦掘摩羅經累世修習，近達開悟之境，只要稍加善誘便能證得果位，但是如果他殺死母親，不僅累生累世的功德盡失，殺母的重罪將令他墜入無間地獄永世不得翻身。

釋尊下坐後現神足通找到鴦掘摩羅，以神通力降伏了他的強大魔性，雖然鴦掘摩羅此生犯下殺人惡業，但因有更為龐大的善報與功果支撐，才能在釋尊點化之下，放下手中殺人的屠刀，大徹大悟過往的愚痴與惡行，這便是放下屠刀立地成佛的由來。這故事我不將重點放在「放下屠刀立地成佛」，鴦掘摩羅雖然犯下殺人重業，但是請不要忽略了這段故事的重點，他是抱持此生誓必成佛才會誤信名師。如果沒有成佛的決心，以及累世修習而來的悟性，就算釋尊擁有再高的神通力也無法點化他。

想斷除輪迴，先觀察此時此刻對世界依戀的心

回到學員的問題：「如果我在臨死前一刻不想投胎了，往生後我就能夠中止輪迴不再轉世嗎？」想要斷除輪迴尋求解脫，臨時抱佛腳是不可能的，將此課題放在臨死前一刻再來處理已是緩不濟急。「想要」是大腦的思維，靈魂意識不屬於大腦的管轄範圍，大腦也無法中止輪迴不再墜入紅塵。在世時須保持覺知，覺察種種不善心——貪、嗔、痴、妄想的升起，往生之際覺知心與累世福報、功果，便能化解外界干擾中止輪迴的遊戲。[49] 無極瑤池金母將大腦與靈魂世界的差別做了一個詳細的說明，簡單來說就是：大腦不等同於意識世界。

不妨將學員的問題拉近到你的生命思考，當你躺在床上尚未失去意識時，聽見身旁家人聲聲的悲啼與念佛聲，你會感到難過與不捨嗎？只要你的意識與外部世界有一絲絲的連結，往生後便會再墜入六道輪迴。

有些靈魂為什麼會不斷地輪迴？其實並不是執取於物質事情，而是情愛，情愛才是讓一條靈魂沒有辦法跳脫輪迴真正的因素。

——錄自《請問輪迴》無極瑤池金母慈示靈訊

尚未覺醒的靈魂意識是不可能進入「解脫」的意識層，往生後依然會隨著未解脫的意識再次輪迴，就算往生前一刻急於想要斷輪迴也是不可能的，再加上往生前與家人的生離死別，除非在生前時時刻刻保持覺知，擁有穩定的定力，臨終之際才能完全不受家人悲慟所影響，否則在心隨時受到外部世界影響的情況之下，如何對輪迴說斷就斷。

覺知就像是一把帶你走進靈魂意識的梯子，探求靈魂意識裡頭的祕密以及曾經遺忘的事物，在生活當中保持覺知，便能進入靈魂意識淬鍊生命洞見。

覺醒，將覺知視為呼吸，一刻都不能放掉它

在印度流傳這麼一個關於一名少年進入意識世界獲取珍寶的美麗故事——

婆羅門是印度最崇高也是最接近神的種姓，它的後代子孫生生世世為祭司，也是印度的貴族，婆羅門掌握著千百年來珍貴的醫藥、天文、經典與祭祀知識，同時還擁有與神靈溝通的特權。

在幾千年前南印度婆羅門種姓家族中，誕生了這麼一位靈魂覺性極高的少年。他從小聰穎過人，對於各種古印度吠陀經典、咒語梵唱過目不忘，並且從不少悟道的舍羅摩努[50]身上，修習到各種失傳的術法。少年雖然擁有超能般的智能與才華，卻未能調伏心性，傲慢與睥睨逐漸充塞他的靈魂。

不要太偏好正能量、正思想這些良好積極等字眼上，過度追求正面能量將錯失了看見自我的機會，黑暗與光明是並存的。**當愛溢滿時便會轉為慈悲大愛，無分別地普照世人；當恨溢滿便會失去意識斬殺一切事物；當傲慢溢滿則會奪取世間……**從靈性的角度來說，不論內心充滿的是何種能量皆是好事，「滿」意謂一道全新的生命即將到來，轉化的歷程由此展開……從誕生到學習是生命的第一階段，接下來少年即將迎接他人生的第二階段——退省。

當生命逼向臨界線，覺知死亡，瞬間喚醒靈魂意識

一日，在幾位友人鼓動之下，他為自己與友人施以隱身術，潛入皇宮捉弄宮內侍衛、嬪妃、大臣與宮女，年輕力盛的他們甚至還令數位嬪妃、宮女懷孕，接連數日將整座皇宮鬧得不可開交，國王為此勃然大怒卻苦無計策。一位睿智大臣向國王建言：「此事僅有兩種可能，鬼魅或不善術士。如是鬼魅不可能令宮女受孕，因此必是後者。術士就算能隱身也不可能穿牆，只要將全部宮門反鎖，命宮內百位武士向空中揮刀，此舉必然能斬殺這群不善之徒。」

當其中一名友人慘死刀下倒地現出原形後，國王與大臣更加地肯定了原本的猜測，便召集更多武士帶刀拚了命對空揮舞。最後剩下的幾名友人就這樣一一被斬死，僅剩下這一名被嚇到

驚慌失色的少年，當他不知如何是好之際，突然看見眾武士雖然處處揮刀，國王旁卻無人敢近身。少年靈機一動立即鑽進國王座椅下躲藏，就在一片殺伐聲中，少年憶起佛陀的教導：「貪婪與不清淨之心，皆是觸發禍害之根本，不妄求、不僭越本分，才能在平靜中洞見生命的本質。」這句話在度帶來恐懼並深深印入他的靈魂當中，消弭了他的傲骨與悖慢。

當少年逃過此大劫後，便徹底地捨棄這些無法了悟生命實相的靈通術法，決心出家依循佛陀的教導走入尋道之路。

故事中的隱身術象徵著靈魂從本體分離，完全看不清楚真正的自我。當別人看不見我，同時我也看不見自己的心，當靈魂四分五裂、支離破碎時，意識便再也壓抑不住巨大慾望，此人會突然變得更為猖狂，它將成為一頭闖入村莊見人就咬的飢餓野獸。因此佛陀少以神通示人，深怕心性未成熟之人誤用神通迷失自我。富麗堂皇的皇宮是一般人終其一生難以進入的社會頂層，國王、王后、後宮嬪妃、大臣是居住在金字塔最頂端的角色。國王、美麗的王后與嬪妃、宏偉的皇宮、勇猛的武士、皇宮內的權力鬥爭……皇宮是他向外探索所經驗到的第一個世界，代表著人類正式脫離家庭生活，踏入多采多姿且布滿了荊棘的社會環境。

不要嘲笑少年魯莽直闖皇宮的行徑，無知與無懼都是一樣的，差別僅在於結局不同罷了。結果若是利益於眾人則稱之為勇猛，反之傷害到自己與他人則是無知，兩者皆具有不計後果的特質，卻也具有突破原有生命框架進入全新生命的力量。如此充滿爆發力如璀璨星空的階段，僅僅出現在我們的青少年時期。

生命受到威脅時，放下自我，全新的我由此誕生

另一個值得關注的靈魂意識覺醒的議題。故事裡的大臣說：「……就算能隱身也不可能穿牆，只要將全部宮門反鎖，命宮內百位武士向空中揮刀，此舉必然能斬殺這群不善之徒。」武士揮舞大刀使得少年生命瀕臨死亡界線，逼迫少年不得不退省此生的種種，眼前的危機令他的心不得不拋下世俗一切。當生命觸及谷底將會喚醒靈魂的覺醒，就好像許多人在瀕臨死亡前，靈魂意識會引領我們回顧此生的種種。這道歷程代表著要找回破碎的靈魂重組全新意識前，須先自我斬殺魔心獸性。當我們完全服膺於生命的韻律流動——死亡、老邁、生病，剝奪靈魂成為完整意識的力量便會自動離去，這必須要你願意自我了斷，同時臣服生命流動的本質。

在這一段故事中，少年無知誤用神通搗亂皇宮與生死搏鬥，是喚醒沉睡靈魂意識的一個非常重要的動能。更深層的意涵是他以超乎常人的生命力衝破原有生命侷限，進入另一個全新的意識世界，生命第三階段由此開展——開啟深層意識世界。

深埋靈魂底層過去生的惡業，
無時無刻伺機而動，
你必須保持更敏銳的覺察。

天資聰慧的少年，出家後不到三個月便將所有佛學經典閱畢且融會貫通，對此仍然感到不滿足，他離開家鄉在印度各地參學蒐集各式經論，並與舍羅摩努等智者辯經論法，絕頂聰明的

他戰無不克，此時慢心在不知不覺之間悄悄萌芽。過不了幾年，他自視才智已經將佛陀遠拋在後，佛法其實根本不如外界所言如此深奧難探，便想自立門派宣講他的學說。

一位神尊知曉此事，見渡化少年的因緣業已成熟，便幻化為一名白鬚老翁，趁少年熟睡潛入他的夢境：「你求知若渴，我帶你去一個完全沒有任何人知道，由佛陀密傳的神祕空間……」這句話完全擊中少年軟肋。

老翁以神通帶領他進入深藏在東海的龍宮寶庫，裡頭有一部由佛陀為文殊菩薩、普賢菩薩與眾等菩薩宣說的祕法經典。老翁領少年站在金碧輝煌的寶庫大門前說道：此寶庫僅只有你一人能夠開啟。

尋找天命僅容你獨自一人前進，「無懼」是開啟它的鑰匙。

少年克服恐懼，輕輕向前一推便開啟寶庫大門，它並沒有想像中沉重。寶庫內的奇珍異寶耀眼奪目，少年無視它們的存在，反而被整座龍宮寶庫裡卷帙浩繁的經卷所震懾。

老翁帶領少年繞行寶庫飛翔近一月有餘，仍未看見經卷終點，少年心中驚嘆不已，他畢生從未見過數量如此龐大的經卷。老翁便利誘少年言：「通曉這部經典，便已經超越佛陀。」

智慧是精粹靈性的化身，它常以老宿之姿呈現於世人。

少年一心要超越佛陀，日以繼夜精讀經典，稍有不解便請益老翁，老翁知無不言，藉由解說同時還教導少年待人處事之道，不知歷經多少歲月，少年從一名俊秀的翩翩少年變成一名老翁，此時經典早與他的靈魂合而為一，心境也由輕浮轉化為沉穩、默語、靜思，少年的靈魂也蛻去惡業轉而甦醒並綻放光輝與優雅。

待他熟背經典一字一句，不知不覺間已消除他累劫累世的不善心與惡業，慈悲、智慧與謙遜由此萌芽。他深感佛陀的智慧如海，暗暗發下大願回到人間必將此部經典廣傳人間，此大願一發震動三界。老翁見時機成熟便向他說：「一把火燒掉經典，你已經完全擁有它了。」他對此感到不解與疑惑，老翁再次命令他：「燒掉它！一字也不留。」待他燒化了經典，寶庫隨之消失不見，一轉眼間，老翁已將他帶離龍宮寶庫重返人間。

少年從夢境驚醒原來是南柯一夢，他依然是那名俊秀少年，精讀經書意喻著等待知識的萌芽，衰老形象是靈魂轉化成智慧之境，傲慢與不可一世已不復見，宛如脫胎換骨般以智者姿態重現世人，他的靈性此時已是圓滿與合一的象徵。自此之後，他一改之前作風不再四處與人辯論經典，他徹底執行宏揚經典之大願，在他大願之下，此部經典得以歷經數千年，從印度流傳於全世界，至今此經之美依然絲毫不減。

生命落陷谷底，抱持歡喜與愉悅，是一曲靈魂轉化的前奏曲；一味自怨自艾只是將覺醒推遲發生。

當神靈顯現時，象徵著心將從外部轉向內部世界，因為神靈的意象是覺醒的神性。從靈魂深處綻放而出的神性，往往是在歷經種種生命試煉之後，象徵著光明與黑暗共存的真理。因此你可以發現，許多一夕成為通靈人的人都會說：「在人生最谷底時，聽見了神的召喚，我突然擁有了通靈能力。」這在古今中外都是老掉牙的說法，但它每每聽來總是令人感到新奇，神靈的顯現絕對不會發生在吃喝玩樂之時，因為它是伴隨黑暗而來。神性是光，它與黑暗、邪惡並存著，我們必須勇敢面對黑暗的浮現，而不是以各種方式逃避它的到來。當你如此做時，神性會從我們的靈魂意識浮現，看見黑暗，光明才能伴隨在我們左右，最後黑暗、邪惡會退回去原來的地方。少年從狂妄、懵懂、臣服死亡、激發神性（神靈）的出現，當他接受神靈的安排研讀經典，也就是與神性同在一同進入靈魂深處的意識世界，累世的惡習、貪愛、執著、妄想逐漸從靈魂剝落，靈性想要獲得自由，必須先脫離不淨的肉體，這道程序就是轉化。蛻去肉體並非指實際的死亡，是靈性的重生。當你超越肉體時靈性就會綻放。

深海是潛意識，寶庫是人類靈魂意識深藏的智慧，這條路上只有獨行的身影。整座深海龍宮僅只有少年一人，是因為內在探索純屬個人的課題，尚未完全與神性合一之前，獨處、默語是唯一的語言，必須對外部世界保持緘默不語，避免神性的光流洩，如此便能通往冥默的意識世界。神靈是少年在歷經生命危機與試煉後所幻化，一個人想要靈魂真正地覺醒，先要在一個能夠觸發因緣的環境，它是靈魂鎖困在極小空間，將所有精力意識消耗殆盡之後才會萌芽，就像是佛陀費盡六年一無所獲，放下執取後才悟道。

因此神靈才會對少年說：此寶庫僅只有你一人能夠開啟。你從未看過有人相伴手牽手體悟生命真諦，也沒有任何人可以取代我們自己挖掘內在寶藏的權利。可惜的是，我們從小被教育成聽話的人，卻不是被教育成聽自己聲音的人，耳朵已經習慣聽命於外界，喪失了傾聽自己聲音的能力。

燒化有著轉生與重生的意思，老翁命令他：「一把火燒掉經典。」勇於燒化對自我的認知，不要帶著「理性大腦」在靈性道途上，隨時隨地都要提醒自己做到——心態歸零、重整步調、臣服生命。少年回到人間，意謂所有在靈性道途中所體悟的經驗，你必須在世間印證與考驗，如果你大腦裡的事物無法運用在現實世界，那就燒化它，不要緊緊抓著它不放。如同許多在靈修路迷失的人，會產生幻聽、幻覺、看見鬼神等等，我們無須去談論其真偽，從真假切入等同批判此人的人格，你已經完全擁有它了，則是要我們思考種種超自然現象對於現實生活有何意義、用途與省思。

最重要也是最後一道過程「離開龍宮寶庫重返人間」。切勿沉浸在靈性世界當中，不論它帶給你多麼神奇又不可思議的經驗，它只是我去挖寶與探索生命的來源，絕對不是我們窩居的地方。我們與內在神性是介於神聖與平凡、真實與想像、感性與理性之間，靈性的道途絕非側重任何一方，與靈魂意識產生神聖連結並非意謂依賴它，而是應該善用它並且成為我們克服現實生活種種困境的利器。

知道身處夢境中，你才能從夢中甦醒；
你可以改變夢，或是離開它，
對生命選擇的力量，便是靈魂的覺醒之時。

這是一則靈魂深入靈魂意識世界，獲取珍貴知識幻化於世間的故事，故事裡所有人物皆是狂傲少年意識所幻化，旺盛、勇敢、冒險、精力充沛、勇猛、積極。少年是你我靈魂深處的原型，少年遍讀經書意謂生命對於追求世界實相的渴望，追求實相是靈魂意識進入世界與之交流的一種本能，以此方式獲取滋養靈魂成長的元素。神性是靈魂覺醒後的象徵，佛陀教導信徒：「你我皆擁有覺性，唯一的差別：我是清醒，而你是沉睡。過去的我與此時的你都曾經沉睡過，此時的我已全然清醒，保持覺知。」

其實你在閱讀時，應該多少可以感受到無極瑤池金母所預言的事情，國際政局演變與權力鬥爭此時此刻正在發生當中，無須我再多做解釋。讀到這裡，你應該有一個體悟，我們既都是活在這個地球上的靈魂，也依存在這個世界所創造出來的龐大集體意識，它是我們創造靈魂意識的來源，它也是人類歷經千萬年一點一滴所打造出來。事件只有被注定會不會發生，卻沒有注定未來的影響幅度，而這一道靈性原則就是，你應該更為恪守自身此生的本分、照顧好家人，心有餘力就再多關懷身邊的人，我們彼此都是創造美好集體意識的一分子，不要忘了這段靈訊所要傳遞的重點——

……將靈魂意識修練到更為純粹的意識層，它的意識層包容了多元且富彈性的訊息，將造就他擁有極高的靈性與敏銳的直覺力，他會很容易地去察覺到即將發生的災害所帶來的可怕連鎖效應……

喚醒靈魂意識：靈修心法修持

在本章節裡藉由少年講述了從生命轉化覺醒的四個重要階段——從誕生到學習、退省、開啟深層意識世界、重返人間，這四個階段並不代表人人都可以將它走完，有許多人會停留在某個階段甚久，有些人到終老都無法走到最後一個階段。你可以試想一下，此時此刻的你正經歷哪一個階段？你可以將它視為靈魂覺醒的里程碑，每一階段進入下一階段，沒有年齡與時間的限制，這四個比較像是一個迴旋體，既可以向上又可以向下，它可能重疊發生，也可能是接續發生，畢竟靈魂覺醒是360度並非單一直線。

我對於靈魂覺醒的看法是，**它必須從現實世界體證靈性的存在，也就是精神體與生活是相融在一起的**。外部與內部世界是相對應的，當你的世界多一點包容與彈性，自然而然你也會以同樣的態度來面對心的世界，更重要的是，靈魂覺醒與外部感官世界相對應的。我不相信有人可以在鎮日滿口玄學、科幻、鬼神、神通之下提升靈性，勇於接受生命的試煉，你才能真正體驗到靈性的恩典。

當你了解這一層關係，我想進一步講解說明如何轉化這四個階段——

❶從誕生到學習——擴大生命的幅度，不要只是固守在舒適圈當中。有生之年多利用你的雙腿與雙眼去認識這一個世界，世界有太多超過我們思維之外的事情，它不是靠閱讀、網路而來。可怕的是，一般人過了就學年齡便完全停止對於世界的探索，尤其是走入婚姻之後，或人生

進入⅔之後靈性的成長便完全停滯不前。有許多靈性大師終其一生對外部世界的認識都未曾停歇過，有些南傳佛教出家人依然遵循二千多年前佛陀教導，一處不逗留二晚，為了就是避免久待易萌生惰性與舒適感。我曾遇過幾位靈修人對我說：我看你整日四處跑，我從來不曾看過一名靈修人是如此。也有人對我說：你為什麼不能好好待在宮壇裡服務呢？是啊！有這種執而不化的人很多，而且硬要將僵化思維強加在別人身上的更多。千萬不要成為這樣的人，不要忘了這篇故事裡的少年，他會步入第二階段退省，是在他勇闖皇宮（世界）之後所發生的事情。轉化是必須要挺過世界無情的洗禮，歷經種種試煉的靈魂最終會長出屬於它的翅膀。

❷退省——我們不用像少年一樣將自己逼向死境才徹底地捨棄這些無法了悟生命實相的靈通術法，決心出家依循佛陀的教導走入尋道之路。那是他的生命不是我們的路，但是我們卻可以透過每日的退省達到覺醒的境界。你知道我最常掛在嘴邊的話是什麼嗎？「是不是還有什麼是我看不到的？」、「難道事情只能是如此嗎？」、「除了死亡，我所做的決定最糟糕會是什麼結果？」我從來不認為世界有所謂的對與錯，生而為人也不是跟世界抗爭到一個所以然，說到底，讓自己找到一個平衡又快樂的生活軌跡才符合靈性的道途。你不妨將一些時不時掛在嘴邊的話或一遇到與自身觀念有所衝突的事情時，就拿出來反問自己，甚至在睡前都要不斷提醒自己：「難道我只能過這樣的生活嗎？」講出這些話並不是逼你想出一個答案，這些問題是透過反問來喚醒靈魂的覺醒。只要做如此簡單的練習，就能激發不同層級的靈魂意識層，日後遇到問題時便有更多的選擇與彈性。

❸開啟深層意識世界——鍛鍊與探索意識世界最有效的方式是冥想。許多大企業家、藝術創作家、思想家、哲學家，到了人生頂峰後會開始靜坐冥想。學習靜坐冥想，看似與現實世界一點關聯也沒有，但很多人都清楚地體會到，當從冥想的意識中離開回到有形世界時，在思想上會獲得某一種意想不到的靈感助力。

——錄自《請問輪迴》

來說一個關於冥想具有神奇力量的故事。早上靜坐冥想後，再開始一整天的工作是我多年來的習慣。在此書的撰寫初期，為了編排與書寫方式，焦慮與煩躁時不時緊抓著我的心頭。在撰寫此書的某天早晨冥想時，一個奇異特殊的畫面突然闖了進來。

我看見另一個我站在一棟外側有著樓梯的四層樓建築物，一位金髮碧眼的年輕人站在樓梯高處，我的視野不知為何換到年輕人的上方，說時遲那時快，年輕人往樓下縱身一躍，全身軀幹瞬間支離破碎，頭顱破裂、腦漿四溢，金髮瞬間與腦漿混成一團，變得汙穢不堪。不知從何處來的念頭：「那位金髮少年如此俊秀，生前又那麼在意外表，如果他知道跳樓自殺會死得那麼難看，他應該就不會選擇跳樓了吧？」才剛想到這裡，就像電影般倒帶，金髮少年又站回到樓梯高處，此時不同的是，他頭上多了一頂亮眼的粉紅色安全帽，他再次往樓下跳了下去。一直站在樓梯下方的另一個我，此時上前查看，與前次不同的是，我看見他的肢體因重重摔落呈現嚴重扭曲變形，但因為有了安全帽的保護，保留住他俊秀的臉龐，此時畫面充滿了不協調與詭異氣氛。由於此境過於真實，下坐後我陷入其中默思良久，這個畫面想要告訴我什麼？我再次進入冥想尋找那位跳樓身亡的少年蹤影。經過反覆地解析之後我感知到：

金髮俊秀少年是我投射在外部世界的面具。陽光、自信、有活力，跳樓自殺象徵重生與轉化，它正在釋放我內心嚴重的焦慮與煩躁。臉與頭是與外部世界溝通的表徵，安全帽保護了金髮少年的頭部，意謂在寫作過程內心如何煎熬，作品仍然會以最完美的方式呈於世人眼前。

當生命進入到一個極度壓抑時，便與死亡有著近距離的接觸，它會以各種方式呈現，讓我們聽見它的存在，生命由此也更意義非凡。很神奇的是，自從解析了那一個冥想之境後，不僅完全釋放了原先的焦慮，甚至在日後寫作時湧現更多的靈感。

坊間已經有不少關於冥想的教導，你可以自行搜尋來閱讀。簡單來說，冥想是暫時關掉所有的感知系統，讓心回到它應有的位置，靜靜地陪伴它就好了，僅只要如此做，你將獲得莫大且不可思議的利益。冥想並不限在坐墊上，生活中處處都可以練習冥想，如果你對於我個人的冥想修練有興趣，可以參閱《靈修訓體與瑜伽的精采對話：靈動、脈輪、炁感與亢達里尼背後隱藏的共同祕密》。[51]

❹重返人間——前一項「開啟深層意識世界」我再次進入冥想狀態解析金髮少年，這一道程序就是從潛意識重返人間。換言之，解讀超乎現實的夢、冥想、幻想、幻聽，潛意識未知的祕密便會浮出意識層，轉為現實世界中有用的資源，成為我們實現夢想的材料。

我常常遇到有所謂通靈體質的讀者對我說：「宇色！我跟你一樣都曾經經歷過那些事情。」、「我跟你一樣都擁有相同的體質，會靈動、會說靈語、能與仙佛溝通。」我不禁想問，為什麼要將自身生命看得如此廉價呢？將你的經驗同比於我的生命，對你的生命又有何益處呢？生命之所以珍貴來自於它無法比較，如果每一條靈魂可以放在天秤上量秤孰重孰輕，豈不是看輕了神創造人的本質嗎？每一個人或多或少都曾歷經不同的生命歷程，確實有一些人有著超凡能力，能夠穿梭鬼神、冥界、異度空間，那正代表你的靈魂是如何地與眾不同，應該更加地著重在你的特殊經歷上。你也不用羨慕那些神奇能力，其實你可以更有效地透過其他方式獲取這份能力背後隱藏的力量，此生你一定要走訪幾個國家的教堂、佛寺、清真寺、印度廟，進入神所居住的神聖空間，你會被充滿宗教意象的符號震懾。十字架、神像、寧靜、音樂、香味、祭司……就連一個老奶奶虔誠膜拜的樣子都令人感到動容，當我們將這些符號帶入心裡，並且一次又一次在心中反思、回憶它們，直到它們成為我們生命的一部分時，雖然當時帶給內心的衝擊已不再如此印象鮮明，但它從神明、信徒所承接千百年的神奇力量，的的確確已經轉化成我們靈魂的一部分，它還是存有力量，只是被化成我們對抗生命逆境的精神力罷了。

重返人間，時時勿忘掌握**生命來自於當下的信念**，把隱藏在靈魂深處的語言帶入到自身生活中，它會自動轉成知識。如果潛意識裡的東西無法與現實世界相互呼應，它便失去了喚醒靈魂意識的力量，它將無法永存我們心裡，終有一日它會自動地消失無蹤，如果你的生命出現了奇幻之事，它卻無法在我們生命裡起一絲絲作用，你也不清楚它顯現你生命的意義，那麼就聽本章節故事裡老翁的話：「燒掉它！一字也不留。」勇敢承認並且拒絕對於未知世界的執念，真正屬於你的全新生命由此展開。

㊵指2020年。
㊶在這段靈訊裡頭我有感知到是哪幾個極權統治的國家。
㊷指一國之首不要太重視利益，看重全民健康、關懷大地與環境。
㊸以元神出竅與仙佛交流，意識互動皆在瞬間共時發生。
㊹此段靈訊請示於2020年年中左右。
㊺我感知到台灣是因為有全民健保，無形間影響人們對於健康意識的抬頭。
㊻建議再回頭閱讀第一章〈靈修覺醒的先天啟靈法〉。兩章同時閱讀，你會有一種恍然大悟的感覺。
㊼無極瑤池金母後段分析許多中國大陸的內部問題以及台海關係，因屬個人與無極瑤池金母靈修上思考的課題，以及超過本書的範圍，故不便透露太多。
㊽指傳統的喪禮。
㊾關於無極瑤池金母教導關於靈魂輪迴轉世更多的奧祕，請參閱《請問輪迴》，柿子文化出版。
㊿泛指以終身奉行苦行的修道人或宗教人士。
51《靈修訊體與瑜伽的精彩對話》柿子文化出版。

10

以醫學延長人類的壽命，正在祕密發生當中？

為何有如此多的人是非自然死亡呢？老子說：當你太想活命時，反而錯用心思與力量，導致生命快速耗弱。[52]

——宇色

榮格說過：在原始部落的老人，總是依循著代代相傳的傳統，守護著部落裡的信仰儀式與規定，他們身上有代表智慧的印記，同時也是部落的守護者。而部落與大自然之間的和諧便由此展開。

你如何看待死亡與老年？在我們的印象當中，這兩者代表著衰頹、淘汰與遺棄，如同花朵凋萎、河流乾涸、大地枯槁。遺憾的是，人們僅在意那不可挽回的時光流逝，與生命走入最後一段旅程的無可奈何，卻鮮少關懷生命在過往歲月中所留下永恆不滅的炫目光彩印記。

絕大多數的老人總是散發著莫名吸引力。不知你是否曾經留意過，他們總能令你的目光不自覺地駐足在他們身上許久。某雜誌採訪了一位上了年紀的台灣知名女書法家，她站在充滿蒼勁雄健筆觸的巨幅書法前，雙手叉胸凝望著前方，眼神透出睿智靈光，她的身影彷彿花衣魔笛手吸引我的目光，照片上的她逐漸與巨幅書法融合直到消失。智慧、堅定與洞見就在那頃刻間展開，我切實心領神會，歲月不再只是隨時光一同流逝的數字，它與藝術都能跳脫時間約束，在歷史中留下永恆的美麗身影。老人的靈魂蘊藏著一生的黃金時光，它的甜美與珍貴，任時光流逝也無法消弭。老年與死亡不再是凋零，而是靈魂綻放盛開的時刻。

「擺脫生死輪迴獲得靈性解脫」，是我在請示無極瑤池金母關於「新型冠狀病毒會引發新的一波災難嗎？未來還會有更多新變種病毒席捲重來嗎？」[53]時意外的體悟感知。閱讀這一段時，你不妨將死亡與老年議題帶入思考裡頭，從高維度的議題面切入，重新檢視自身生命，如此做便已經超越生死與跳脫輪迴。這絕對比預知未來病毒的演化更為重要。

這一場可怕的新型冠狀病毒已經造成無以數計的人感染，死亡數據每日大幅度地不斷向上攀升中。在前幾段靈訊中，無極瑤池金母揭露了這場大流行疾病在未來仍然繼續蔓延，甚至改變了各國的經濟版圖與國際局勢。現在有更多研究投入於病毒與人類共存這一個新的議題，與此同時，醫學界也正在積極投入研究，在未來是否可能消滅所有疾病，全面延長人類的壽命。這是有可能發生的嗎？

壽命不可能無限上綱，卻能向內無限探究，
靈魂得以超脫生命侷限，跳脫生死。

無極瑤池金母

宇色！人們眼中視為無用的雜草，為什麼能夠不斷地在世界上生存下來？自地球開始有人類以來，不論生物如何地演進，雜草，這一種生存在地球上已經無數年的有機體，它就如此活生生地出現在你們人類眼前。但是人類卻將它當成灰塵視而不見，而它卻依然不斷地在世界各處蔓延。

你了解我所要說的嗎？

病毒與雜草、灰塵都具有相同的特質。如果你細細的去研究病毒，會發現所有的疾病，它們自始至終就都一直寄存在你們人體當中，它存在於地球太久太久了，只是在未構成身體威脅前，你們便常常忽略這一個生存在大自然界的它們。

它們該在什麼時間點發生？它是宇宙運行之下必然的產物，阻止它的發生就像是阻擋宇宙運轉，你覺得有可能嗎？

在《請問輪迴》與《請問財富》書中，我一直提及宇宙運作的韻律與和諧。你們會將這兩者的波動視為平和與安全，卻不會將它視為是災難的一體兩面。但你們千萬不要忘了！死亡也是宇宙在運行時產生的一種產物，宇宙萬物在看似虛無的空間裡流轉著，這一股自然的流動力會帶來誕生、轉機、毀滅與死亡，這一切是必然發生在規律之下。這就是「道」，也就是生命的實相，意識覺醒較高的靈魂便能體悟我所說的現象。

當一條靈魂從「那一條靈」分化，轉世到地球上經歷種種波折，歷經著生命種種不可臆測的面向，人性的醜陋與邪惡、攻擊、霸凌、挫折、波折、打擊、失敗……這也包含了暴亂、戰爭、鬥爭，甚至是病毒所造成的疾病。這一切看似在無盡攻擊你們心靈的負面事物，卻都是靈魂返回「那一條靈」的必經過程，那是無法避免的。如果沒有它們，你們就不可能看見寧靜，重返「那一條靈」。

所以你問我，在人類未來的世界，醫學與科學有沒有可能戰勝疾病並將它從地球消滅？不會的！這樣的想法並不屬於宇宙規律下的產物，它是不符合生滅與宇宙運作的法則與邏輯，也不符合靈魂在地球上轉世必經的路徑。

這是一個重新喚起意識的時代，它即將來到。

宇色！或許你們人應該詢問，該如何做才能降低疾病對身體的影響？該如何做才能削弱這樣的一個狀況發生？關於這問題，在之前的問題裡頭都可以找到答案。

這一條靈魂本身必須存活在規律的生活運作法則中，只要人能夠透過自制依循規律的生活，便不會讓病毒與疾病發生，就算是它們發生，也不會造成你身體過多的傷害。

現在有許多人的身體與心理被某些疾病糾纏終生[54]，在日後這種狀況會越加地嚴重。有些人會很快病癒卻再度染病，周而復始反覆不定，一生無法擺脫疾病的魔咒，你們人類一味地想從醫學找出解方，不是啊！那完全是不同的方向，那是因為他們的生活方式、處事態度與生命準則，不在一個規律的步調下運行。

你看看大自然界所有的生物，它們必然有專屬它們的生存模式。大至一座山，小至生存在地球上的動物與昆蟲，它們一定遵守世世代代留存下來的規律法則，所以你很少看到這些生物生病。牠們之所以生病，往往是因你們破壞大自然環境，打亂了大自然生態圈進而嚴重影響了牠們的作息所導致。

如果有一隻動物生病了，是因為牠們生存在地球上的時間已經走向盡頭，在地球上這一個有機體已近崩解，牠們的身體再也無法吸收能量，病毒與病痛便會發生。但是，絕大部分的動物在正常情況之下是不太會生病的，就算有，也是短暫地發生且康復。這是因為牠們一直活在大自然的規律底下。

但是你們有想過嗎？為什麼你們人從小開始就與「病」有著連結呢？人們明明可以與大自然、動物一樣擁有自我康復的能力，這些能力怎麼會逐漸消失，必須依賴醫學呢？人會生病，是因為人類的意識是非常複雜且難以控制的。你從來不會看到有一個人在未經修練之下，從出生到死亡全然活在天體運行的韻律底下，不會的！因為人類的意識是如此複雜，也因如此，人們才會經過一次又一次轉世輪迴，目的就是透過種種轉世歷程，進入宇宙規律的韻律法則，方能跳脫輪迴的框架，回到來時的「那一條靈」。這就是我們在《請問輪迴》一書中所談及的——

靈魂會滅，當一個人的意識完全消失融入在「那一條靈」，進入到一種空間狀態當中的時候。

你有聽懂我的說明嗎？

許多的事情本來就是一體兩面的，如何確保你們所期盼的東西就能夠帶給你一世的幸福，不會有人想要出生到畜生道，但千萬不要用鄙視的眼光看待這一道的生物，我想要告訴你另一個你們人類尚不知道的真相，生存在畜生道的這些動物們，牠們是一種處於……狀況你會相信嗎？……

（無極瑤池金母的靈訊戛然而止，似乎在思忖著該以何種字眼來形容牠們的靈魂狀態。）

牠們不會去破壞這個地球，只有人才會破壞地球與無止境地傷害其他生物，生物處於某種與人類極為不同的意識狀態中，度過牠們的一生，或許你看起來牠們只是一種低等的生物。然而動物與昆蟲的生命步調優雅且充滿宇宙能量，在沒有人類破壞環境以及傷害牠們的情況之下，牠們會用屬於自己的生命循環方式，緩慢地度過牠們的一生，生活在一種與大自然同處的規律底下。

你有留意其他的動物或植物嗎？它們會在最適合自己的生活型態下，不斷不斷地在這樣的圈子當中重複。

所以你覺得人類可能不生病嗎？不可能的！不論科學與醫學如何進步，都不可能讓疾病從人類圈消失，除非，你先了解動物的生活型態，保持著某種規律生活，永遠永遠不要任意改變它。順應日月星辰與大自然的運行法則，就算疾病發生了，它也會很快從你生命中離開。因為，病毒也是在一種規律下的產物，有來就有去，有發生自然有消失，只要人類先讓身體與靈魂在規律下產生一種順暢的流動性，它們自然就會順著因緣離去。

◎人能夠透過自制依循規律的生活，便不會讓病毒與疾病發生。

◎現在有許多人的身體與心理被某些疾病糾纏終生，那是因為他們的生活方式、處事態度與生命準則，不在一個規律的步調下運行著。

◎靈魂會滅，當一個人的意識完全消失融入在「那一條靈」，進入到一種空間狀態當中的時候。

◎順應日月星辰與大自然的運行法則，疾病發生也會很快從生命中離開。

意識超越肉體的死去，靈魂才能復活

台南三級古蹟東嶽殿，供奉著五嶽大帝之首東嶽大帝（又稱仁聖大帝），大殿神房右側站立著八百五十歲長壽之神彭翦（彭祖），左側是十二歲夭神甘羅，壽神與夭神分站陰曹地府左右，兩者意象形成一股強烈的生死對比。

彭翦在知名術法大師周乾家為僕。據傳，周乾是玄武大帝（又稱玄天上帝）之配刀（名戒）所幻化而成[55]，此戒刀經千年修練一分為二，刀屬陽幻化為男體，刀鞘屬陰幻化為女體，各自再化為人形，即是後來的周乾與桃花女。周乾轉世前偷看神書《天罡正訣》，因此投胎轉世後，保留天庭記憶與神力，自幼便具有靈通之體，通曉過去、預知未來、召神靈、斬妖精，能元神出竅遙視千里之外。一日，周乾算出年過六十歲的彭翦壽命該終，數日後將有陰差上門勾走魂魄。彭翦聽後驚慌失措，雖過六十歲，但尚未做好生死準備，聽見死神臨門難免焦慮不安，但畢竟是人，誰不想在人世間多活一天算一天。周乾告知生死有命，魂魄尚未投胎為人便已注定死亡之數，說完便贈彭翦數百兩銀錢，請他安頓好家人以及準備後事，彭翦抱著死亡恐懼之下離開周家。

返家途中彭翦遇見寡婦石婆子[56]。石婆子告訴他，犬子石宗輔出遠門賣油，雖出遠門已不是第一次，此次前去做生意的鄉鎮也是熟悉之地，但不知為何石婆子卻感到前所未有的焦慮與不安。石婆子不敢大意，便上周館算命，想知道兒子此趟遠行的吉凶，周乾卦象顯現石宗輔今晚將命喪窯洞。周乾占卜之靈驗無人不知無人不曉，石婆子愛子心切仍然相信人定勝天，哭哭啼啼不願相信，周乾毫無同理心地向石婆子說，如不靈驗必賠百銀兩。石婆子無奈之下只好離去，她並未返家為兒子準備後事，而是孤身一人走出城門來到野外一處種滿桃花的樹園上吊尋死。此時，巧遇村莊積善之人桃員外之女桃花女。桃花女便是由玄武大帝配刀的刀鞘所投胎轉世，與周公不同之處在於，她曾受無極瑤池金母之詔守護天庭桃花園，歷經千年之修練，此次轉世的天命是為了收服周公重返無極天。

桃花女聽了石婆子的轉述後，便教授破解周公陰陽卦象之法。今晚石婆子須頭綁紅巾，用兒子衣物包住盛滿白米的碗，手持三炷清香，子時一到倒坐門檻放聲哭叫「石宗輔清醒，吾兒回來啊！」三次。石婆子不疑有他趕緊回家準備救兒。

果不其然，數日後，如桃花女所言石宗輔平安返家，石婆子聽兒子轉述當時情況，嚇得冒出一身冷汗。原來在那晚突然狂風大作，睡在破窯洞的石宗輔在睡夢中聽見窯洞外母親的呼叫聲，起身察看，洞外空無一人，石宗輔便再回去睡覺。如此詭異現象反覆發生三次，石宗輔心驚是否家中母親發生意外，油品也不收便匆忙起身趕路回去，說時遲那時快，才剛出洞口不久，窯洞瞬間崩塌。

彭翦知道所有來龍去脈後，便央求石婆子代勞，請桃花女出面幫忙，讓他能夠度過此劫。桃花女深知周乾心胸狹窄，救了彭翦等同破他的陰陽術，日後必招來他的報復，卻也深知這是她與周乾此生的宿命，便答應救彭翦。聽從桃花女指示之下，彭翦順利躲過死劫，還意外地被眾位仙人各添百數歲[57]，再加上自己壽數恰恰好是八百五十歲。最後彭翦以中國神話史上最高齡離開人世間，成為中國知名神祇——福祿壽三仙之一的壽仙，又名彭祖。

這則故事聽起來是不是令人很羨慕呢？彭翦的故事還沒有說完，想一想，當你活到八百五十歲會有什麼樣的情況發生？身邊親人與熟識的朋友一個一個離開身邊，生老病死不斷在身邊上演著，內心話無人可以理解。畢竟八百多年歲月所累積的經驗與觀念，早就超越了世俗人此生所經驗的事物。想一想，你有何感受？其實不用將時間拉到如此長，觀看自己與雙親就能夠知道了，隨著年紀增長，能夠真正與願意傾聽我們的也只剩枕邊人，就算是一手扶養長大的孩子，也不盡然理解長輩的想法。

彭翦歷經八百五十年羽化成彭祖的歷程，它在教導我們——**保持著某種規律底下生活，永遠永遠不要任意改變它，順應日月星辰與大自然的運行法則。**

靈魂轉世的意識在於發掘更深層的意識世界，
不停地向內探索、釋放、思索、綻放，
直到自性顯露在外照亮生命。

死亡的出現是靈性轉化的開端，經歷死亡之後便能以更超脫的意識，靜觀宇宙萬物從誕生直至消逝。當彭翦被告知死訊降臨與一般人無異，想盡一切辦法躲過死神無情的鐮刀，在一連串驚心動魄的事件後，想必他對於生死也有著與以往不同的體悟。我們不是彭翦無法得知他確切的想法，可以確定的是，**死亡降臨促使靈魂觸及生命的底線，它是一種全新的經驗，讓靈魂獲取重新審視生命的機會，這是靈魂的轉化與重生**。當這一道程序意外被開啟後，實際的死亡顯得並不是那麼重要也不具有必要性，死亡對於生命也不再具有威脅性，真實面對死亡才能破解靈魂封印。

然而，讓彭翦登入仙榜位居福祿壽三仙之一的關鍵點：沉寂八百五十年，看透世間滄桑與榮華。彭翦活在人世間八百五十年，意謂彭翦保持覺知活在人世間八百五十年，他不再需要一而再再而三**透過種種轉世歷程，才能進入宇宙規律的韻律法則，跳脫輪迴的框架**。保持覺知八百五十年等同於有意識地活在人世間超過十二世之久[58]，八百五十年代表的是連續不間斷的數字，**當一個人永遠覺知地觀察萬事萬物，此生便能回到來時的「那一條靈」**。

佛教輪迴觀傳承於印度教，在古印度轉世輪迴觀中，當你在許多世歷經多重考驗與試煉，心性走入圓滿，就可以不再轉生，圓滿是真誠的看見自己的每一部分，黑暗與光明、美麗與醜陋，不會有人的生命是完美無瑕，你必須願意近距離地看見、覺知與接受生命的不完美，便可以將它從你生命裡釋放並且轉化。

修練靈魂意識的覺醒是斷輪迴的一道重要程序，不妨將其視為一門靈性修練功法，它將為你的意識帶來敏銳的洞察力，洞察力就是將深層的意識轉化到意識表層，看透世界與內心的變化。換言之，**覺醒的靈魂意識便是「心通」，感知世界脈絡、未來趨勢與內心實相。**

看盡人生的跌宕起伏、親人離世、朝代更迭，當你身陷於一處看似無盡頭的生命時，累生累世所有的情結將消融，從無可奈何逐步轉化成接受、看淡，從看山是山、看山不是山，最後在大徹大悟後有著看山依然是山的體悟，沉睡在幽暗底層的靈性會被逼催出來，一條全新的靈魂意識由此誕生。也正式宣告著靈魂意識的覺醒——

一閃即逝的璀璨生命，往往在歷史留下最深的一道刻痕

東嶽大帝右側是十二歲夭神甘羅[59]，甘羅是秦朝名臣甘茂的孫子。據傳聞，因甘羅之母懷他三年，甘羅自幼便聰穎過人、機智辯才。

一次秦王的愛妃得了一場怪病，尋遍全國名醫與藥草仍不見好轉，大臣們無一不為秦王妃之病感到恐懼不已，人人都知秦王深愛秦王妃，如果她再不痊癒秦王必會遷怒他人，所有大臣的項上人頭可能都會不保。

幾位與甘茂有嫌隙的大臣便想藉機除掉他，一則對甘茂派系斬草除根，另一方面只要抓一人頂罪便可以躲過此次大禍。

這幾位大臣便用計買通御醫，當御醫為秦王妃把脈時告知，秦王妃病症尋常藥草難以入補，

唯有食用公雞蛋方能入胃滋養，不出數日就能痊癒。秦王對此感到疑惑，天下公雞哪有會生蛋之事，便將此事與幾位大臣商討，大臣向秦王奏道，前陣子曾見左丞相甘茂向異地購買一隻會生蛋的公雞，不如請丞相甘茂獻貢家中公雞所生的蛋，於此節骨眼下先讓秦王妃吃了再說。

秦王心想，大臣豈敢戲弄本王，再加上秦王本就有意測試甘茂忠誠度。如果成，秦王妃的命便可保全；如果不成，便藉此機會摘去甘茂左丞相一職。於是派人傳旨給甘茂，限他三日內取公雞蛋來醫治秦王妃。俗話說：閉門家裡坐，禍從天上來。甘茂在家一聽見這道聖旨，就知道有人想陷他於不義，左右為難實在想不出對策，他只好一人跑到書房寫遺囑交代後事。當晚，孫子甘羅回來見爺爺獨自一人在幽暗書房振筆疾書，卻愁容滿面，連連哀聲嘆氣，一問之下才知道整件事情的原委。甘羅聽後哈哈大笑，反倒安慰起爺爺：「這事交給孫子我來辦！」甘羅將「公雞生蛋」破解方法向爺爺告知，甘茂一聽嚇出一身冷汗，雖然甘羅自幼聰明靈巧、辯才無礙，但不小心觸怒大王可是會惹來殺頭大罪，但是甘茂也無其他妙招，經不起甘羅請求也只能無奈答應。

你或許會想，甘茂豈敢放手給一名不滿十二歲的甘羅，以現代的眼光來看，甘羅還只是小娃兒一名。但是你可能不知道，中國古代自小封侯拜相的名人還真不少。三國時代周瑜十三歲官拜水師大都督、中國歷史最年輕狀元十七歲的莫宣卿、霍去病十七歲封為冠軍侯、唐太宗李世民十四歲隨父出征、十八歲統領三軍、十九歲任右元帥封輔祭國公……換一個時空背景來看此事就不會覺得奇怪了。第三天早朝，甘茂派人護送甘羅到城門，讓他獨自一人去金殿面聖。要知道的是，以前早朝官員都必須在凌晨二、三點出門，走路、騎馬、坐轎在皇宮城門集合，等候城門開啟。進了大殿，秦王左看右瞧就是不見甘茂，僅見本來應該是甘茂站的位子上多了一個小娃兒。秦王並不認識甘羅，便詢問他是誰？甘羅向秦王表示，他是甘茂的孫子甘羅。秦王猜想甘茂應該是畏罪在家不敢上朝，卻故意在眾人面前表現出一副關心甘茂的模樣：「小甘羅啊！你爺爺怎麼了嗎？怎麼未上朝呢？」甘羅恭敬地向秦王說道：「爺爺昨晚突然肚疼，今日才無法上朝面見皇上。」秦王趕忙追問甘茂病況，甘羅不疾不徐地說：「大夫昨晚已來看診，表示爺爺有孕多時，此時應該快生了。」話一說完，滿朝文武百官大笑不止，連一旁嚴肅的禁衛軍也都按捺不住地笑出聲來。秦王向甘羅喝斥道：「小小娃兒，豈敢在金殿上一派胡言，世上怎會有男人生小孩之事，戲弄本王是欺君大罪，你不怕斬頭嗎？」想不到甘羅不被秦王皇威所震驚，他整了整衣冠便對秦王說：「大王英明！既然男人不可能生孕，大王您怎會要我爺爺去取公雞所生的蛋呢？」簡單的一句話，讓秦王的憤怒給硬生生頂了回去，秦王惱羞成怒望向那幾位獻計的大臣們，平時伶牙俐齒的他們此時也只能乾瞪眼，一個字也說不出來。善於察顏觀色的甘羅一看到這般情境，就知道整件事是幾位大臣在背後給秦王出的餿主意。為了緩和氣氛給秦王台階下，甘羅便向秦王說道：「小的知道大王給我爺爺出了這麼一道難題，是為了考驗他的智慧與反應，藉此提醒眾百官們，當官要懂得臨機應變。爺爺要我替他向您謝恩，感謝聖上恩賜他此次表現的機會。」秦王一聽就知道小甘羅這個小孩非同小可，他的聰明才智不僅救了甘茂與甘家全族，同時也讓此事有一個圓滿的結局。秦王便派人去請甘茂進殿，甘茂在家以為甘羅觸怒了秦王，一到金殿便匍伏連忙磕頭說道：「臣有罪！請恕罪！家孫甘羅尚小，如有冒犯聖上，老臣願代為受罰。」想不到，秦王竟然走下金階扶起甘茂說道：「這三天來你受委屈了。」秦王告知方才的所有經過，並收回要甘茂繳交公雞蛋一事，同時還在甘茂與眾人面前誇讚甘羅的膽量才智。秦王望著小甘羅，讚嘆道：「你聰明勇猛兼具，日後必為國家棟樑，可惜啊！可惜！僅因你年幼尚無法任官。」甘羅立即下跪磕頭：「甘羅謝主隆恩！甘羅願為皇家效命！」秦王笑道：「甘羅啊！無鬚不成官，你還太小，無法當官啊！」甘羅一心想當官為國家效力，早知秦王會如此回應，便從懷裡抽出準備好的鬍鬚貼上臉頰，向秦王說道：「願聖上讓甘羅為您分憂解勞，以示小的有當官之才。」秦王再次見到甘羅的才智與反應，恰巧當時秦王確實有個心頭大患無人可解。原來，秦王要讓張唐去燕國當相國，在張唐協助之下，日後秦燕兩國可聯攻趙國，但是張唐擔心去燕國路上被趙國人殺害，故一再推託不願上任。於是秦王便向甘羅說道，只要他能說服張唐去燕國便賜給他一官半職，甘羅自信滿滿答應此事。最後甘羅不僅成功地說服張唐，甚至請纓在不費一兵一卒之下，以計謀讓趙國交出數百斤黃金、兩對稀世璧玉以及五座城池，請甘羅轉告秦王不要攻打趙國。秦王最終信守承諾聘請甘羅為秦國上卿，當時的他未滿十二歲。

天妒英才，甘羅就在十二歲封官後不久便離奇地逝世。關於甘羅死因眾說紛紜，有人說他飛天成仙，也有人說他光芒太露，被其他國家派刺客暗殺死亡。另有一說是他日後知道秦始皇為人，統一全國後必會斬殺他，於是早早辭官隱退，也有說他因自視受秦王寵愛，最後不小心得罪秦王妃而被處死……

不論甘羅死因為何，十二歲神童官拜上卿的傳奇故事，已經在中國史上留下印記。

每件事都有獨一無二的美，
生命之美不在於永恆，
是看見那稍縱即逝的瞬間。

一位是八百五十歲的長壽之神，一位僅在人間活了十二年的夭神甘羅，壽神與夭神分別站立在東嶽大帝兩側，其意象形成強烈對比。不論你如何費盡心思避開死亡追捕，生前創下再多的豐功偉業，最終仍躲不過東嶽大帝的審判。

人類耗費最大資源與財力力抗疾病，藉此延長壽命，其發心固然是好，畢竟接受死亡不是人人所能做到。只是，在世應該努力延長壽命或是生命的深度與廣度？這一切是取決於對生命的認知態度，對死亡與生存越是模糊不清，當生命遇到威脅時便會越感焦慮與不安。

意識壽命的有限性，方能向內無限探究，
靈魂得以超脫生命限局，跳脫生死。

在本篇開頭一句話——

為何有如此之多的人是非自然死亡呢？老子說：當你太想活命時，反而錯用心思與力量，導致生命快速耗弱。

老子明白地說道，絕大部分的人往往都是活得比預定壽命短，其原因是當我們費盡心思在如何續命時，將導致錯誤的思考方向與用錯力氣，不僅白白地消耗精神體扼殺原定壽命，甚至失去了美好的生活品質。這句話出於千年前的《道德經》，時至今日仍然受用，不禁讚嘆老子的智慧。

再回到時下，打開網路常跳出來的是美食促銷訊息、許多部落客教導我們此時最流行的飲食、養生方法、如何吃才會更健康、哪些好吃好玩……將別人的經驗或觀點硬生生地套用在我們身上真的合宜嗎？我們需要知道的並不是如何吃與該做什麼，而是先花時間好好認識身體與生命。從生活態度來說，生病就上醫院找醫生處理、從小被教導不要輸在起跑點、出社會後便日以繼夜的工作，拚了命往上爬，終其一生一直將某個假想目標視為生活要件，直到病了、老了才意識到從未有人教導我們要適度停下來思考生命……人能夠透過自制依循規律的生活，便不會讓病毒與疾病發生。現在有許多人身體與心理被某些疾病糾纏終生，那是因為他們的生活方式、處事態度與生命準則，不在一個規律的步調下運行著。我們似乎從來不曾靜下心來，一個人坐下來好好思索生命的意義，從未好好地觀察過宇宙萬物與我們生命的連結，甚至，有許多人身分證配偶欄上的名字是——手機。回到家很少好好抱抱家人、陪伴家人、與小孩聊聊天，這聽起來頗令人感到可悲與惋惜。

一直以來，我們都以為自己才是全天下最愛自己的人，殊不知，我們一直誤以為別人呈現的世界才是最美好的。當我們還在世時，就應該學會如何快樂地活在當下，就算一天只有半刻的快樂也是彌足珍貴。

覺知的靈魂連接了意識與宇宙的規律

我們或許不用像彭祖要活到八百五十年才得以轉化靈性，也不太可能像甘羅快速殞落在十二歲的人生起步。對於靈魂意識來說，天堂與地獄、生存與死亡並不在於真實的生命經驗，每一刻將生命與靈性、神性緊密地連結在一起，我們便進入到永恆之境。不要盲目相信生命的珍貴與永恆，僅在那一顆小小鑽石裡頭，當我們意識到生命的每一刻都擁有無限可能，生命無處不是奇蹟時，永恆即在瞬間發生，此時此刻即是永恆。下次有機會到台南東嶽殿，站在壽仙與夭神前，不妨好好想一想，我們該如何在追求長壽與璀璨人生之間取得平衡。

關於未來人類是否能夠透過醫學無限延長壽命，我個人非常喜歡無極瑤池金母以這麼一句話回應了眾人的疑問：

不論科學與醫學如何進步，都不可能讓疾病從人類圈消失，除非，你先了解動物的生活型態，保持在某種規律底下生活，永遠永遠不要任意改變它。順應日月星辰與大自然的運行法則，就算疾病發生了，它也會很快從你生命中離開，因為，病毒也是在一種規律下的產物，有來就有去，有發生自然有消失，只要人類先讓身體與靈魂在規律下產生一種順暢的流動性，它們自然就會順著因緣離去。

喚醒靈魂意識：靈修心法修持

如何藉由正視死亡轉化生命是屬於私人的課題，在靈修修練中，有許多進入潛意識喚醒靈魂意識的方法。在進行以下練習前，會建議先一步一步完成前面所教的心法修持，因為以下的練習相較於前面幾項難度較高，因為它是靈性修練中動用最多觀想與意識的修練法。

曾經舉辦過一次三天兩夜的「滿月能量淨化夜瑜伽工作坊」，這一門課程結合了食療、瑜伽、冥想、靈修玄祕咒，其中最為重要的一堂課是協助學員丟掉老舊沉重的意識包袱。

學員拿出身上最重要的三項物品，其意象代表著此時生命中最難割捨與沉重的意識連結。例如雙親的愛、曾經被背叛的感情、對小孩的溺愛、某項傷害自身健康最甚的食物貪戀（酒、甜點等等）、害怕失去錢……所有學員坐在我所設好的結界內靜默冥思，再由助理一一地帶來我面前，我會轉動元神意識持誦靈山派的神授咒，目的是清除靈魂與這些印記在記憶裡的種種，持咒完畢詢問學員：你此時最想要丟棄的是什麼？當我話一說完，有許多學員壓抑不住的情緒崩潰了。有些則是做不了決定，我會毫不留情地再詢問一次：最想要丟棄的是什麼？當學員做出決定返回結界區的路上，整個人會呈現虛脫無法說話的狀態。當三項東西都交付出來時，大夥便前往更為郊區的地方，手牽手圍起圈，在我引導之下進行冥想迴向後將它們掩埋。做完這一場儀式，大家默默地走回房間，沒有任何一個人發出聲音，彷彿為自己過去的靈魂意識進行一場私人的默禱。這是一個極為隆重且大型的靈魂轉化儀式，其實你在家也可以為自己做一場迷你版丟棄舊有靈魂包袱的儀式呢！

❶**空間**——選一個不被人打擾的空間。點上蠟燭，讓你放鬆的香或精油，不要有任何聲音，甚至連你認為有助於放鬆的音樂也統統不要，就讓你的五感覺知保持在靜空狀態。

❷**平躺**——全身放鬆，雙腳與肩同寬躺在床上，找到讓自己最舒服的躺姿。雙手輕壓住心輪的位置。

❸**默念**——現在，閉上你的眼睛，心中默念以下祝禱詞三次：「現在最令我感到焦慮的意識連結是什麼？」不要迴避任何一閃而過的訊息，它可能是最親愛的家人、小時候曾經發生過的事情、放在身邊許久的小物品，或者是某人曾經對你說過的話。不要去定義何謂與焦慮連結最深的意識，愛、恨、痛、苦、悲都是有可能的，定位之後，積極想像讓它宛如真實，清晰可見、有觸感、有氣味、散發出顏色（不要模糊）、盡量讓事件或物品真實到你內心有所感。有時在做這一道程序時會出現超乎你想像之外的事物，不要摻入任何主觀的看法，就只要去感覺它就好。

❹**檢查**——如果你不知道腦海閃過的事物是與你連結最深的方法，就是將專注力放在額頭，將它更為清晰地想像，並做一個深呼吸，觀察此時胸口有何感覺。與意識連結最深的事件，會直接反映在你胸口，悶、痛、呼吸沉重等等，腦海裡可能會不斷跳出干擾的訊息或畫面，用呼吸鎖定在一開始的連結，不要讓其他影像進入你的腦海畫面裡頭，集中所有心力圍繞著原初的影像。如果當下沒有任何感覺，再重新做第三道程序。

❺**確認**——找到造成生命焦慮最深刻的連結後，默念三次以下確認語句：「我真的確認要將它從我生命中移除嗎？」不要小看這一句話，當你發自內心默問三次，所有屏障你心頭的假象與幻境都會原形畢露。你要知道的是，造成恨與憤怒的事物是最容易被察覺的，我們也非常願意將它甩開，但是，如果你發現與焦慮連結最深的是你的最愛呢？例如：愛人、某位朋

友、雙親、執念最深的某件事、深愛的某個物品……你真的狠得下心做一個完美切割嗎？如果你在這段程序感到有一絲絲的質疑，你可以選擇將意識暫停在此處，你無須對此感到自責，就讓自己保持觀照後睡去，清醒時，你的靈魂將獲得更高一層的覺知。

❻轉化——以神明的力量化解深鎖在靈魂上的連結。當你反覆確定要移除緊繫在靈魂意識的焦慮連結，閉上雙眼向上稍微看向額頭，不要太用力，在額頭處觀想你信仰的神明或光，此道程序是最重要也是最關鍵。如果你心中對神尊沒有過信仰，不妨觀想傳遞此書靈訊的無極瑤池金母，相信我，觀想祂將帶給你莫大的不可思議經驗。

深吸一口氣，觀想神尊放射毫光灌入你的額頭。

緩吐一口氣，觀想毫光從全身細胞、毛髮射出。

以上重複三次，你會感覺到有一股莫名的發麻感從頭皮流竄到腳底。舒麻中帶有一種流動與放鬆感。不要害怕，也不要去拿任何負面言語來嚇自己，它只是靈魂意識反映於意識表層的感受而已。接著，請心中默念：「我某某某（名字），真實地感受造成我不安、焦慮與困惑的連結。願在ｘｘｘ（神尊名）的協助之下，化解我今生與ｘｘｘ（事件或物品）的連結。願我快樂、吉祥、寧靜，感恩ｘｘｘ（神尊名）我已重拾靈魂力量，重獲全新的生命。」

當你做完這一道程序，記得雙手合掌心中默念：「我將原本屬於我的力量重新拿回來了，我將獲得全新的力量。」接著，就靜靜觀察隔天太陽升起後的生命。

以覺知走向靈魂一步；靈魂便向世界走向十步

任何人進入靈魂轉化階段，幾乎都會經歷一種像蛇脫皮的經驗，假設你已經做完以上的程序，卻依稀感覺想將那造成你困擾的連結留下，那才是重大問題的開端。凡是你所感知到造成焦慮與不安的事物、物品，在充分理解生命實相之下便能將它斬斷，你才能從舊有靈魂意識脫胎換骨。捨棄造成不快樂的觀念等同於消業障，它是相同的名字。

切記！**造成靈性迷失的主因是不願承認自己的慣性偽裝。**一直不願正視內心真正的感受，久而久之，靈魂的意識就會越來越遲鈍，不要當一名放羊的小孩。除非你真心覺得準備好想要改變生命，不然一直糾結在跨越不過的心結上，只會強化更深的執念，真心看見內心當下反映的種種，靈性已走向圓滿。

⑤② 原文為老子《道德經》：夫何故？以其生，生之厚。

⑤③ 這段靈訊是於２０２０年所請示。

⑤④ 指慢性疾病與精神疾患。

⑤⑤ 另有一說是玄武大帝腳踩的龜（周公）與蛇（桃花女）所幻化。

⑤⑥ 後人記錄古代女子皆以簡單的姓氏、排行、身分與外表稱之。

⑤⑦ 關於仙人有八仙與北斗七星仙人兩種說法。

⑤⑧ 若以人壽70年來計算。

⑤⑨ 關於甘羅的故事現存有許多版本，本篇僅選大眾較為熟知的「甘茂生子，破解公雞蛋」的版本。它可能不符合歷史考證，在閱讀時卻多了幾分樂趣與省思。

11

疫情期間，人類的意識正在悄悄變化中

當你有意識到所吃的動物與植物，它們「犧牲」自己成為你靈性與色身的能量。從那刻起「吃」便被賦予更高層次的意義，你對生命會存有更深的感恩。

——宇色

你可能未曾想到的是，這一場新型冠狀病毒雖然尚未看到盡頭，但疫情效應卻已經在我們毫無知覺之下，悄悄地竄改人類集體意識的「食物」區塊——**這一場大瘟疫結束之後，人們會對於飲食的覺醒度越來越高。**

當你了解身體與食物這一層關聯，你不得不以更高意識來看待吃進肚子裡的食物。在這段靈訊裡頭透露的重要訊息是——**你的靈魂意識能否適應後疫情的全新世代，無縫接軌到更高意識層的生命，來自於你此時如何看待食物與改變飲食的習慣。**

有許多人都會對疫情後的世界有著無限好奇，疫情的發生喚醒人類更高一層的靈性大覺醒嗎？人類在這場疫情中將獲得哪些經驗呢？如果未來世界不會有任何改變，這場疫情又隱含著哪些重要的訊息？這些種種疑問都是許多人所關心與好奇的問題。

當恐懼發生，

你會退回到原來的地方，

從古至今，一國君王均意識到「糧食控管」是掌控權利與控制民眾最有效且直接的方法之一。統治者、君王都非常地清楚了解，發生人民暴動與國家覆滅的主因來自於人民對於生命的不安全感，以及在極度飢餓（飢荒）之下所產生的恐懼、不安，還有飢餓伴隨而來的身體折磨與不適。[60]人類的歷史歷經千百年在各方面已經有了大幅度的進展，但是在人類靈魂裡「飢餓產生的生存恐慌」印記是很難去除的。

雖然現今許多國家已經擺脫缺糧的危機，但是，在靈魂裡「害怕沒有飯吃」的恐懼依然深藏其中。當「飢荒恐懼」從你們人類靈魂被釋放出來，它會直接影響你們的行為與思想。因此，這一場大瘟疫持續不斷地在各地爆發，便會一直衝擊你們在生存與缺糧的危機感，無形間便逐次地改變人類原有的「飲食習慣」。

宇色！我要告訴你一件絕大多數人不會察覺的現象，它表面上與疫情看似毫無關聯，實際上卻已經在發生——這一場大瘟疫結束之後，人們會對於飲食的覺醒度越來越高。這看起來與大瘟疫毫無連結，但它卻是人類靈魂深處恐懼飢荒觸發的連帶效應。

在這一場瘟疫期間，人類內心對「缺糧」的恐懼是不可避免的，不論一個國家是否有面臨缺糧的危機，其「災難」引發的效應是存在的。宇色！這並非只在這一場大瘟疫中才會引發的心理作用，其實，災難等於缺糧的心理連帶反應，千百年來一直都深植在人類的靈魂意識裡。

如果你仔細去觀察某一群人對於「吃」這方面的挑剔與選擇，人們對於吃與食材來源，不會再像以前以價格低廉、吃得飽、有吃就好等因素來決定食物的攝取。如果你仔細觀察在這一場疫情中「人類在食物與飲食」的變化，有許多人在這一場大瘟疫中對食物觀點會有較大的覺醒，這一群靈魂覺醒的人們會選擇比較優質與出處安全的食材，當成他們攝取營養的來源，雖然這些食品可能會比較昂貴。

有一些意識覺醒度較高的人，經歷了這一場大災難後，會突然地醒覺——

便宜的食物會添加太多對人體不好的化學成分

人工合成食品對健康只有傷害沒有助益

過量食用人工合成食品會造成日後身體更大的副作用

餐廳經營者反思該如何提供安全的食材

這一群從處理食物與飲食改變起的靈魂們，他們不再著重於金錢與物質。這件事將發生在疫情結束後不久，一個更高層的覺醒面向。

看似微乎其微的小小改變，卻會影響人類後代的子子孫孫，人類在食材的挑選，以及食物與健康的連結會比以往更為敏銳，這樣的現象會發生在此時對食材已經相當覺醒的人身上。

雖然並不是所有人類都會因此而改變，但是你現在仔細留心觀察，此時有許多人確實在飲食上因這一場大瘟疫轉變觀念。進入覺醒階段的靈魂們會越來越謹慎挑選吃進肚子裡的食物。

我想要告訴你一件事，之前我有跟你提及，這一場大瘟疫結束後在國際政治、經濟、貿易版圖上將產生極大變化[61]，但是其影響力遠遠比不上人類對於食物的覺醒，這個習慣的改變會帶動未來世界一連串更大的變化。

為什麼「大流行疾病與飲食」會產生如此緊密的連結？我知道人類的集體意識在災難來臨時會產生相同的心理與行為反應，如同動物與昆蟲面對相同的災難或危機時，它們會做出相同的反射行為。只是關於「災難與人類飲食習慣」的相關連結，卻完全超過一般人所能夠理解的範圍，這部分是否可以請無極瑤池金母再進一步地為我們解說？

無法改寫生命是苦難的事實，
卻能調整我們對待它的態度。

在之前你有向我提問關於「新型冠狀病毒是人禍？天災？」[62]，我是如此回答你，這一場瘟疫是屬於天災，但是因為人類有心操作以及疏失，它變成了「人為禍害」，它的定義已經被改變。

如果將「人為」這個部分拿掉，僅僅就疫情本身來討論，世界上所發生的「天災」都是一種清理，它的力量帶給地球與生物巨大的改變，它清理（改變）了地球的樣貌、汙穢，發生天災的同時，連帶地引發一股巨大且強勁的旋轉流動力量，在無形間清理與瓦解集體的靈魂意識。

這股流動力量打散了人類集體意識的思維與行動，它讓人類集體意識彼此交織而成的意識網分離，它打散動物固有的群體行為（我在腦海中嘗試尋找我能夠理解的字句，無極瑤池金母已經獲悉我的心思……）宇色！我無法以你們人類能懂的文字來說明它們……我以你們人類能夠理解的例子來說明——

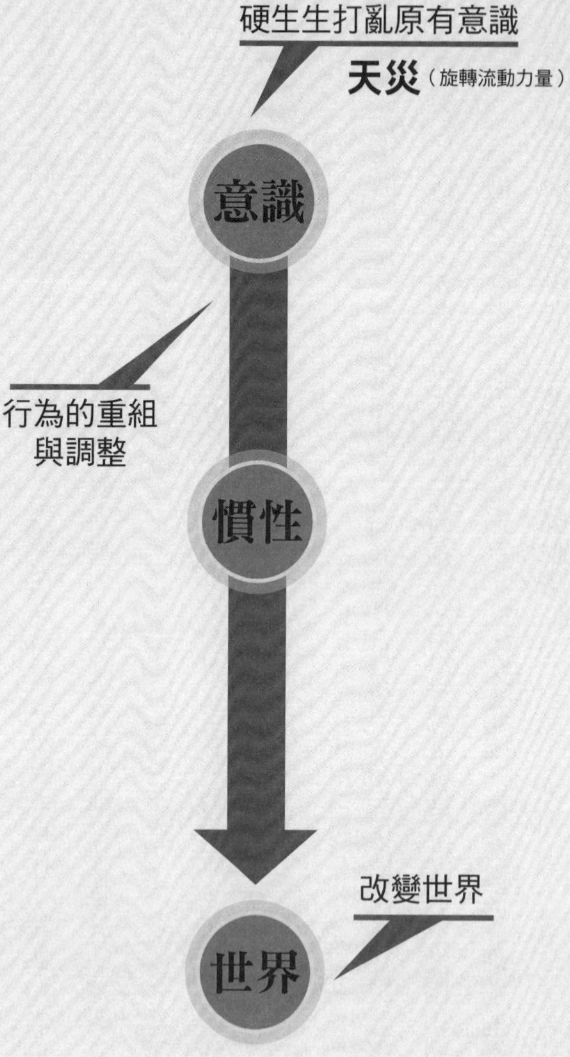

在這場大瘟疫發生之前，人類最喜歡的集體活動是旅行、美食與觀光，這樣的群體意識已經存在人類靈魂意識裡頭許久，在這個龐大的集體意識所展現的行為是大部分人類所共有。你可以回想一下，在大瘟疫發生前，每當有美食、旅遊與美景等報導，就會吸引與此相同意識的人湧入那些被報導的區域，看似很平常的行為，其實是受到集體意識所操控。報導者是如此，被影響者也是如此，也就是，當你被某訊息所吸引，也正意謂你與訊息處於相同意識層，你被訊息傳送者的意識投射出的事件所吸引（物以類聚，人以群分），這也是我之前所說的——

人是活在意識場當中的，你受它控制，包含命運也是在這一個意識場域中運作著，它左右了你看待事情的立場。[63]

戰爭、瘟疫、天災等事件發生，它所牽引出強大的流動力量會沖散原先的龐大「集體意識」，災難發生時不僅減少人們介紹美食與美景，同時也改變了它影響的幅度。因為，天災引發的旋轉流動力量鬆綁了原有的集體意識網，原本非常容易產生共振的靈魂意識，也因為這股力量打散了集體意識的連結，這就是我方才所說的——巨大的流動力量會瞬間瓦解與改變人類意識，你可以理解了嗎？天災引發的流動力量存在自然界千萬年，它無時無刻都在世界某個角落運作著，只是你們從未藉此反思發生在自身之事，同時也沒有聯想到，這一場始於2019年的大瘟疫是如何悄悄地改變人類固有的行為慣性。

所有的天災、人禍、戰爭一旦發生便會產生強烈的連鎖反應，在無形中改寫人類集體意識，小至颱風，大至地震、海嘯、森林大火……所有發生於自然界的天災，都會把所有人類集體意識的意識場瞬間打散，這是宇宙運作法則之下的必經過程。

如果這一場席捲全世界的瘟疫是天災的一環，其核心也必然隱藏著改變人類集體意識的旋轉流動力量，不是嗎？疫情當下就已經打散了人類集體意識網，它打散了人們出於正常反應的行為。大瘟疫發生前，人們生活在安逸舒適的狀態底下，將許多行為視為理所當然，就像我方才所舉的美食、旅行、觀光的例子，不會有人去反思這樣行為背後的動機是什麼？因此，人類集體處在安逸環境下的行為，往往只是受控於集體意識下的反應，一種常態的慣性行為。

宇色！你要理解的一點是——**未帶有強大反省力量的意識，舒適的生活環境會造成一條靈魂意識的沉淪與墮落**。宇色！回到之前我曾經反問過你：「在未經雕琢之下，人類的靈性是向上成長的呢？還是向下沉淪的呢？我會告訴你實話的……」[64]我相信你聽了我的說明想必心中已經有答案了。

你不妨回顧千百年前古代所發生過的大流行疾病、瘟疫來做一個反思，當一場大流行疾病發生的同時，它清洗的是人與人之間連結的意識網，你會發現在往後數年間，人類集體意識之下的行為會有所改變。你有注意到當這一場大流行疾病對於人類行為的影響嗎？當一場大流行疾病降臨初期，人類群聚活動會慢慢縮小，所有的人都會活在可能被感染的恐怖氛圍底下，唯一不變的是，人類的集體意識行動並不會完全消失，只是從原本的大群聚活動轉變成無數個小群聚活動罷了，這一些由小群體所組成的意識層相似度一定會比大群體更高且更緊密。

以上靈魂意識改變的過程，就是**災難發生的流動力量帶給集體靈魂意識的清洗與重組效應**。

當一個群體的靈魂意識被重組後，便會產生一個非常微妙的現象——慣有行為的改變。改變，也就是淘汰、重組與重生階段。

無極瑤池金母 圓滿諦語

◎大瘟疫結束後，人類在飲食上的覺醒度越來越高。

◎在人類靈魂裡「飢餓產生的生存恐慌」印記是很難去除的。

◎當「飢荒恐懼」從人類靈魂被釋放，會直接影響你們的行為與思想。

◎一群靈魂覺醒的人們會選擇比較優質與出處安全的食材，當成他們攝取營養的來源。

◎天災連帶地引發一股巨大且強勁的旋轉流動力量，在無形間清理與瓦解集體的靈魂意識。

◎當你被某訊息所吸引，也正意謂你與訊息處於相同意識層，你被訊息傳送者意識投射出的事件所吸引。

◎未帶有強大反省力量的意識，舒適的生活環境會造成一條靈魂意識的沉淪與墮落。

無極瑤池金母教導我靈修二十多年來，元神在靈動訓體中逐漸甦醒過來，隱約間窺見靈山派獨特的靈動功法，似乎與古印度瑜伽有著密不可分的連結。為了揭開更多靈動、訓體、元神與瑜伽的修法祕密，便想從古印度瑜伽中找出與靈山派啟靈法相關聯處。在無心插柳之下，意外地發現印度與靈修確實有許多修練法、哲理與核心思想有著多處重疊，瑜伽透過上千種體位法、梵唱、密咒、飲食開通左右脈與中脈，開啟封存在海底輪千年的亢達里尼（Kundalini），亢達里尼以中脈為路徑逐次開啟七脈輪最後走向頂輪，完成靈魂意識覺醒、解脫生死輪迴之苦。而無極瑤池金母密傳的靈山派是逆向修練法，以先天啟靈法喚醒元神，以靈動訓體為修練根基，打通任督兩脈與奇經八脈，以元神出竅通達天地[65]，最終達到靈魂與元神合一的祕境，重返無極天界。

古印度瑜伽除了大家所熟知的體位法外，它的不二論、薄伽梵歌哲學、八支瑜伽思想、五類瑜伽修練都相當具有研究的價值。除此之外，瑜伽完全採行與大自然、動物共存的哲理，甚至連日常的飲食都完全展露出對於生命的尊重。

初次見識到瑜伽與大自然連結的強大力量，來自於２０１５年泰國希瓦南達瑜伽師資班飯前的祝禱儀式。

在２０１５年我到泰國參加為期一個月的希瓦南達瑜伽師資班，令我印象深刻的是正式課程前一晚的用餐唱誦，這是我生平第一次為餐桌上的食物唱誦禱詞與感恩，發自內心的唱誦與語言轉化靈魂進入神聖殿堂。

瑜伽中心位於一個幽靜、人煙稀少的地方，直到踏入中心，不安仍盤旋在我的心頭。當晚用餐前，第一顆震撼彈—唱誦—就完完全全打破了我以往的生活模式。來自十多個不同國家的瑜伽愛好者，在印度瑜伽老師帶領下，在擺滿素食料理的長型木製飯桌前手拉手圍成圈，唱誦著我完全聽不懂的古印度梵語祝禱詞。

你可以想像成：幾百年前的南美洲，一群原住民充滿喜悅圍繞著營火轉圈圈唱著歌。充滿印度文化的進餐前唱誦，著實令我感到格格不入、難以融入，一連好幾天我都猶豫著是否該打道回府飛回台灣；直到過了第四天後，我才慢慢地放開心胸，逐漸融入印度唱誦的儀式中。原因就是我還是必須要吃點東西才行。

——錄自《靈修訓體與瑜伽的精采對話》

老祖宗感恩動物奉獻出自己的生命，在食用牠們之前的冥思祝禱，出自於更為遠古的人類集體記憶，感謝動物犧牲生命的祈禱詞大意是——

人類沒有權利剝奪其他生物的生命，

唯有覺知當下行為與感恩被犧牲的生物，

牠們會在另一個世界再次復活。

一般人對於「食物」的印象大部分是停留在提供身體運作動能、滿足味蕾、在重要節慶中扮演不可或缺的角色，但是從靈修與身體修練來說，吃進去你肚子裡的東西絕對會起莫大作用。這概念就像為一部車添加優質或劣質的機油，這部車能否發揮最佳性能與使用年限，在你選擇何種機油時就已經決定了。

食物僅能成為身體所須動能的一部分，而靈魂則是依然需要更為精細的精神滋養。此時，你必須將**臟腑視為一座轉化食物能量的神聖廟宇，進食是一場隆重的祭祀活動**。一段感恩祝禱詞便在食物與靈性之間搭起一座強有力的通路，得以將物質轉成精神能量成為靈魂的養分。祝禱——意謂獻出我們內在的神性，與此同時，靈魂意識才能進入宇宙能量場。當你有意識地看待食物，彼此才能完全合一與宇宙產生共振，它不也再只是一道道美味佳餚。其神聖性對生命的影響力並不會立即發生，但是靈魂意識卻在不知不覺間已經慢慢產生細微變化，最明顯的是，你的身體對於攝取食物的敏銳度會大大提高，神奇的是，份量、種類與偏好也會慢慢與身體保持一致，這是一件多麼妙不可言的事情。

在印度傳統中，世界上所有的物質都具有神性，要與它們融入為一體，你必須先獻出你的神性。

——錄自《靈修訓體與瑜伽的精采對話》

減少對大自然資源的掠奪，
它會以某種不可思議的力量回報你。

我越來越相信，少食帶給靈性與身體的回饋是強大且不可思議的。少食意謂節制與寡欲，它是你靈魂所展露的一種自制力。更重要的是，食物是大自然資源的一部分，不論是動物或植物，如果你將所有的一切視為宇宙的一部分，你就應該知道，過度貪婪掠奪地球資源，將它們放入肚子裡，你也必須耗費更多精神與身體動能才能轉化掉它們。換言之，在不懂節制之下，你從食物得到的只有停留在舌尖上的瞬間美味，絲毫無法從它們身上獲取對靈性有益的能量。

很多人好奇我的靈修方法到底是什麼，我無法將它逐一地條列出來，如果真正要說的話，或許當我真實地了解一個對於靈性修行有益的理論，我會用盡一切全力實踐與經驗，而不會僅僅將理論掛在嘴巴來說服他人。

此生初次體驗少食對於淨化靈性與轉化意識的助益，是在內觀中心為期十二天的禁語內觀——內觀中心的作息時間是早上四點起床晚上九點半就寢，一日兩餐過午不食全程禁語、禁用手機與眼神交會。前三天最為煎熬，畢竟是將平日生活作息完全打掉重練。在內觀中心第四天左右，我意外地發現對於食物的攝取量正在逐漸減少，前幾天一到用餐時間總是巴不得吃到飽，但在第四天左右，我對飲食產生了厭惡感，食物再也引不起我的食慾，那是在毫無刻意之下自然發生的身體反應。在我順其身體減少食物之後約二到三天，我依然不感到飢餓且精神狀態非常良好，最神奇的是，靜坐過程中被雜訊干擾的頻率也大幅減少，有幾度靜坐時，許多過往遺忘的回憶不斷從腦海中閃過，似乎對生命做一個全方面的統整回顧。每每下坐後，身心感覺特別沉重，隱約感覺靈魂在少食與靜坐之下正歷經著淨化與重組階段。到最後幾天，身體會自動地在四點前起床，透過身體的實證我體悟到，**減少對食物的貪婪不再過度依賴，心緒對於大腦的干擾也會減少。**

我們常常會忘了，我們這個時候需要的是什麼東西？我們需要這個、我們要那個、我想吃什麼東西。這是妄為，這不是需求，真正的需求是你會去傾聽身體需要的，身體需要的東西是非常的基本、又少的……

進入生命應有的軌道……它可能只是需要喝一杯水就好了，或者是它只要一點點食物就好了，它需求是少的，身體的需求是非常少的，但是人類一直不斷的去填補身體所需要的東西……它只需要靜靜的。

——錄自《請問財富》無極瑤池金母慈示靈訊

你不只是需要喚醒靈魂的能量，更需要疏通意識與靈魂之間的管道，彼此便能在其空間內自由發展。

我曾向無極瑤池金母請示過關於冥想、少食與靜坐的關係，祂向我示現一幅畫面（如圖一），說道：

當意識進入到靜默冥思，內在靈性光輝會從身體周圍綻放出一圈又一圈宛如水波般的光環，彼此交疊卻有其秩序，此光環能轉化大自然的資源——光、氧氣為自身所需的能量。身體不再需要以食物為主要的攝取來源，而是全然地汲取大自然資源為養分。自然能量乃為先天之氣，故為修練之根本。

圖一

因此，食物是靈性連通大自然的媒介，也就是誘發靈魂意識與宇宙頻率共振的工具，亦是喚醒靈魂意識的來源。慎選放入臟腑神廟的供品，它將決定你靈魂意識的層次。

人如欲修得與樹、水、星空一般寧靜安住，不與萬物爭，需要以一絲一毫的精神、心力自束身心，統攝身心於一處而不亂，但那因緣和定力是累劫累世修得的，未若外人想像般容易，就如經過萬年造山方能淬煉出一顆鑽石般珍貴難得。當一個人的身心在修行中經歷種種苦難與拉扯，斷欲、少食、食先天之氣，而全神專注於身心時，行走全身的炁最終凝聚於身體一處，如此，這人的身心將通達天地，人骨積存先天之氣。

——錄自《靈修訓體與瑜伽的精采對話》無極瑤池金母慈示靈訊

從我對食物的態度來說，素食、葷食、斷食我都曾經嘗試過，到現在我已經完全斷除奶製品、糖、澱粉、冰品、水果、加工品與零食點心的依賴，以一日一餐為主。

我是一名理性思維的人，我盡量從親身經歷去找出它們與靈性的關聯，但是它絕非一蹴可幾。我必須要說明的是，對於修行，無極瑤池金母從來不曾強迫我去做這做那。這是我的福氣，雖然我從無極瑤池金母得知許多關於修行與食物的關聯，祂也不會威脅我去進行任何尚未準備好的事情，祂永遠只是默默在一旁。一路走來，我始終相信食物是左右身體與靈性走向更好或更壞的重要因素之一。如此堅信的緣故來自於身體的親身實證，你一定不相信，飛蚊症可以透過少食根治，至少從小就困擾我的飛蚊症它已經改善許多。現在最常見的異位性皮膚病與皮膚異常搔癢，在斷除奶製品與澱粉三到七天後便可大幅改善。小朋友只要減少攝取糖、水果與奶製品就能減緩鼻子過敏等問題。

你一定聽過以身體為師這句話，它真正的意思是——

追求更高靈性，帶領身體勇闖世界，

甩開「他人怎麼看我」這道問題，

身體最終會回應更高層次的答案。

喚醒靈魂意識：靈修心法修持

千萬不要強迫自己在隔天就斷除一切傷害身體健康的食物，那是不可能的事情，也太痛苦了，做人已經很辛苦，就算再好的修練方式也無須把自己逼成這樣，畢竟，誰能瞬間拒絕美食的誘惑呢！以一種平常心、自然淘汰與毫無壓力的方式進行，逐次地捨棄造成身心負擔的食物，只要心裡真正地知道想要的身體狀態與生命形式，你的靈魂會幫助你自動過濾掉不必要的連結，讓身心回復到它應有的頻率。佛陀也曾如此教導我們：保持彈性、掌握適當的鬆緊，一切剛剛好，生命自然會走向美好。

在這裡分享一個「提升食物敏銳度」初階版方法，在下一章節會繼續教導進階版，前提是，你須不斷地演練初階版，將它確實地運用在生活當中，在操練進階版時才能從中受益。

想從調整飲食喚醒靈性的光輝，最值得推薦的是漸進式捨棄法。以我的經驗來說，當我意識到身體與心靈需要進行排毒與清除時，我會做兩件事情。

一、在做完瑜伽、靈動與靜坐後，默念以下的祝禱文：

我不知道我未來的路在哪裡，但我始終相信，生命必然有更好的安排。我感受身體的聲音、我傾聽靈魂的召喚。

這句話是在對你的靈魂說話，讓你的專注力從外部轉向靈性。當我意識到生命感到匱乏無力時，我會提醒自己該放鬆腳步了。我不會安排過多的工作，就是讓生活作息進入到某一種緩慢且靜止的狀態，切斷與人過多的連繫，有時會什麼事都不想做，只是靜靜躺在床上發懶或看書。很自然地，身體會讓你聽見它真正需要的是什麼，不斷將這句祝禱詞放入心中，當你累了、一個人獨處時、坐公車、開車時，都可以將它視為一種安心咒語，久而久之，被喚醒的靈魂會適度地在無形中調整你的作息，進而連一些不好的習慣也會慢慢改變。當你在生活中有一些與以前不同的想法時，例如，我想要轉職、想要放長假、想一個人去看一部電影，不在乎同事怎麼想，我就是想提前回家陪伴家人……當這些回歸於平靜的念頭升起時，你所需要的是相信且勇敢嘗試，而不是拒絕一切從未經驗過的事物。

二、在用餐前在心中默默地對靈魂說：

我只吃進對身心有益的食物，靈魂會選擇最適切的食物進入我的身體。

是不是很簡單？只要你真心想讓身心獲得改善，其實，在進食前保持高度覺知之下，你的靈魂會為你鋪好應該走的路，只要你願意放手勇於嘗試。

我不知道你們有沒有看過一些人，他在吃一頓餐的時候，他所顯現的心性是貪婪的，他的內心沒有一絲喜悅與感恩，他的心是迂腐的、是不乾淨的，你一定有看過他，若他們吃的當下的念頭是這樣子，那麼，食物帶給他們的影響就更大了。

古人說，吃東西的時候盡量保持清明的心、盡量保持一個喜樂的心，不要去談論他人的是是非非，你就靜靜地去享受餐點的美味。是的，古人有這樣智慧和觀念是沒錯的，因為吃東西時是一種意念的匯集……

若有一群人在吃飯的過程當中去談論一些不必要的事情，它會助長這個食物本身的特質，這個食物本身所散發出來的特質會勾攝你們，那是非常可怕的。為什麼從來沒有人去思考這個問題：在吃飯過程當下，應該要做什麼？不要做什麼？

——錄自《請問輪迴》無極瑤池金母慈示靈訊

如果你要問我，如何確定這就是內在的呼喚，我會告訴你，你的舌頭會告訴你答案，你會突然對平常愛不釋手的食物感到厭惡，你的味覺變化之快速會像孕婦體質般每三到七天便更換一次。最明顯的是，身體會自動地淘汰掉不需要或過多的食物類型，不費吹灰之力之下就自然地發生，當你的靈魂意識進入如此境界，你會驚呼生命的奇妙，那個感覺真是棒透了！

⑥⓪此對應到《漢書》：「王者以民為天，而民以食為天。」《東周列國志》：「國以民為本，民以食為天。」

⑥①指在外交、經濟合作、武競與國際地位等方面。

⑥②第四章〈新型冠狀病毒是人禍？天災？〉。

⑥③第四章〈新型冠狀病毒是人禍？天災？〉。

⑥④請參閱第七章〈意識、集體意識與凝聚靈魂意識〉。

⑥⑤如果你對元神、靈動、炁感與亢達里尼想要深入了解，請參閱《靈修訓體與瑜伽的精采對話》柿子文化出版。

12 世界毀滅之日將至！死亡vs重生？

老子說，聖人為腹不為目，只求維持生命基本溫飽與充實內涵，不應過度貪戀眼前聲色，生命長長久久。

——宇色

每當一場釀成無數人死傷的災害發生，「世界末日之說」總是緊追後頭而來。西元1350年奪走數千萬人的生命，造成歐洲人口劇減三分之一的鼠疫（又稱黑死病）。在十五世紀末，因歐洲殖民者帶去美洲的各種流行疫病，造成將近四千多萬人死亡，其嚴重性甚至影響到氣候變化。當時的科學家們宣稱此場疫病讓人類進入「小冰河期」。十九世紀，在非洲爆發的牛瘟疫情，短短九年期間非洲高達90％的牛隻因這場疫病死亡……從人類歷史演化的進程來看，疫病的發生從未真正地消失過，只是以不同的樣貌呈現在人類眼前。在未來，疫病或災難是否導致人類終結？

你們此時擔心未來再度有新的病毒大爆發的一天，坊間各式各樣的預言都圍繞在這上面，甚至預言未來將有新的疫情造成人類大滅亡，但是我必須要告訴你的是，那種事情並不是絕對性的，不會走入人類滅絕的一天。[66]

我將這一場新型冠狀病毒視為人類靈魂轉化的重要階段——塔羅牌裡面有二十二張大阿爾克那（Major Arcana），據傳它隱含著靈性試煉成金的真理奧祕以及宇宙運行法則。大阿爾克那有三張牌最令人感到不安，XIII死神、XV惡魔與XVI塔，有趣的是，它們的先後順序也正意謂靈魂轉化的三大轉捩點。它們分別是指重生、靈性與幻滅。凡是生命必然會經

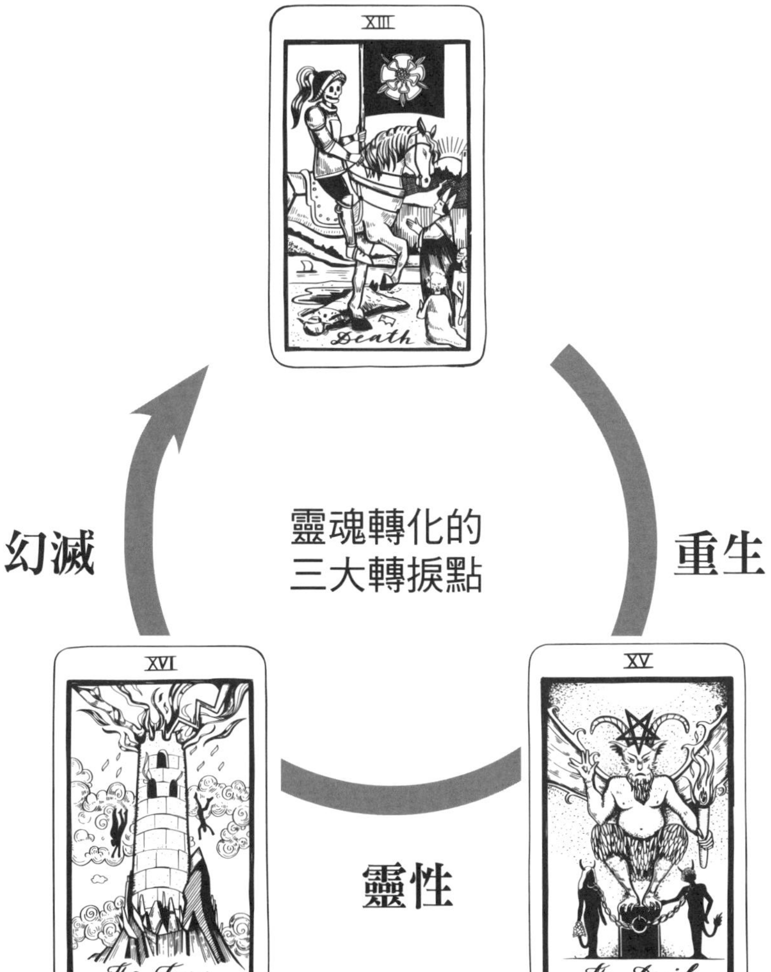

歷重生這一道關卡，當你落陷谷底卻堅信生命的美好，那便是重生。靈性是靈魂本來的面貌，唯有先看見陰暗才能釋放靈性光輝，當靈性綻放光明之際，生命裡的虛假幻相終將幻滅。在生活中能夠切身實證重生、靈性與幻滅，那便與靈魂進入合一之境，領受生命帶來的三大真諦。

重生宣告舊有生命的褪去，

靈性緊接重生而來，

它消除遮蔽在靈魂的屏障，

接通這三道印記，使你站在生命的平衡之上。

從塔羅牌大阿爾克納的世界對照此時的疫情世代，此時人類已經完全擺脫死神的鐮刀，最糟糕的環境已經過去，我們正從惡魔時代走向塔，而在不久的未來即將迎來充滿美好、希望與友善信念的世界（XVII星星）。我始終相信生命最終走向美好，也相信再如何惡劣的命運也終將成為歷史，此時此刻不應該心存恐懼去臆測未來，而是我們該如何在災難與疫病中轉化生命、脫胎換骨？我們該如何化逆境轉為順境？

又該以何種觀點從這場疫情汲取寶貴經驗，轉化成更高層次的靈性養分，以此學習解脫苦難的靈性課題呢？

通過試煉，我們才得以窺見生命的深度；

通過苦難，才能將心性磨至更為圓滿。

宇色！我要告訴你一個現象，在世界上有不少宗教團體開始謠傳，這場大瘟疫是一場世界末日，人類即將走向大滅亡，但是我必須要告訴你的是，世界末日不會出現。這是我一直不斷提醒你的！

什麼是世界末日？

當靈魂意識進行重組、改變、毀滅再進入到聚集，這一連串的過程就是重生。為什麼世界、地球甚至人類的靈性要經歷重生呢？這是宇宙運行的法則，它是必然發生的。

在沒有天災、戰爭與大流行疾病的發生之下，靈魂意識不會發生太巨大的變化，意識會陷入一種僵固的意識層裡。如果沒有災難帶來的「流動力量」，尚未覺醒的靈魂意識必然趨向於安逸中，不停地重複在固定的生活型態中而不自知，唯有意識覺醒的靈魂會走出自己的路，活出自己的生命。

而且人性也會走入沉淪變得邪惡，各種心魔由此孕育而生，人只要逃避挑戰與選擇安逸，停滯不前與怠惰就會發生。如果一個人一生從未遭受災難與挫折，躲藏在靈魂深處的魔性就會出現。我想要告訴你的是，絕大部分的人是如此。

反過來說，如果有一個人以積極的態度處理自身生命，他必然連去算計與利用他人的時間都沒有。當天災人禍發生的那一刻，他會以一種符合生命規律的態度來面對它，他的意識也不會被其他混亂的靈魂意識所干擾[67]，其魔性也就不會出現，他的人生也必然朝向解脫之道前進。

即將邁向重大變革

大瘟疫造成的石油、經濟、政治方面的改變是大家能夠看見的，是有目共睹的，但是大瘟疫與飲食習慣的改變又有何連帶關係？為什麼會變成這樣子呢？這是必然發生也是人們所觀察不到的細微現象。我要告訴你的是未來會發生的事情，現在的你該怎麼做，才能提前接軌未來世界改變的趨勢呢？

❶ 你要選擇的是改變飲食習慣，避免造成你身體負擔與靈魂損傷的食材。

❷ 改變飲食的過程中，多關心關於保護地球資源的議題。

❸ 慎選與珍惜食物的群組們[68]，多親近與了解那一些社群，你的靈魂意識就會慢慢融入與他們相同的靈魂意識層，你的意識將不再停留在舊有的意識層。

做到以上三點，未來的你才能夠接軌宇宙規律的轉變，順應世界演變的浪潮。還記得我在前一本書《請問輪迴》中不斷強調與教導「喚醒靈魂意識」的方法嗎？真相永遠不會改變，只能不斷地向人們述說。

在這裡所講的依然也是相同。當你了解未來必然發生的趨勢，但生活與行為不趕緊做調整，未來你在社會與職場的競爭賽中將必被淘汰，要懂得善用靈魂意識來接軌世界的改變，不要輕忽改變飲食所帶來的強大力量。

未來，一連串的消費行為、經濟行為、企業演變，甚至超乎人類想像的新產品，都會在這一場大瘟疫中產生巨大的變化。此時此刻你尚未觀察到這樣的大變動，這是因為「流動力量」對於改變世界需要一段時間才會幻化出來，我方才所說世界的改變，它的確確正在發生中，而且很快就會到來。

在不久的將來，絕大部分的餐廳在料理、挑選食材、烹調方面，將產生非常巨大的變化。當人類對於食物處理與飲食產生了一連串的改變，它在經濟、貿易、旅行、健康、醫療等牽動的層面完全超乎你們此時所能想像的畫面。

在未來，人類使用化學成分的食材會少很多，人類會找到早期對食物的基本需要，走向食用真正食物的年代，那是一個人類行為進入到另一個循環的開始。

你們人類最喜歡吃的泡麵這類產品未來也將逐漸減少，雖然它不會完全地消失在食品選項中，但是對於它的依賴會劇減。另一個在未來也會發生變革之事，人類會減少食用含糖量非常高的食品，一些由化學加工所構成的甜點、飲料、餅乾，統統會在未來逐漸遠離某類型的人類——一群有著高度覺醒意識的人類，而這種現象在未來幾年後就會出現。

你仔細觀察生產這些產品的工廠在大瘟疫流行期間會關掉許多，未來這樣的現象會更明顯。大瘟疫與飲食看似連結度並不大，而是這些靈魂意識對於挑選原型食材有了覺醒，它發生的時間點剛好是在大瘟疫肆虐期間。

是大瘟疫影響人類飲食習慣？人類在挑選食物的意識覺醒？抑或是人類因為疫情關係，開始注意起天然食物、免疫力與受感染機會等多重連帶關係？這都是相互影響也互相促使彼此成立的原因。

另外再仔細觀察一件事，為了防止受大瘟疫感染的機會，人們會刻意減少外出用餐的次數[69]，導致一些不用心挑選食材的餐廳與小吃店倒閉一大部分，這是因為有一部分的人在疫情期間，開始意識到原來我不吃某些東西、少吃某些東西、不吃哪些東西，一樣可以過生活，甚至有其他對身體更好的食材選擇，當人類開始意識到這部分時，接下來便會開始思考另一個問題——我可以把省下的錢用在什麼地方呢？

對於食物這件事，在前一個問題我便開宗明義地說到：「食物是以前君主在控制人民、穩定權力的一個重要方法之一。」換言之，當一個人懂得對食物節制與減少對它的貪婪，他的身體在受到良好控制之下會保持規律的運轉，也就能輕易地降伏心性的不穩定。自然而然，當一個人意識到應該避開傷害身體的飲食方式，進而轉向思考節省下的金錢該如何運用時，他會捨得購買對身心較好的食物、物品，也會開始進入一種較為簡單的生活，他不再因不懂節制而過度浪費，他的靈魂會開始從此醒覺，如此循環之下，他的生命會朝向更美好的未來前進。

如果有一個人他不過度消費、避免食用造成人體免疫力失衡的食物，他會省下許多錢，想一想，他省下的錢會用在什麼地方呢？這並不代表人們就不需要吃，只是會在食材上的挑選更為精緻與天然，他會更加地慎選進入他身體的食材，這樣的現象在未來即將改變人類的行為，但是它需要一點點時間。如果你已經開始意識到食材問題，也開始在生活與網路上留心這樣的群組，你與他們的靈魂意識會產生共振，你們的靈魂意識也會趨向於相同的高頻率泡泡世界。⑳

食物連通了意識與生命的奧祕。

災難帶來的重要力量，重新聚焦我們內在整合的意識覺醒

我已經將大瘟疫對於人類的影響，以及未來人類社群改變的趨勢告訴你們了，你不覺得現在就要開始做一些準備嗎？你不覺得此時的你應該要好好學習，如何珍惜世界資源，與重新檢視自己看待地球的態度嗎？你覺得如此巨大的改變不會間接地影響人類飲食習慣嗎？會的！

這就是我方才一直提醒你們的——如果你根本不做任何的事情，如果你不從靈魂意識著手，這一些事情怎麼可能會發生呢？

為什麼絕大部分的人是難以想像大瘟疫與人類飲食改變的關係？這是因為人類思考的路線是直線思考，很難以宏觀的眼界觀察到如此遙遠之事，所以我先提醒你們，在未來的不久將發生一連串飲食大變革。

災難是一場靈性試煉，主因是它摧毀你，卻也讓你有機會重組靈魂的意識層。

疫情中斷大部分人類的集體活動，人們必須被困守在家中一段很長的時間，這是非常寶貴的經驗，你們要珍惜並且將它視為一種靈性的內在試煉。想一想，如果沒有疫情，你們又有多少人願意中止外部活動內觀靜思呢？

在這一場大流行的瘟疫疾病中，許多有高度覺醒靈魂的人們會意識到——

人真的需要這麼多的活動嗎？

人真的需要消耗地球資源以及物種創造如此多的東西出來嗎？

為什麼我以前沒有意識到可以如此生活？

現在我不再像以前那樣的生活，好像也不會怎樣？

生命真的需要掠取地球這麼多的資源嗎？

需要買這麼多東西嗎？

每一天耗費多少資源[71]在不必要的事情上？

具有以上反思的人類會不斷地出現，而且會不斷地持續下去，這是一個時代變遷之下的意識演化過程。但是，如同我之前所說的「有一小群人，他們開始做一些改變，但是絕大部分的人依然還是過自己的生活。」

未帶有強大反省力量的意識，舒適的生活環境易造成意識的沉淪與墮落。

宇色！如果人們在聆聽我這段話也有如此的反思，他的靈魂不會滅掉。因為如此反思會促成這些讀者在靈性方面的成長與發芽。

宇色！人是一種非常珍貴的動物，那是因為他的靈魂具有反思與覺醒的能力，這是其他生物所不具備的能力，如果有人不具有如此的能力，他不會感受到生命的苦，他不會跳脫這一個紅塵苦境。

如果你的反思是符合在一種規律底下，如果你在反思的過程當中找到屬於你天命的規律，這條靈魂永生永世不會滅。他不僅會安然地度過一生，大災難來臨時他會沒事，他與世無爭的祥和心，反而會帶給他另一番新的不同的生命面向。

地球本身就是一種規律，四季、朝暮，你有沒有想過一個問題，人類為什麼還要去破壞地球本身的規律呢？人類應該要安然地活在地球本身的規律底下，唯有如此，你才能夠安然地找到自己的生活方式。一直想要永存世間、長保健康，卻一心在想破壞地球與大自然界的韻律，你覺得這是有可能發生的嗎？

◎當靈魂意識進行重組、改變、毀滅再進入到聚集，這一連串的過程就是重生。

◎沒有災難帶來的「流動力量」，人性也會走入沉淪變得邪惡，各種心魔由此孕育而生，人只要逃避挑戰與選擇安逸，停滯不前與怠惰就會發生。

◎一個人以積極的態度處理自身生命，當天災人禍發生的那一刻，他會以一種符合生命規律的態度來面對，意識也不會被其他混亂的靈魂意識所干擾，其魔性也就不會出現，他的人生也必然會朝向解脫之道前進。

◎要懂得善用靈魂意識來接軌世界的改變，不要輕忽改變飲食所帶來的強大力量。

◎懂得對食物的節制與減少對它的貪婪，身體在受到良好控制之下會保持規律的運轉，也能輕易地降伏心性的不穩定。

◎當你開始意識食材問題並且關心同議題的群組，你與他們的靈魂意識會產生共振，你們的靈魂意識也會趨向於相同的高頻率泡泡世界。

◎人是一種非常珍貴的動物，那是因為他的靈魂具有反思與覺醒的能力。

◎安然地活在地球本身的規律底下，唯有如此，才能夠安然地找到自己的生活方式。

人類的靈魂意識是歷經千萬年不斷演變而來，它不可能發生在一瞬間，也不會因發生某件事件而改變全人類的靈魂意識，重生是歷經一連串改變而來。你要知道的是，人類靈魂集體意識的演化，有很大的因素是在前世時已修練到較高意識層的靈魂，在下一世投胎時帶給世界的影響。

有許多已經相當覺醒的靈魂轉世來到人世間，在西方身心靈界認為人類的靈魂可區分為靛藍小孩（Indigo Children）、水晶小孩（Crystal Children）、彩虹小孩（Rainbow Children），他們在不同世代，帶著不同的靈性課題來到地球。

他們是一批擁有奇特氣場與心性的小孩，他們以不同的期間分別出現在地球上，靛藍小孩是最早被發現的一批，約西元１９２５年左右陸陸續續誕生於世上，在１９７０～１９８０年間，短短十年間他們大量地轉世於地球。對照這段期間的人類歷史，剛好是西方捲起一股嬉皮風，１９７０年正是佛教、密宗與西方思想融合的重要時刻，也是西方新時代思想興起之時。水晶小孩大量出現約莫在１９８０～２０１０年間，這世代是全球民主化運動快速崛起的年代，同時也是人類科技進展大躍進的一個世代。彩虹小孩是最接近現在這個世代的高度覺醒靈魂，約為２００５年起陸續出世的小孩，２０１０年為轉世高峰時期，他們不著重於科技、金融、物質，而是為人世間帶來更多靈性與超越宗教等全新思維。

這一群不同類型的高度覺醒小孩，有著極高敏感度、直覺力強、具有顛覆性思想、極具超前的創意，也因他們在行為、智商、創作、表達等方面與一般人有著極為不同的差異，不僅不被一般教育界所接受，也很容易被歸類成為某些類型的心理疾患，例如：注意力不足的過動症、思覺失調症、亞斯伯格症等。

雖然西方將不同覺醒程度的靈魂意識區分為靛藍小孩、水晶小孩、彩虹小孩。對此，在十多年前無極瑤池金母曾對我提出不同的觀點，因時間有點久遠，不太記得當時靈訊的全部細節，大意如下：

靈魂的覺醒在世間是逐漸且交替發生的，而人類在每個世代都有著不同顯著的發明、進展與革新，不會有明確的年代劃分。

靈魂集體意識的覺醒是歷經著誕生、死亡、轉世……它無時無刻都在進行當中。靈性覺醒依賴的是自身在每一世的修練而來，當一條靈魂在今世有所意識與醒覺時，這份高度覺知會帶到下一世去，靈性覺醒並非在下一世就會有明顯的顯現，有些是隱性的，有些則又被其他業力所遮蔽。

每一時刻轉世在地球上的靈魂都有著不同程度的覺醒，就算已經轉世的靈魂，依然有機會在今世將靈魂修練至覺醒。

宇色！你要知道的是，人心是脆弱的，尤其是當一個人在現實生活中不被自我肯定信任時，反而會轉向身心靈界，這也就是為什麼有些人著迷於靈界與玄學世界。他缺乏自我認同，更想擁有能被了解的歸屬感。當你被區分與標記為較好的靈魂類型，你會沾沾自喜；當你是不具有某些特殊特質的靈魂時，你會感到難過。每一個人都想要與眾不同，但卻不應該將靈魂加以區分，這樣的人會加重自我優越與我慢心，如此並無助於了解自己與生命。

不要用不同的名詞區別與標記靈魂，那對其他的靈魂是不公平的，在人世間已有太多不公平，人類彼此已有許多不平等的區分，為何還要對靈魂有所劃分？

在這世間確實有不同覺醒度的靈魂轉世，耶穌、喬達摩悉達多、阿拉伯先知穆罕默德、老子都是高度覺醒的靈魂轉世來到世間，他們留給後代的是無盡的智慧。但是與他們同年代的人們也不一定與他們有相同的覺醒度，不是嗎？無極瑤池金母並沒有否定靛藍小孩、水晶小孩及彩虹小孩的存在，只是在仙佛的世界裡頭，不會將靈魂做標記區分，祂所要強調的是，覺醒的靈魂來到人世間不存在明確的世代劃分，在這世間有人是一生保持覺知與清醒，有人則是茫然與無知地在過生活。當他們離開世間時，靈魂便帶著今世的覺醒度轉世到下一世，如此又該如何以靈魂特質來區分世代呢？靈魂歷經一世又一世的轉世輪迴，是為了完成個體的靈魂覺醒——

每一條靈魂轉世來到人世間，都必須學會意識覺醒——活在人世間的意識覺醒。而意識覺醒最基本的，就是思考活在人世間的意義是什麼。

他必須要先知道自己的存在，才能夠去創造出自己想要的世界，當一個人啟發獨具的特質，意識才會覺醒。

——錄自《請問輪迴》無極瑤池金母慈示靈訊

榮格身為精神分析創始者，曾反對將精神疾患分類與歸納，他認為每位精神疾患患者的狀況都是獨一無二，不會有人的精神與心理狀況會是相同的。每一個人都必須被理解與看見，而不是將精神狀況貼標籤分門別類，他甚至不認為有所謂的精神疾患存在，榮格強調人的精神是崇高的，人要回到自身的原型去探究生命與如何走入完整性。存在主義大師歐文．亞隆，他將人視為一個個體來看待，助人工作者的終極目的是協助個案成為完整的人格，從過去經驗與創傷中重拾生命的動能。

在這段靈訊裡頭，有太多關於覺醒度高的靈魂特質，以及教導我們如何成為一名覺醒度高的靈魂意識——

①意識覺醒的靈魂會走出自己的路，活出自己的生命……

②以積極的態度處理自身生命……以一種符合生命規律的態度來面對它，他的意識也不會被其他混亂的靈魂意識所干擾，其魔性也就不會出現，他的人生也必然朝向解脫之道前進……

③一群有著高度覺醒意識的人類……在未來逐漸遠離甜點、飲料、餅乾意識到有其他對身體更好的食材選擇，原來我不吃某些東西，少吃某些東西，不吃哪些東西，一樣可以過生活……

④當一個人懂得對食物的節制與減少對它的貪婪，他的身體在受到良好控制之下會保持規律的運轉，也能輕易地降伏心性的不穩定……

⑤如果你已經開始意識到食材問題，也開始在生活與網路上留心這樣的群組，你與他們的靈魂意識會產生共振，你們的靈魂意識也會趨向於相同的高頻率泡泡世界……

不要去看外部世界的樣貌，
而是要去覺察你的感官世界，
靈魂的覺醒，找回身體感受，也就是你自己。

當你的心靈與身體即將邁入轉化階段，正常的情況會先從味覺開始。當新生命毫無預警地降臨在女生體內，心思敏銳的女子會先對食物有不同的反應。每當女生經期來臨前，味覺便會開始有細微的變化，如果對身心夠敏銳便會察覺到它的變化。當一個人身心需要靜養時，味蕾也會產生變化，身體自己會去尋找適合此時的食物。當一名男子事業成就低落、婚姻失敗時，會更貪戀一些讓身心更為沉淪的食物。當你踏進一個靈修道場時，第一個被要求的是食物的調整，每個宗派與修行團體對於食物與修行的關聯各自有不同的解讀與傳承。改變身心靈從食物下手是最直接的選擇，而身體、心靈與靈魂產生細微變化，味蕾也會先於其他感官能力，**要懂得善用靈魂意識來接軌世界的改變，不要輕忽改變飲食所帶來的強大力量。**

以我本身為例，因為每天都在操練瑜伽體位法，以及無極瑤池金母所傳下的靈動訓體，身心轉化速度完全展露在味覺上。有一陣子莫名地愛吃可提升肝臟解毒與轉化功能的十字花科蔬菜，平均二到三天可以吃掉一顆大高麗菜與青花菜。過不久又愛上有助於清理肺部與皮膚毒素的大白菜。為期最久的是有一段期間，突然嗜吃各種重口味料理，一般家常菜根本無法滿足我的味蕾與口慾，沒有超辣的食物，餐後都會感到空虛，那陣子麻辣鍋、麻婆豆腐、印度與泰國咖哩最常出現在餐桌上，可以說是無辣不歡，也因為如此，我練就了料理異國咖哩的好功夫。我的心肺功能很弱，當身體進行排毒與靈動訓體時，身心需要更強大的轉化能量，身體自然會尋求能增強心肺功能的食材達到轉化的效益，而純正天然的咖哩香料能幫助身體清理臟腑毒素。除了味覺上的變化，身心轉化階段對於食量也會有所改變。有一陣子我的食量驚人爆增，雖然我一天只維持吃一餐，但是一餐的量比一般女生三餐的量還要多，一同用餐的友人常常被我的食量嚇到，如此驚人食量的現象並沒有維持很久便消失了……

身心無時無刻都在順應宇宙運作而調整，只要你不斷地清理它、傾聽它，並且拒絕化學加工食品進入你的身體，身心會自動地尋找它需要的能量與食材。雖然食物與身心轉化有著密不可分的關係，我卻不太建議從網路來獲取健康的訊息，身心隨時都在順應外部變化而調節，人們應該學習的是了解自身的身心需求，尋求一套專屬於個人的飲食方式。

將不好的飲食習慣慢慢改掉，拒絕傷害身體健康的食物，絕對是喚醒靈魂意識的一條生活實修路徑。當身心進入到更好的轉化階段，全新的靈魂意識才能銜接未來的演化，適應種種環境的變遷。

對於飲食與修行的關係，我不會將它簡單的界定於素食與葷食之上。

素食與修行的次第並無直接關聯，與其強調素食，不如強調純淨及烹調上不過度精緻的食物——食材單純、料理簡單，思想便會單純專一，因為我們的腦袋與身體都會受到食物的影響。你可以將素食視為一種清淨的飲食習慣，但千萬不要認為吃素就高人一等，也切勿以「素食即是慈悲」的觀點去批判吃肉的飲食習慣。

當然，並不是所有佛教徒都這樣，只是，吃素不該只停留在那兩吋舌頭上，而應以更柔軟的心對待生命中一切的事物—真正的素食是透過「食」來培養慈悲與柔軟心，假設連心都不夠柔軟，就算嚴格遵守茹素到連切過肉品的廚具都不能使用，這樣的修行也只是停留在表面罷了。

——錄自《靈修人關鍵報告》

身心靈修練是什麼？不必到道場，捨近求遠……

我個人覺得對身心好的飲食是找出適合與感知身心需要的食物與食量，這比側重於哪一類型食物更為重要。喬達摩悉達多在悟道前，飢餓已經將他折磨到不成人形，他感到隨時都可能離開人世間，他對後來的信眾說：「透過無止境的折磨身體並非好的醒覺之法，希望以飢餓走入覺悟，最終導致身心沒有足夠動力獲取經驗走向覺悟。」此念頭一起，他了悟生命應保持中道，不側重任何一方的覺察態度，他接受了牧羊女供養的一碗由牛乳與米煮成的乳粥，你看所有的佛像低垂雙眼，呈現一種完美的心靈境界，它與宇宙頻率保持協調一致，對待生命也是如此。

在上篇與本篇當中，無極瑤池金母不斷地提醒我們留意食材與身心轉化的重要性，祂希望我們將對於未來的好奇轉向關心自己的身體，而不是本末倒置去預測與擔心未來。因此祂才會說道如果你的生活與行為不趕緊做調整，未來你在社會與職場競爭賽中將必被淘汰，要懂得善用靈魂意識來接軌世界的改變，不要輕忽改變飲食所帶來的強大力量。

在這段靈訊裡，無極瑤池金母有明確地點出，人類何時會減少對於泡麵的依賴，以及加工食品遠離靈魂高度覺醒的人發生的時間點。之所以將它刪除暫時不公開，一方面是擔心讀者放大靈訊預言的部分而錯過靈訊重點，二方面也是希望人們了解神靈降乩的終極目的，是引導人們對生命的省思，帶我們解脫苦難與進入圓滿。

或許在不久的將來，我會將它公諸於世……

「提升食物敏銳度」進階版是透過冥想淨化脈輪，達到靈魂意識對於食物敏銳度的提升，我必須再一次重申，我會建議你先熟練11章教導的初階法，再練習這一個技巧，你才能真正從中獲益。因為在沒有經過初階版的操練之下，你會發現過程中會產生各式聯想與干擾出現，在練習幾次沒有獲得立即的效果後便會心生厭惡而否定它。

靈魂意識的覺醒是逐一淨化與開啟身體的七脈輪（chakra）能量，換言之，意識的覺醒與身體能量是有所關聯的。與飲食最直接的是第三臍輪（Manipura）[72]與第五喉輪（Vishuddha），臍輪（消化）是轉化物質能量為純淨精神體的重要關鍵點，權力、慾望、色慾，必須依靠臍輪的淨化，與此同時，才能進一步再轉為自我肯定、成就、信任的向上能量，藉由臍輪的開啟創立屬於自己的天地、家庭與事業。喉輪（進食）具有轉化與淨化的功能，它也是內在世界向外部世界勇敢表達的通道，當喉輪被封閉時，表現在外是聒噪、喋喋不休，啟動喉輪能量，這一個人的意識就會進入靜默沉思中，如此才能觀照內部世界，減少對外部世界的資源掠奪。當身體能量由下三輪走到喉輪，也正意謂意識已經從物質界朝向更高的精神體邁進。脈輪是身體連結宇宙的通道，也是宇宙在人體表現其奧祕之處。[73]

第三臍輪與第五喉輪是相對的，畢竟食物成為身體能量首先是經過進食與消化的兩道程序，兩者之間的通道被連結後，它會完全展露在對於食物的敏銳與飲食習慣上。

啟動與淨化臍輪、喉輪

• 做這一個練習，你一定要選擇安靜不被打擾的私人空間，過程中不要被任何不相關的人事物打斷。
• 盡量把空間調整到讓你舒服的狀態，香、精油、蠟燭都是被允許的。
• 請坐在舒適的椅子上或床上，身體放鬆，做幾回深呼吸，感覺身心真正進入放鬆狀態。
• 左手與右手分別放在喉輪與臍輪上，只要輕輕放著即可。
• 集中精神專注心念呼請你的信仰神，關於神明部分你可以再回頭參考第10章靈修心法修持所教導的內容。

心中默念：祈請〇〇〇降臨（三次）。我誠心希望身體能夠走向更健康之路，祈請〇〇〇協助我淨化與開啟脈輪。

• 觀想從信仰神的額頭射出白光進入喉輪，一邊深呼吸一邊觀想。
• 吸氣，白光從喉輪進入直通臍輪，同時右手中指將肚臍往頭頂方向輕推。
• 吐氣，臍輪綻放白光，右手中指放鬆。
• 白光在神明與你之間不斷地循環著。

這個練習一天只須做一次，每次約六回左右，全程約四十五秒至一分鐘左右。這個練習並不是為了讓你獲得特殊的神奇經驗，全程沒有任何感覺也是正常的，但是，有些人可能在這個練習中會有強烈的嘔吐感、打嗝、打哈欠等身體反應，無須將它與玄祕之事產生聯想。一般來說，身體積存過多的負面情緒與能量時，才會有如此多激烈的反應。如果你有以上類似症狀發生，建議你持續練習七天。當你完全淨化了臍輪、喉輪之後，會開始有超越平常味覺的感官能量。

在練習的過程中，不妨多留意觀察每日對食物喜好的改變，最重要的是，當你感知到特別想吃或厭惡某種食物時，請試著克服平時對食物的喜好，抱持著好玩新奇的態度嘗試看看，這不僅對你的靈魂來說是一件很棒的體驗，你的生命也會因此獲取嶄新的經驗與收穫，就相信你自己一次。

⑯第九章〈病毒從此銷聲匿跡vs人類細胞共存〉無極瑤池金母慈示靈訊。
⑰指一群在災難發生時亂了生活步調的人。
⑱指社團、網路團體、公益單位等。
⑲指一群在災難發生時亂了生活步調的人。
⑳指社團、網路團體、公益單位等。
㉑時間、體力、精力、思緒等等。
㉒有一些則是指胃輪。
㉓想了解開啟脈輪對於靈性的助益，請參閱《請問財富》與《靈修訓體與瑜伽的精采對話》。

13

身心靈晉級2.0，做好全方位萬全準備

以身體與心靈為師。師，意謂挑戰和超越。

——宇色

是什麼將你拒絕於靈性綻放的花園大門之外？是慾望、怠惰、對自身的不信任？許多人透過各式的修行技巧達到靈性淨化，而真正能夠幫助你跨越那一道門檻的是克服身體與心靈的考驗。耶穌背上沉重的十字架走過十四苦路，這是一條超脫肉體折磨與苦難的精神轉化之路，耶穌婉拒沿途上所有人的幫忙，象徵能開啟靈性之門者唯有自己。佛陀成佛之後的沉思冥想，顯現出靈魂徹底覺醒的慈悲與完美，喬達摩悉達多成為佛陀之前的骷髏苦行相（又稱餓佛相），全身骨瘦如柴、筋骨暴露、眼眶深陷，其靈性啟示更為直接震撼。

靈魂必須要靠身體的保護與乘載，靈魂所顯化的物質也是依附在身體，沒有你的這一副身體，靈魂會在這個空間裡面散掉，身體就像一個聚焦靈魂的東西，就好像一堆的鐵砂（意識體），它放在一個鐵盤，當磁鐵（身體）出現的時候，它會被聚焦，它被聚焦在這個磁鐵……身體它足以顯化靈魂意識轉為物質的一個絕大的力量。

身體是乘載靈魂的工具，欲精煉靈魂、喚醒意識、綻放靈性光輝，身體的滋養與駕馭須雙管齊下，便能消除內心恐懼、克服身體惰性，如同佛陀所體證不落兩邊的中道之路。

有許多技巧可以達到淨化靈魂喚醒意識。生命是在有限的時間裡完成這趟單向旅程，須盡早選擇所認同且接受的，如果你此時此刻感到裹足不前，有一個方法可以提供給你，須從自己的身體尋求探索解方，同時**閱讀是一種非常好入門的方法，它可以幫助你釐清許多觀念，而不會讓你被別人的觀念所牽著走。**

疫情已經蔓延全世界好長一段時間，人們也從這一場疫情中反思健康的重要性，該如何做才能降低再次被感染的風險？被感染後，身體又該如何因應？平時又該如何做，才能讓身體產生強大抵抗力面對未來的病毒危機，這一些與身體有密切關係的問題，都是我們此時此刻好奇與想進一步了解的。**從源頭思考問題，往往能找到解決良方。**

無極瑤池金母

未來將有一種產品，會在全球非常熱銷，那樣的產品是因應環境需求而讓人類更為依賴它，許多人也會養成習慣地使用它，那就是與淨化空氣相關的高科技產品——空氣清淨機、臭氧機、空氣除臭機、紫外線滅菌機等。只要與過濾、淨化空氣相關的高科技產品，在未來都會熱賣，這也顯示未來大瘟疫的傳播方式有所改變，以及防疫方式在未來將會有大幅度變化。此時你們未曾注意到空間與病毒的關係，但是，身體、環境與病毒的連結太密切了。在未來不久，人類會開始關注病毒的傳播與空氣、環境與免疫力之間的關係[74]。人類不斷地破壞你們自己所居住的環境，卻也破壞了你們賴以為生的生存條件。

維持人體健康只要把握以下四個元素，將它們仔細地顧全與做好，一生受到病毒感染產生疾病的機率就會降低許多——

- 飲用優質的水
- 清淨空氣
- 保持健康的呼吸狀態
- 讓身體保持正常運轉，也就是運動

掌握這四個元素，才能夠產生足夠且流暢的血液，讓水、空氣與呼吸達到最大的效益，就會促進良好的代謝、提升免疫力與抵抗病毒入侵等功效。這是很基本卻很少有人願意去做的事情，這不是很奇怪嗎？

在未來，只要關乎這四個元素所衍生出來的產品，絕對會非常的熱門及搶手。現在的你可能看不到，但是此刻就要特別去注意健康問題，以後的流行病、慢性疾病會更多，一些靈魂尚未覺醒的人長期專注在外部世界，久而久之便會忽略身體問題，當身體有狀況只能尋求外部的幫忙，而失去了與身體共處的先天能力。

所以你問我說，人體健康該從何處做起？該如何避免被感染？減少被感染後病毒對身體的傷害，以及被感染後身體產生抵抗力快速地康復？我會告訴你，慎選你所喝的水，請留意吸入你體內的空氣品質與呼吸能力[75]，還有就是正常流動的血液，將這四個元素周全做到，絕對能夠讓你的靈性成長，以及身體健康。

不要太重視食物的美味，不要太強調吃多才能獲取營養，那並不是重點，重點是身體必須保持在順暢流動的狀態，如此運轉之下，便能帶給身體與靈性許許多多想像不到的能量。水、空氣、呼吸，以及藉由運動促進血液流動，這幾個因素才能轉化你所吃進去的每樣食物，讓它們能夠在身體裡正常地轉化成你所需要的養分。將這四個元素帶入你的生活與修行當中，它們非常基礎，但足夠抵抗未來的病毒變化。

另外，請不要忽略體溫與抵抗力的關係，當病毒籠罩全世界之時，人們會害怕病毒而減少外出，大部分的人的生活幾乎長時間在室內，對人體有害的病毒會在密閉的冷氣房不斷地循環。我要講的並不是新型冠狀病毒會以如此方式傳播，是密閉空間降低了人體的體內循環效率，如果有一些人嗜吃冰品、水果等，這類寒涼品會降低身體抵抗力、代謝與血液輸送的循環，當病毒入侵時，會加劇惡化程度。新型冠狀病毒會在地球很長很長一段時間，此時你們要去思考的並不是如何消滅它，而是應該反過來想身體該如何適應它們，這才是真正要去面對的問題。你要記得，提高體溫、避開寒涼食品、減少待在冷氣房的時間，多往戶外接觸大自然，當你注意到這些細節，有助於減少與病毒共處的時光，而且能夠避免其他不必要的病變發生。

聆聽到這段靈訊時，聯想到在上一段中無極瑤池金母對世人的提醒：在沒有天災、戰爭與大流行疾病的發生之下，靈魂意識不會發生太巨大的變化，意識會陷入一種僵固的意識層裡……人性也會走入沉淪變得邪惡，各種心魔由此孕育而生，人只要逃避挑戰與選擇安逸，停滯不前與怠惰就會發生。如果一個人一生從未遭受災難與挫折，躲藏在靈魂深處的魔性就會出現……

這不禁讓人們警覺到，人們除了從基本四大要素維持身體健康之外，在心靈部分是否有應該注意之處呢？在疫情不斷爆發之際，世間在靈修、道場與宗教上又起了何種變化？人們又該怎麼做才能夠讓靈魂意識不對未來有所恐懼，仍然相信未來的美好，不會窮困在某一個低階的意識層當中？

我之前有跟你提到災難、意識層與群體之間的關係。

當一場大流行疾病席捲全世界的同時，它會把你們人類原本的意識層打散再重組，這是非常正常的過程。但是，重組不一定只有好的一面，你們視為邪念、不善的力量也會重組。在未來的身心靈、宗教界當中，也會有許多邪惡力量從這裡慢慢地發芽出來。

你們許多的身心靈課程、靈修團體、宗教團體，已經逐漸偏離了善的軌道，許多不善的信念與魔性會從這個地方開始發芽出來。因此，在宗教界與身心靈界會有一個全新的現象出現，有許多靈魂意識已經覺醒的人會觀察到這樣的變化。許多良善且靈性純淨的靈魂，會逐漸地轉向獨自的個體修行，意識相當覺醒的人不再接觸團體場所修行，這是在一場大流行疾病之後必然會發生的現象，也就是許多人會對某些身心靈與宗教團體保持觀望態度，他們會選擇看網路、自修或閱讀書籍，不會走入團體接觸人們，而是會選擇去認識一些不以廣大招收信眾、信徒、弟子的團體與老師，以此鍛鍊靈魂意識以滋養靈性所需要的糧食資源，這是未來必然發生在意識層的現象。此時的你不妨可以觀察自己與其他人，是否向這一個現象凝聚或離去？以此反思自己此時的靈魂意識層次。

我想要提醒一些有機會且願意真正聽我說話的靈子們。

我想告訴你的是，在未來，長期處在一個團體性的宗教修行以及身心靈課程中，必然會產生許多的靈性問題跟弊端。以前是如此，未來這一個現象只會更加嚴重。所以你問我：在提升靈性與淨化心靈方面，人們是否有應該注意之處呢？該如何為靈性轉化提前做好準備？

我想要說的是，在這一場大瘟疫開始之後，此時已經有些人意識到我方才所說的現象，同時許多人已經在選擇我所說的修行方式。

宇色！你知道嗎？地球上有許多宗教與靈修道場，他們並不是以良善的修行為目的而聚集在一起，而是以一種非良善的意識層聚會，這樣不善的意識層所產生出來的氣場空間，會影響裡面一些靈魂意識較薄弱，以及心性尚未穩定的靈魂們。

什麼樣的團體是如此的呢？他們藉由聚會議論著偏頗的政治議題、背後談論一個人或某宗教人的是非對錯，就算他不是這個團體的成員，沒有憑藉經典與正信的理解空談鬼神玄祕之事，鎮日談論著非良善的事情、散播邪見，這樣的團體不是以嚴謹的方式來督促信眾們的修行、心性、家庭，讓他們更了解自己的心與看見生命實相，那是一件非常可怕的事情。

所以我想要告訴你的是，在未來的世界當中，會有更多的靈性導師出現，並不在於人數多寡以及他們是不是真的具備靈性的靈魂特質，而是你自己本身是否具備辨別的能力，要如何去判斷他們是否是真正的靈性導師，該如何做？這是我想要教導你的——他身邊有許多緊隨左右的信徒，以及這名導師私下的行事作風。

如果他喜歡身旁被許多信眾所簇擁，熱中於以各種名目不斷地擴大其團體，那麼你要小心的是，他可能不是一名真正的靈性導師。

如果有一個人宣說他個人的實修經驗與修行理念，但是他所給人的是一種清流不帶痕跡的氣質。他不與太多人有私交與來往，保持一種獨善的生活態度，他就只宣說個人的修行經驗與理念，不去談論這個範圍之外的議題，例如政治、男女情感、金錢、情慾等等。他給人們一種不可言說與難以窺探的氣質，許多人會覺得他難以了解與神祕。他不與人有太多實修之外的交流，他的私生活總是披上一層神祕面紗，他的住所不被一般人所知道，他選擇一種隱居的生活型式，他就像一名都市隱士。他給人一種博學多聞的研究態度，他善用許多觀念宣說其理念，不會一成不變。沒有太多宗教外衣，不著重某一種宗教味的穿著，也許他不認為自身是一名大師，而且也不接受外人如此稱呼他。如果有這類型的人出現，他是值得你們去了解與研究他所宣說的內容，這種人在未來也會有許許多多。

有些人是靈修團體簇擁的大師，有些人是在對生命有所領悟之後產生的靈性導師，分辨出這兩者差別，並不是來自於他的信徒多寡、靈修道場規模，那會是蒙蔽你雙眼的外相。而是他是否獨善其身，保持節操與修養，這是判斷一個人靈魂意識所修持層次最基本的方法。你要注意的是，這兩者的差別以及選擇，完全仰賴你的靈魂意識覺醒程度，有時它是無法一眼就看見的，尤其在你靈魂意識尚未覺醒之下。

我想要告訴你的是，如果想要讓靈性做好身心轉化的準備，未來大瘟疫結束之後，讓靈魂意識的覺醒對生命帶來巨大的改變，就必須慎選你所接觸的團體，不論它是現實的還是網路上的，它將影響你未來的生命。

你有意識到獨處的重要性嗎？如果你還不知道何謂獨處，也不知如何以自修方式修練靈性，閱讀是一種非常好入門的方法，它可以幫助你釐清許多觀念，而不會讓你被別人的觀念牽著走。

◎維持人體健康只要把握以下四個元素，一生受到病毒感染產生疾病的機率會降低許多——優質的水、清淨空氣、健康的呼吸狀態與運動。

◎不要太重視食物的美味，不要太強調吃多才能獲取營養，重點是身體必須保持在順暢流動的狀態。

◎有許多靈魂意識覺醒的人，他們會觀察身心靈課程、靈修團體、宗教團體，已經逐漸偏離了善的軌道，許多良善且靈性純淨的靈魂，會逐漸地轉向獨自的個體修行，意識相當覺醒的人不再接觸團體場所修行，這是在這一場大流行疾病之後必然會發生的一種現象。

◎有一個人宣說他個人的實修經驗與修行理念，給人的是一種清流不帶痕跡的氣質，不與太多人有私交與來往，保持一種獨善的生活態度，只宣說個人的修行經驗與理念，不去談論這個範圍之外的議題，他給人們一種不可言說與難以窺探的氣質，許多人會覺得他難以了解與神祕，不與人有太多實修之外的交流，私生活總是披上一層神祕面紗，住所不被一般人所知道，選擇一種隱居的生活型式，就像一名都市隱士。給人一種博學多聞的研究態度，善用許多觀念宣說其理念，不會一成不變。沒有太多宗教外相，不認為自身是一名大師，也不接受外人如此稱呼他，如果有這類型的人出現，他是值得你們去了解與研究他所宣說的內容。

◎判斷一個人靈魂意識所修持層次最基本的方法，是他是否獨善其身、保持節操與修養。

◎想要開始讓靈性在這段期間做好身心轉化的準備，未來大瘟疫結束之後，讓覺醒對生命帶來巨大的改變，必須慎選你所接觸的團體。

◎你有意識到獨處的重要性嗎？閱讀是非常好入門的一種方法，它可以幫助你釐清許多觀念，而不會讓你被別人的觀念牽著走。

每一個人身上都有一套與生俱來且專屬的生命GPS系統，它引導靈魂對焦健康與靈性自由的訊息，假設這套系統失靈了，不可能擁有更為美好的人生。但是從未有人教導我們如何去開啟它，因此我們將身體、心理交託給其他人，任憑它失效與我們斷除連繫，使我們失去與這一套系統的連接能力。你可以將這套系統稱之為直覺感應，我比較希望將它視為意識與靈魂的共振能力。當你開啟了這套系統門，就會知道該如何去調整身體頻率使之健康，以及如何讓心理調度到最適切的位置，以避免在生命中觸礁翻船。

你或許會覺得與現今其他的健康知識相比，無極瑤池金母對於維持身體健康、提升免疫力的四個元素過於簡單了，如果你有此番想法，不妨再回頭思考祂曾經說過的話，以及教導我在飲食方面的靈修觀念：

從身體來反思這一個靈魂的真理，心臟、血液、細胞、呼吸無時無刻都在進行流動。以呼吸來說，吸氣會帶給靈魂力量，一種生存的力。小嬰兒脫離母體要向世間證明「我來了！」第一口氣便是強而有力的吸氣；當人的意識正準備離開人世間，呼氣是靈魂對世間一切全然的放下，是釋放身體多年來的重擔包袱。生命就在一呼一吸之間進行著，這就是流轉帶給生命生存的力量。安定的感覺既不是動也不是靜，而是動靜之間那一瞬間。若你想要真正感覺靈魂的安定，試著去覺知呼氣與吸氣間那一刻的停滯。那不是閉氣，是氣自然地止息，是一種非常寧靜舒適的能量，寂靜就在呼吸之間。

——錄自《請問輪迴》無極瑤池金母慈示靈訊

人體細胞、血液的汰舊換新皆必須仰賴好油。提到食用好油，就不得不談論到生酮飲食，許多人誤以為生酮只是單純用來減肥，這是完完全全錯誤的觀念，生酮的目是為了活化體內細胞的粒腺體，激發了粒腺體才能讓身體進行完整的新陳代謝。每日攝取單純及少量的食物，延遲身體退化與促進身體新陳代謝，對於排出堆積在血液內的雜質有很大的幫助，少量攝取食物與食用食物提煉的物質，更能夠刺激細胞粒腺體。

——錄自《請問輪迴》

如果你需要金錢的時候，你應該去用錢。就像水一樣，你渴了就去喝水，用水去解決你身體缺水的狀態，用錢去解決你生活與身體真正需要的問題，僅是如此，這就是水和金錢的關係。以錢去換取解決生命的需要，是一種以自身能量與世界交流的過程。促進金錢的流通性如同活絡人體血液，促進血液循環與細胞再生是保持身體健康的首要，有智慧地讓金錢解決生命需求創造想要的一切，便能創造強大的富足意識；不然，過度囤積金錢反而堵塞靈性的成長。

人們總是想從神靈身上獲取更多寶貴的資訊，以避免迷失在生命當中。神靈遠從靈界傳遞的觀念總是不離淨化人心、提升靈性與身體健康等幾個核心，靈訊慈示不會偏離此核心太遠。其實，不用去期待神靈能夠給予太多開示，更無須拿所有疑難雜症請示祂們，只要你願意執行與貫徹看似簡單卻有著深遠意涵的靈訊，它為生命帶來的助力與美好是免費且無限的，走向靈性之路的黑暗屏障一定會被破除。

理性退場由靈性接手，一趟奇幻旅程便會啟航。

我相信靈魂隱藏某種強大力量，無時無刻幻化各種徵兆向你招手，迫使生命褪去舊有意識，轉化全新的生命型態。如果要問我該如何感知靈性的運作，我會告訴你——**不要精心安排任何事，就讓生命自由開展。**

在我身上曾發生一次至今仍感到匪夷所思的奇異經驗。2019年某天，強烈的靈動感莫名湧現，一整天下來靈動感未有消退的跡象，這是從未發生的事情，背後似乎隱藏著亟待解讀的重要訊息。時隔不久，一位台灣友人邀約我去他在南印度喀拉拉邦（Kerala）開設的一間海邊莊園，深度體驗16天的悉達草藥（Siddha medicine）排毒療程。當時我對它完全提不起勁來，我並非對所有身心靈療程都會想要嘗試，除非它與我生命有所連結。

當你忽視靈魂的聲音，它會以另一種形式出現，直到你正視它的存在。靈動感依然在我體內隱隱發作著，我選擇置之不理。就在拒絕朋友邀約後不久，某晚沐浴時，我靈視到雙掌間浮出「印度」兩字，當下我感到無比震驚，我從未想踏入印度國境過，印度除了在宗教、神學、哲學、瑜伽等方面有著驚人的發展，它也是地球上一個孕育自然療法的重要搖籃，但是它在媒體上的種種負面形象，著實令我遲遲不敢進入它的懷抱。當時真的不知道為何「印度」兩字就這樣闖入我的生命，以如此的形式幻化。

還在思索之際突然憶起友人前幾天的印度之約，這是巧合還是自己多做的聯想?當下沒有答案，但我隱約感受到這兩者之間具有某種啟發性的連結，是天命投射於外的象徵。我將它視為共時性，它適用於所有無法解釋的因果關係，卻可以從感覺找到彼此的關聯性，它們透過不同事件產生的連結，讓意識、靈魂與世界產生意義而綁在一起。

在尋找你的天命時，
如果你的生命態度是符合自然法則，
你會聽見它的呼喚。
如果偏了，你就會在原地一直打轉。

當時我已經暫停課程教學與通靈問事好長一段時間，時間安排雖然較充裕，但是這趟旅程卻必須花費不少資金，有時決定一件事是否成行最大因素除金錢之外，CP值更是決定的關鍵。靈視讓我窺見「印度」必有其目的，再加上萬年歷史的悉達草藥油療有助於身心排毒與轉化。既然這趟油療之旅對我身心有其助益，何須懼怕金錢流失而裹足不前。我感受到它背後的力量，將為我在靈修修煉上帶起莫大的轉動之力。幾周後我已經踏上印度最南端的喀拉拉邦特拉凡德倫機場（Trivandrum）……

發生在生命中的事情絕大部分轉世輪迴時便已經注定好……安穩行走在天命上，這就是修行對於靈魂意識的重要性……

不要鎮日去想如何累積更多金錢在身上，要去學習如何花錢的智慧，便會流入更多屬於你生命應有的金錢。

把身體與心理修補得很好，修補到沒有漏洞，那麼當不管是雨水、露水，任何一種水來到這個水桶的時候，他慢慢慢慢的積累，變成他的財富……

——錄自《請問財富》無極瑤池金母慈示靈訊

當你接受天命安排，之後許多怪事總是會接連不斷，這一點完全不用去質疑。我看見「印度」那一瞬間，我知道這一趟印度之旅有著不可知的能量等著我，遵照天命安排，剩下就是等待它的降臨。

當靈魂與生命合一之際，你會完全依循天命的呼喚，

心中不會存有生活與未來的恐懼，

順其意識的流動，
該歸屬於生命的一切便會自然流入，
天命自然會帶你走到它應有的軌道中。

搭乘早班飛機，前一天一切如常，在整理行李時身體突然莫名不適，因趕忙整理行李無暇理會它。台灣沒有直飛南印度，我選擇在新加坡轉機。抵達桃園機場，辦完報到手續後整個人精疲力盡，在候機室時不適感越發強烈，走路似乎浮在半空中，沒有一絲絲著地感，還好當時沒有新型冠狀病毒疫情，不然我應該馬上被送去隔離所進行隔離。

我猜想可能是前一晚睡得不好所導致，或許上飛機睡一覺就好了。但事與願違，飛機離地後不久，不適感大爆發，四肢無力、頭腦昏沉、手腳發麻，似乎正向我抗議忽視它的存在。我整個人無力地癱軟在座椅上，意識保持在昏沉與清醒之間，我像一隻蝦仁捲曲在座椅上動彈不得。趁此機會修練正念觀察呼吸一進一出，覺察身心所有不適反應。

四小時後終於抵達了新加坡樟宜機場，本以為下了飛機身體就會好轉。在等待轉機時，想不到症狀更加嚴重，我上氣不接下氣地拖著疲軟雙腿癱坐在 Jewel 商場座位，全身動彈不得哪裡也去不了，再加上將近一整天沒有進食，全身更加無力，腦海裡閃過一個念頭：「我可能就要死了！」

幾小時後我再度坐上前往印度的班機，飛機起飛不久，不適感換了不同的症狀，令我越發難受，發癢、躁熱、盜汗……好幾度甚至吸不到空氣。再加上機艙內旅客的吵雜聲音、人體氣味以及空間瀰漫著濃烈難聞的氣場，強烈煩躁感一波接著一波湧現，幾度差點要在艙內抓狂大吼。我百思不解的是，為何僅隔一天我的感官能力變得如此敏感，尤其是當意識陷入半昏迷狀態時，我可以感覺整個意識向四周擴散。

神奇之事總是開頭，沒有結束的一天……

通過身體，我們才能與世界交流。

通過身體，學習活在靈性當中。

通過身體，便會聆聽到大自然的召喚。

身體會死去，從它獲取的經驗，已喚醒我們的靈魂意識。

在飛機上，不舒服感依然強烈，擔心是否能夠安然在印度熬過十六天。抵達南印度已經晚上十點多，就在我一踏上印度土地瞬間，神奇的事情發生了。這塊印度大地似乎隱藏著某種不可思議的力量，身上所有的病痛與不適感瞬間地離開了我的身體，似乎有一股力量把病症從我體內吸出。我再度能夠正常呼吸，當下整個人都呆住了，此生遇過奇幻之事難以計數，就唯獨這一件事最令我百思不得其解，怎麼才一轉眼工夫，所有症狀就這樣消失得無影無蹤。

友人熱情地前來接機，向友人聊起此事，他一本淡定地告訴我，在南印度這片土地上蘊藏著豐厚的不可思議力量，才讓悉達草藥醫學在這塊土地生存了超過了萬年之久。友人看了我一眼：「是你與生俱來的特殊體質，才得以在台灣便與這塊土地有所感應，被它巨大的療癒能量所感召。」在前往莊園的車裡，友人才有時間向我細說關於悉達草藥醫學的故事。

悉達草藥醫學為古印度醫學三大傳統之一。一般人所熟知的阿育吠陀僅僅四千年左右的歷史，它的技術、手法與觀念部分截取自悉達草藥醫學，但也僅是該系統的極少部分。悉達草藥在印度的歷史超過一萬年以上，是人類醫學史上最悠久的療法之一，它將造成人身心失衡的能量分為四千多種，它神祕的丹藥理論甚至影響了千里之外的中國道家丹道。慶幸的是，西方醫學科技的進步，透過西方醫學得以驗證它萬年靈魂珍貴的價值。

在搭機期間發生在身上的奇特現象，事後諸示無極瑤池金母——在意識世界中，時間、空間、物質與心靈是相互作用與互融。更確切地說，當靈魂意識覺醒到某種程度，念頭一起便開啟彼此之間的連結，靈魂意識與宇宙會完全進入自主性的運作。簡單來說，在台灣的我與悉達草藥醫學已經產生了連結，它正為我的靈魂進行能量療癒，身心劇烈的不適反映出體內長年沉痾，須將它視為在無意識間轉化的過程，一種超空間的身心靈療癒之旅。

脫離文明病的束縛，才能聽見古老智慧的召喚

莊園位於印度喀拉拉邦西海岸，相較於大家所熟悉的孟買、德里、加爾各答，喀拉拉邦算是較不為人所知，但是它卻是將印度的梵文、阿育吠陀、瑜伽經保存最良好的地方。喀拉拉邦的傳統文化是保護土地與男女平等，也因此，在2020年全球新冠疫情爆發之際，喀拉拉比其他邦更早採取隔離、全面消毒、核酸檢測等，讓它成為全世界防疫措施的典範。

悉達草藥莊園的後院是一大片未被破壞的淨白沙灘，生活步調非常緩慢，每天一大早都可以看見四、五位村民將船隻從海裡拖上岸。據莊園的工作人員告訴我們，居民沒有囤積食物的習慣，每

日要吃多少就去海裡捕多少魚，其他的食物也是以如此的方式在處理，他們不浪費也不過度食用食物。在印度莊園那段期間，每日望想村民的生活，我不斷地問我自己「我們真的認識印度嗎？」、「所謂的生活樂趣又是什麼？」、「什麼叫做生活？」、「貧窮與富足的差別在哪裡？」、「財富的意義是什麼？」……撰寫《請問輪迴》與《請問財富》這兩本書的靈感就是在這樣的反思之下誕生了。

祖先靈魂的承載者，承接著千百年來祖先意識的集合體。

莊園內有兩位醫生針對每個人的體質調配專屬的草藥油，一位擁有西方主流醫學和印度傳統醫學背景，待人非常親和且整日笑容掛在臉上。另一位則是專攻傳統悉達醫學，出生於悉達草藥醫生世家，暫且將他稱為悉達醫生。這位悉達醫生從醫的故事非常神奇，甚至可以稱得上不可思議，他的故事完全應驗台灣流傳的這麼一句話：是你的永遠跑不掉，老天賞什麼飯給你吃，都是注定好。

悉達醫學是一門祖傳的家族事業，代代傳承著古老印度的藥草醫術，嚴守傳子不傳女、不外傳的制度，一般外人難窺見悉達草藥的神祕。悉達醫生的長相就是一般人印象裡的印度人樣子，聽說他年輕時對這一門傳統醫學不僅不感興趣甚至非常反抗，也不太相信古印度多靈信仰，再加上從小並未在父親身旁觀看如何用藥治病，長大後的他對藥草醫學可以說得上相當陌生。原本父親是想將這一門醫學教導給悉達醫生的大哥，但可能是資質或是其他因素，他總是摸不清楚悉達草藥與古印度醫療技術。雖然如此，但他從小總是在父親身旁擔任他的左右手，見證過無數悉達草藥的不可思議奇蹟。

隨著時間一年又一年的過去，此時的父親已經相當年邁了，眼見代代傳承的悉達草藥就要斷送在他這一代。此時就算悉達醫生回頭想學習這一門技術，父親也無力教導他。不久後父親離開人世間，全家族只能接受悉達醫學就在他們這一代告一段落的事實。你以為故事就這樣結束了嗎？神奇的事才正要展開……悉達醫生的一位友人前來參加父親喪禮，就在喪禮進行間，朋友突然昏厥了過去，等到他清醒過來，他的父親靈魂附身在他身上。這位朋友說話的口吻、神情，連走路的姿態都和往生的父親一模一樣，他對眾人述說著悉達草藥對世人的重要性，以及不捨草藥即將從他手上斷送的無奈。當眾人還在搞清楚是否是亡靈附身這件事時，他以輕柔的口氣對悉達醫生說：「回來吧！繼續把悉達草藥傳承下去吧！我知道你可以的。」悉達醫生對這句話還來不及反應，父親便離去了。朋友清醒後對剛才所發生的一切表示完全不知情。

悉達醫生從此事見證到靈魂之說，也讓他相信地球上仍然有一塊陌生的玄祕世界等待我們去發掘。至此，他便下定決心研究悉達醫學。或許他的靈魂承載著祖靈裡悉達醫學的智慧，在他母親與大哥的協助之下，他在很短時間內便摸熟悉達醫學並且為人治病。他為了深入研究悉達醫學，他到南印度各地去尋找它遺落在世間的蹤跡。悉達醫生四處去搜尋記錄著悉達醫學的貝葉資料。古老悉達醫學幾千年前都是以貝葉方式一代傳承一代，與早期的佛經一樣，這種葉子是一種熱帶性植物，因葉子稠密又善於保留痕跡，貝葉便成為記載醫學、佛教經典與文獻資料的工具。悉達醫生不惜巨資收購全國各地，已經無後人繼承的悉達醫藥家族的貝葉。

我在莊園那段期間，見過不少從印度各地前來找悉達醫生治療的患者，有許多不良於行以及不治之症的……

你必須接受轉化，

尤其是經歷一連串的身心痛苦之後所發生的一切，

就如同黑暗之後一定有光明。

對悉達醫學與莊園我充滿期待與幻想。然而事與願違，每日固定進行一次草藥油療排毒按摩、早餐僅飲用防彈咖啡、午晚兩餐則提供當地食材烹調的生酮餐。每週固定注射高單位維他命C、螯合劑及桑拿蒸汽浴，以促進排毒與重金屬代謝。除此之外就是自由時間，然而醫生為了避免我們在油療排毒過程中，可能引發的身體不適，為讓莊園醫護人員能就近照料，及避免身體過度的勞累，這段間嚴禁外出、玩水，房間內也幾乎收不到wifi。簡單來說，在莊園就是將身心能量降到最低運作量的生活模式。前幾天單調無聊著實令我感到無趣，雖然這樣的體驗確實讓我身心放鬆不少。一開始我對悉達草藥排毒油療按摩並無太大感受，猜想可能是靈動訓體與瑜伽的緣故，所以身體代謝還算是保持在不錯的狀態。經過了前幾天在各方面特殊的調養以及油療，就在第六天小腿、大腿與腳背開始出現嚴重的腫脹，每走一步就會從腳底傳來陣陣的刺痛感。到了晚上要睡覺時更為難熬，皮膚表面像被千萬隻蟲子鑽爬般搔癢，彷彿有某股能量逼出我體內所有的毒素。但每天固定在某個時段，這些不適感就會全部像見光死般消失，換來前所未有的疲倦，就像心臟瞬間被拔去電池般無力。但是隔天我的精神與身體又迎來前所未有輕盈的感受，只是，每每到了晚上腿部腫脹伴隨發癢都會發作到天亮，醫生特別提醒不能將表皮抓破，它是臟腑將沉積多時的毒素代謝於外的表徵。處理方式只能到廁所用白泥土塗滿發癢處[76]。這樣的狀況就在即將離開莊園前幾天有了改善，身體狀況漸漸好轉，腳部腫脹、全身搔癢逐漸退去，在最後幾天我體驗到此生身心少有的放鬆與休養。

莊園安排油療排毒結合傳統印度與西方醫學，療程約進行一週左右，我被安排到當地診所去做全身性的健康檢查，心電圖、超音波、驗血、驗尿、糞便，還有精液……你沒看錯！我一開始聽到要驗糞便已經相當為難，想不到還有驗精液，根據他們的說法，有許多的重金屬與毒素只能透過精液檢驗出來。既然從台灣飛來印度體驗悉達草藥醫學就是要順從治療，懂得全然地放下與接受。確實在報告出來之後才知道，我身上確實帶有某種輻射元素——鉈，為了幫助身體排出鉈元素，莊園又專門為我安排不同的油療與注射療程。排除身上的重金屬與輻射，對我在通靈、靈修與瑜伽上起了莫大的幫助，你要知道的是，當身上積累太多的重金屬，它會嚴重地干擾腦波。研究證實有許多自稱有幻聽、幻視以及敏感體質的人，在排出身上的重金屬後這些症狀都會不藥而癒。這是真實發生的案例，一位年長能夠聽見幽靈聲音的人，他總是以為這是天生的通靈體質，就在去除牙齒銀粉與排出體內重金屬後，這些多年的敏感狀況一夕之間全部消失。進一步說，身心排毒與代謝對於我這樣一名靈修者來說更為重要，當身心靈淨化到一定程度之後，更有利於靈修下一階段的修練。

不可諱言，也因為經歷了這次十六天悉達油療排毒，才讓我有機會完成《請問母娘》系列如此巨大的神降靈訊書。畢竟請示無極瑤池金母須耗費龐大的元神之力，身心未能轉化到一定的程度是不可能達到的。

自此之後，從「悉達油療排毒」所獲取的寶貴經驗正式進入我的教學理念裡頭，我並不是鼓勵人們都要去體驗它，而是對於想要透過修行轉化身心的朋友，一定要從體內環保與排毒做起。

喚醒靈魂意識：靈修心法修持

你不一定要遠赴印度做一趟如此昂貴的排毒油療，這不是我本篇想要傳遞的訊息，透過我的故事讓你能夠更加地了解到，身體乘載著靈魂，轉化靈魂意識須從淨化身體開始。其實，只要遵循本篇關於養生療癒的方法，想必就能帶給你身心莫大的助益——

❶優質的水、清淨空氣、健康的呼吸狀態與適度運動。

❷不要太重視食物的美味，不要太強調吃多才能獲取營養，重點是身體必須保持在順暢流動的狀態。

❸重視血液的汰舊換新，從慎選優質的油開始。

❹每日攝取單純及少量的食物，促進排出堆積在血液內的雜質，有助於刺激細胞粒腺體，延遲身體退化與促進身體新陳代謝。

---

⑭網路上已經有不少相關研究，有興趣的朋友不妨可以上網搜尋。

⑮無極瑤池金母所謂的空氣品質不僅是二氧化碳。還建議戒菸，避免吸入二手菸與到空氣不流通的空間，炒菜時務必使用天然優質的好油。

⑯白泥土具有排毒與消腫的天然功效。

14 未來世界，即將發生的巨大變化

雖然生活中免不了還是會受到傷害與挫敗，懂得在心靈打造一處避難的神聖空間，暫時抽離當下的苦境，心有力量了，再回頭面對生命考驗，便是對治苦難的最佳良方——「心隨境轉，境隨心轉」。正視逃避生命苦難，不將自身生命的主導權推給任何人，以積極且正面的態度處理每一天，對自身生命負責的態度，會帶領我們穿越重重的苦難，包含這場新型冠狀病毒。

生命是一場無止境面對痛苦的歷程，如果我們想方設法逃避它，不僅無緣見到生命的本質，也無法徹底改變未來。新型冠狀病毒的發生逼著我們必須正視無常的意義，它的出現並無增加生命的苦難本質。新型冠狀病毒引發一連串的災難效應可能危及你的安全，當你懂得在內心打造一處可以超越恐懼與安身立命的心靈神聖空間，災害與病毒會隔離在外，停留在外部世界，對你的靈魂不起絲毫損傷。

該如何處理生命裡的愛恨情仇，與如影隨形的貪嗔痴？這才正是我們這群凡夫俗子真正需要省思的課題與處境。

這是一篇探討較多關於未來世界的預言，預知未來的訊息，確實可以為一成不變的生活注入希望與期待，為心靈尚未開啟的人帶來寬慰。特別是透過無極瑤池金母所透露的未來之事，可以讓人們在靈訊裡找到自身的生命，與其盲目地在一個無法理解的世界裡過日子，或許會更加地樂意將生命交託到神祇手上。

也正如無極瑤池金母在本篇章中所傳遞的一個重要教導：

我希望宇色你能無私地將我告訴你的訊息傳遞出去，告知人們更多關於未來即將發生的事情，以更高的覺知反省自己，不是聚焦在「發生」這一件事情上，而是透過預言之事讓人們在此時此刻領悟到重要的醒悟觀念，讓你的心更加快樂與富足，如此，出版這樣的書才是一件有意義的事。

在你進入本章節之前，建議你先回頭閱讀第5章「修練靈魂意識降低災難所造成的傷害」與第7章「意識、集體意識與凝聚靈魂意識」，將這三章對照閱讀，你會對無極瑤池金母在本書中所傳遞的訊息有一種融會貫通的感覺。

在前幾章節中你已經了解，新型冠狀病毒在未來幾年內仍會持續在全球各地零星爆發，短時間內病毒不會從地球上銷聲匿跡。但是不適合人類長期食用的加工品在市面上將逐漸減少，一批靈魂覺醒度高的人類會改變飲食習慣，以更覺醒的意識挑選對生命有益處的食材，珍惜地球資源的集體意識似乎將在世界各地蔓延開來。人類因應疫情的行為改變，間接地調整了自身與地球的體質，對於抑止病毒傳播起了莫大助力。

在最後一篇靈訊中，無極瑤池金母將為我們開示，關於在未來人類是否會受到地球資源更友善的集體意識驅動，打造一個對地球更友善的生活空間？以及疫情結束後未來又將有何種不同的面貌呈現？

天堂與地獄存在靈魂深處，將它幻化於世界，是我們的行動與信念。

你不要指望大瘟疫後對世界的改變能夠帶給你更美好的未來，不要抱持著被動發生的心態，等待世界賜予你更美好的人生。如果你仔細聽我方才所說的一切，但是你並沒有依照我所說的採取任何的行動，內心沒有升起一絲絲想要改變身體與想讓未來更好，你又如何期盼生活與生命會有更美好的改變呢？

就好像有一位生存在世間上萬年，洞悉宇宙真理的智者，他要帶領你從衰敗的城鎮到另一個更好的城鎮生活，你打從心底信任這名智者，也清楚明瞭只要跟隨他的腳步一步步地向前邁進，必然可以擁有更美好的生活與環境，未來的人生將勝過目前居住的城鎮，你完完全全可以過上更美滿的生活。但是你心裡頭卻萌生千百個拒絕的理由說服自己，例如：我老了、那最終只是空談、其實我現在生活也不錯、人生何必把自己搞得那麼累……這些念頭最終會阻礙你前進，導致你無力跟隨智者。

試想一下，你會希望那位智者要帶你去的城鎮，最終成為一個「鄉間流傳的故事」抑或是成為一個「真實世界」呢？

宇色！你應該可以理解我這一個譬喻。**在你夢想未來的人生時，你正為自己選擇一條該走的路，未來有很多種，只要確定想走的方向。**

我想要透過你的疑問來提醒正在聆聽我靈訊的人們，務必要讓「實際行動」連接到一個你夢想更好的「靈魂意識世界」，而不是希冀未來的到來。

什麼是更好的靈魂意識世界？不要做出傷害自己與世界的事情，連念頭也不可以有。更好的靈魂意識世界，那是一個不會做出損害身體、心理、靈魂、靈性、環境的空間，一個不會讓靈魂沉淪怠惰的意識空間（世界、環境），那是一個無數處在相同意識層的團體，那是一群靈魂擁有共同的意識所組成的生活模式，這個就是一個更好的意識空間。

你覺得如此的靈魂意識世界會平白無故迎接你去嗎？

你覺得如何做才能讓如此的靈魂意識世界自動地來到你的面前？

你試著將這一個觀念，套用到前一本書《請問輪迴》，我們討論到關於往生後的靈界——死後的世界就是一個意識的世界，在世時，你如何去處理你的意識世界，來自你依然活在人世間的時候如何設身處地去思考每個人的立場。不要僅僅活在自己的小小世界，以自己的位置去看待這個世界，你所謂的世界，也僅僅是心的投射，那並不會是真實的。心不夠大，死後依然會感到不安，若在今世，你能夠學習站在不同的角度思考每一個人，你的世界會非常大，你的夢會是甜美的。

——錄自《請問輪迴》無極瑤池金母慈示靈訊

每一個人都冀望往生後可以到達更好的靈界，他們會在喪禮上念誦各式美妙的經典與儀式，這些離「提升靈魂意識」如此遙遠的行為，真的有助於讓他們往更高層次的靈界去嗎？

宇色！靈界是由人的靈魂意識所組成，如果有人真的想要在離世後去到更好的去處，難道他此時此刻在意識上不需要做任何的準備嗎？或許你聽起來像是靈魂意識的操練，其實這與靈魂的輪迴課題有絕對的連結。

你們人在生前看過許多的佛經、經典、聖典，這裡面記載著神靈、聖人所傳下的真理諦語，宣說做人做事的根本道理。如果你們只是把這一些書籍當成是一部普普通通的書閱讀，卻不按書中教導的方法實修，以及反思聖人諦語，那麼對於你們的靈魂意識並不會有任何影響，就像我剛才所說「智者帶領你走往更好的城鎮」的例子一樣，智者所說的城鎮最終只是民間流傳的傳說罷了。

你如何把心中夢想轉化成真實世界呢？

你如何走入那個自己創造出來的世間呢？

如果你根本不做任何的事情！如果你不從靈魂意識著手！這一些事情怎麼可能會發生呢？

如果你確確實實地了解我所說的那個美好世界，這一場大瘟疫結束後的世界，在人類的世界裡有許多「對地球與生命友善的高度意識」的靈魂會慢慢聚集，也有許多人會被這樣的意識層所吸引。換言之，有許多人的靈魂會在這一場大瘟疫而覺醒，對生命、環境、地球擁有與眾不同的洞見，這個「靈魂意識部落」概念會逐漸地從世界蔓延開來。你必須趕緊去留意那些珍惜地球資源，讓世界更為美好的社團、社群，不要再去關注那些只會造成社會恐懼、二元對立的群體，那對你的靈魂意識是完全沒有助益的，你所看、所聽、所關注的事情，都將成為建構你靈魂意識層的元素，都會影響疫情後你的未來世界。

一個追求更高靈性生命的人，他在每一刻保持覺知，絲毫不會鬆懈。

你有去思考過嗎？為什麼人們會想要去了解未來會發生的事情？一般人們的心態只是抱持著想要趨吉避凶，他們是以好奇心來看待自己以及未來而已，許多人並不是真心想要改變生命。

你仔細觀察，在未來不久的世界，人們不再跟以前一樣，為了購買而購買、為了吃美食而去消費，人們會開始帶著意識做這一些事情，慢慢地會有一群人開始思考，吃進去肚子裡面的東西，對他的身體、靈性是否真的有幫助，他們不再盲目地消費、進食與購買東西，而是更具意識地覺察這一些每天都在發生的事情。保持覺知能喚醒靈魂意識，對身心有絕對正面的影響。

無私共利的共享知識圈即將竄起

靈魂意識具有相當覺醒的人會以不同名目聚成不同的小團體，他們會帶來更龐大的知識，同時知識的進展及對世界的探究會比百年前的人類，有無數倍的驚人成長。以知識為導向的經濟是更加蓬勃發展與龐大的，以前的經濟市場只會覺得，必須要大量刺激某一群人的消費行為，才能夠促進社會、國家、全世界的經濟發展，政府、商人必須讓你花錢才會讓經濟有所發展，但是這一個觀念在不久的將來會被完全顛覆。你覺得市場需要用錢購買名牌、高科技產品、不動產才能刺激經濟嗎？

如果有一群人他們花費金錢的地方並不是物質世界，他們的思維是將金錢花在補足自己內心不足之處，表面上看起來依然是在花錢，但真相是他是為了要補強靈性上的不足。

比如當一個人他內心感到恐懼的時候，他必須要透過閱讀才能讓內心平衡。如果他感覺到自己的生命開始走入匱乏之時，他覺得想要去旅遊，想去做這樣的事情，表面上看起來都一樣是花錢的行為，但是在花錢的核心價值是不一樣的。

在未來，醫學、醫療、飲食、地球資源等問題將被人們更加地重視，在這一場疫情中，人們開始會自覺性地去了解這一些問題，他們會相信專業，人們不再盲目將身心交給廣告媒體。

人類的行為被改變了，連帶地改變了花錢的方式與生活行為，全球經濟市場不會再像以前活絡，人會將更多的金錢留在自己身上，人們再也不會像以前那樣，在購物與消費上，如此地容易被媒體與新聞等報導影響，在衝動之下購買對自己沒有幫助的東西，人們會漸漸的降低自己的慾望。

我現在已向你指出這一點未來的人類行為趨勢，這才是真正世界經濟必然發生的整個大挪移之處。如何準備好銜接未來的經濟世界，我所說的這一點，此時此刻你就必須好好思考再思考了。

我是誰？當你保持覺知，它就不是問題

這一場大流行疾病會經歷許多年之後，覺醒的靈魂受到世界的脈動影響，人們會讓自己在消費上進入到一種緩慢的狀態。但是並不代表人們就不再花錢，只是有許多人會覺知到生命意義，更有意識地花錢。購買一件想要的東西，金錢花費有更多的選擇方式，不再以單一方式去消費。比如，有些人習慣在高興或節慶時，透過購買衣服犒賞自己，以後，高度覺醒的靈魂們思考的是，我衣櫃裡面還需要的衣服是什麼，而不再是用「我需要衣服來犒賞自己」簡單來說，以後的人類會從需求去消費，不再受到情緒與外界訊息的干擾。

我再舉一個簡單的例子，比如說買車子這件事情，不會有人花費一生精力去買無數輛車，我說過了，他們會花更多的時間跟金錢在自己身上，而不是在物慾上。在未來，汽車購買力在世界將會萎縮非常嚴重，這已經正在發生了，並不是人們不再需要車子，你仔細想一想，一部車的功能除了代步之外，它的功能還有什麼？但是，當人們大量地減少了外出行為之後，你還會再花費許多的金錢去養一部車嗎？

人們的消費力降低，從經濟市場面來說，所造成的連鎖效應將促使經濟成長遲緩，長期來看會不會造成嚴重的停滯？供需不平衡的後果會不會更加地惡化？

不要去擔心這個問題，我所舉的例子並不是每個人，我是指它這股改變的力量將從人類群體中崛起。就像我一開始有告訴過你的，有些人有些團體，他們必須要意識到某一種狀態，

才能夠進入這樣一個世界的運轉軌跡，還是有絕大部分的人，會保持以前的生活方式。如果你再仔細地用更多時間來觀察我所說的現象，會發現人與人之間的靈性差距會越來越大，今天有人看了這本書，以及按照我之前談論輪迴和財富的方法去執行，有意識地覺醒到「我必須按照我[77]所說的方式來生活」，只要按照我所教導去做，五年七年之後，這一個已經有意識的人的靈性進展會非常快速，會比一般人快速許多。最顯著的特徵是，他的內心不再有恐懼，不再讓外界的媒體、流言、負面經濟的報導等來主導生活，而產生不必要的困擾，它會完全地活在自己的意識成長中，回到了獨立自主、自給自足的一種生活意識型態。

宇色！你問我未來的經濟會走入全面的大蕭條跟停滯嗎？不會的！這問題根本不存在！

因為絕大部分的人會依然故我，用以前的方式來生活，因此，我方才所說疫情後的行為改變，是一種逐漸發生的力量，它會慢慢地去改變一群願意改變且覺醒的人。而不願改變且沒有從這一場2020年大流行疾病中覺醒的人，在未來的不久，會落入一種心靈更貧窮的世界裡，那是一件非常可怕的事情。

在不久的將來，許多人的意識層不再充斥著金錢與物質，他們的靈魂意識會讓他們以減少物慾的靈性層次在過生活，人們會覺知到內在靈魂的存在，生活方式會從著重物質躍升到精神層面，進入純然的知性與感受的新興生活型態。

世界依然會繼續不斷地發展，但是我必須說明的是，人們在消費行為上是更有意識的。疫情爆發改變了人類看待物質的世界，他們對於消費購物上的初心已經與以往不同，人們花錢的角度是不一樣的，他們不再像以前那樣在消費上陷入某一種迷思，因為大家都這樣做所以我也跟著做，因為其他人都有我也必須有，這一種盲目跟隨的迷思會降低許多。取而代之的是，在消費市場上，人們會去思考我真正欠缺的是什麼。

重點是，你能不能提供一些正在尋找生命意義的人，以及急於探索自己是誰的這一類型的人，他們正在追求與想要的是什麼？

宇色！我告訴你一個真相，一群靈魂意識具有相當覺醒的人已經上岸了，但是有更多的一群人不願意或是沒有意識到要上岸這件事。這場造成全球大恐慌的疫情結束後不久，當下一場更為洶湧的洪水來臨時，早早已經上岸的人會在岸上安度，那些沒有意識到應該或不願上岸的人，就被下一波大災難所淘汰。

宇色！靈魂的斷除輪迴就在「意識覺醒與否」的機制底下發生。人們必須要在每一場世紀大災難中反思與趁勢調整自己的觀念，戰爭、流行疾病、經濟恐慌等……這一些時機都是人們要藉此反省與調整生活最佳的時機點。

疫情逼得許多產業轉型與暫停腳步，同時疫情期間也改變了全體人類的行為，同樣也產生與消失了不少行業。隨著消費者行為的改變，再加上人類在這段期間也逐漸地習慣這樣新的生活模式，每一個人都在期待疫情結束後，商業活動、觀光旅遊開放與經濟回溫，可以預見全新的就業型態將如雨後春筍般出現。同樣，也勢必有一波淘汰機制出現，有更多人是擔心自己能否適應未來的工作環境。請問無極瑤池金母，在疫情結束後，人們該如何提升自身的能力，適應未來的全新產業？在未來，又有哪些新型態產業出現？

具有高意識層的靈魂，掌握改寫未來命運的關鍵

宇色，我無法一一列舉，但我可以告訴你一個方向，你們可以從我所述說的內容去反思此時你所處的環境，以及你以何種心態來看待未來的職場。

在以前我曾經跟你講過，非專業性的工作者在未來將會快速被社會淘汰，以人力為主的工作會被取代，如果你此時的工作能力純以勞動為主，你應該在此時好好想一想，是否想要轉換你的意識思維，重新調整你處理生命的態度了。

今天，有人看了這本書，那麼你就必須去思考一個對於未來非常重要的問題：「我是一個具有專業的工作者嗎？」尤其是從事跟人以及身心靈相關工作的人。

在未來的世界將會有一群人，他們將對世界所領悟到的智慧與知識貢獻出來。他們不一定會以書的形式呈現在你們眼前[78]，他們會運用許多的方式，讓人們看見他們所知道的事情，他們會不斷地去分享他們所思考到的問題。不一定要出書才能夠如此，這一群人會以這一種方式餵飽人們的靈性，充實自己的知識非常的重要，２０２０大瘟疫後不久的未來，將有更多的人覺醒成一名知識自給自足的人。

你是不是能夠成為一個知識的分享者？你是否願意跟人家分享你所知道的一切？我所說這樣的行為改變，將會成為另外一個市場，而且它已經正在發生了，不要去害怕分享你所知道的事情。能量與金錢都具有一樣的特質，當它不斷地在市場流動的時候，它必然會創造更大的一個市場出來，這是必經的過程。

人類集體意識串聯、重組，大大縮短預測未來的準確性

最後我想要透過一段無極瑤池金母解說關於「預知」的靈訊，以此做為這章節的結尾，請示這個問題的時間非常的久，可能在前幾年，當然未想過將這段靈訊公開於世，我僅僅將它視為我與無極瑤池金母之間的靈修對話，因此在沒有錄音的情況之下，可能內容與原意會有一點小小落差，我仍然以最大努力將記得部分寫下來……

宇色！你知道嗎？預測未來已經不再像早期那麼準確，因為人們的意識越來越活躍。是什麼影響了預測人類未來行為與世界的準確度呢？是網路，網路對於人類的意識影響幅度太大了。你可以發現，當網路被發明之後，它大大地改變了人類的意識層、社會型態、人類的行為以及國與國的關係。

宇色！你必須將現今與古代做一個比較，以前的人生活非常單純，古人每一日都在重複著昨天的事情，每一日所思、所想、所做都大同小異，他們心性與意識受到干擾的幅度非常小，它們就好像生活在一個封閉的村莊，不被外界打擾，有好長一段時間，人類的意識幾乎

是以非常緩慢的速度在前進。

現在，網路大大地改變了每一個人的意識世界，只要你願意，每一天你可以透過網路學習到各國的知識，觀看各國的風光、學習各國的民俗……網路已經打破了時間與空間的界線。在網路的影響之下，人類的集體意識產生了巨大變化，集體意識從原本的沉靜轉變成快速轉動，這是如此驚人的改變，它不僅快速地改變人類生活，也改變了人類的未來。宇色！你要知道，當人類集體意識大幅度改變的同時，也間接地改變了靈界樣貌……

當你了解這一層關係，你就會知道，人類的行為越來越難預測，因為人類的意識不斷地變化不斷地轉動，又有誰能說準明日的你會有何種想法呢？

連我們（神靈）也只能就人類當下與一個人先天命格去預測未來發生的可能性……但它仍然有可能在意識被改變之下對未來有了不一樣的結果，這也就是為什麼未來越來越難被預測準確的原因所在。

你知道為什麼我會答應你出版這本書？為什麼我願意藉由你的身體向世人宣說這麼多關於靈魂轉世的真相？我並不是要告訴你即將發生的事情，也不是要去預言未來之事，那不具有重要的意義。

我希望宇色你能無私地將我告訴你的訊息傳遞出去，告知人們更多關於未來即將發生的事情，以更高的覺知反省自己，不是聚焦在「發生」這一件事情上，而是透過預言之事讓人們在此時此刻領悟到重要的醒悟觀念，讓你的心更加快樂與富足，如此，出版這樣的書才是一件有意義的事。

無極瑤池金母 圓滿諦語

◎務必要讓「實際行動」連接到一個你夢想更好的「靈魂意識世界」，而不是希冀未來的到來。

◎更美好的靈魂意識世界，那是一個不會做出損害身體、心理、靈魂、靈性、環境的空間，一個不會讓靈魂沉淪怠惰的意識空間（世界、環境）。

◎「靈魂意識部落」概念會逐漸地從世界蔓延開來。

◎不要再去關注那些只會造成社會恐懼、二元對立的群體，那對你的靈魂意識完全沒有助益的。

◎不再盲目地消費、進食與購買東西，而是更具意識地覺察這一些每天都在發生的事情，保持覺知能喚醒靈魂意識，對身心有絕對正面的影響。

◎靈魂的斷除輪迴就在「意識覺醒與否」的機制底下發生。

這本書的所有章節完全是依照我在２０２０年請示問題的順序編排，很奇妙的是，無極瑤池金母慈降的靈訊似乎隱藏某種不可言喻的魔力，引導你一步一步地進入靈性世界，對於生命、環境、靈性產生更宏觀的省察與體認。在這最後一章節當中，無極瑤池金母的靈訊為本書做了一個最好的結尾——務必要讓「實際行動」連接到一個你認知與夢想「更好的靈魂意識世界」，而不是希冀於永遠等不到的未來。

在這段靈訊中，分散著關於未來人類世界改變的訊息，為了讓你能夠更清楚，我將它們稍做整理。

- 許多「對地球與生命友善的高度意識」的靈魂會慢慢聚集，「靈魂意識部落」概念會逐漸地從世界蔓延開來，不同意識層次會將人有所區別，人與人之間的靈性差距會越來越大。
- 人們會開始帶著高度覺知進行消費行為，覺醒的靈魂受到世界的脈動影響，人們會讓自己在消費上進入到某種休眠狀態。
- 靈魂意識具有相當覺醒的人聚成的小團體會帶來更龐大的知識與經濟效應，將會有一群人願意把在世界所領悟到的智慧與知識貢獻出來，他們不一定會以書的形式呈現在你們眼前。
- 知識分享者創造更大的一個市場，非專業性的工作者在未來將會快速被社會淘汰，以知識為導向的經濟是更加蓬勃發展與龐大。
- 醫學、醫療、飲食、地球資源等問題被人們重視，汽車購買力在世界將會萎縮得非常嚴重，全球經濟市場不會再像以前活絡，許多人的意識層不再充斥著金錢與物質，他們的靈魂意識會讓他們以減少物慾的靈性層次在過生活……進入純然的知性與感受的新興生活型態。

其實無極瑤池金母所說的世界此時此刻已在發生當中，Clubhouse、Podcast新興媒體已經冒出頭，未來想必也會有更多類似的影音媒介不斷出現，它們目前無法帶動即時性的收益，但是影響力是無遠弗屆的，其背後推動的力量或許也正如無極瑤池金母所說，「靈魂意識部落」概念會逐漸地從世界蔓延開來，以知識為導向的經濟是更加蓬勃發展與龐大。這是一個相當有趣的人類演化現象，或許，未來以同溫層獲取安定感的社會現象會越來越明顯，我該如何選擇適合自己的「靈魂意識部落」藉此來改善與經營我的未來人生？或許這是你此時此刻應該好好思考的地方。**決定未來將以何種樣貌呈現，來自於當下你對生命態度的選擇**。未來我們無法掌握，至少，我們可以決定以何種生活型態改變我們的生命。當你走入嚮往的靈魂意識部落，它已是你未來人生的顯現。能夠做到這一點，你已經走上靈魂意識的覺醒之路。

覺醒，是一個全然打開的意識

無極瑤池金母以「一群靈魂意識具有相當覺醒的人已經上岸」來形容覺醒的靈魂從此岸走向彼岸的覺醒之路。不論是覺醒的靈魂，還是佛教所說的開悟涅槃，都代表著生命經驗已經超越二元對立，心中不再對世間存有批判，全然地活出自我的靈性覺醒。

在《法句譬喻經》中記載著這麼一段故事：

某一次佛陀與眾弟子們行腳至某條小河流處，行腳的目的是為了避免怠惰心與安逸感的升起，以雙腳走出生命的舒適圈，不少人因受不了行腳的折磨而放棄跟隨佛陀的步履。修行是一條極為孤單的路，你只能循著這條軌跡向前行，是否能收到相對等的回報就不在這個範疇裡面。因此佛陀不會因為弟子的離去而改變祂對於修行的初衷——遠離從眾心理，方能進入永恆世界。

就在佛陀與眾人休憩處的東方有一個大約五百戶的村莊。村莊的人們聽聞有一位覺悟者就在不遠處，便想邀請佛陀前來應供與開示。你要知道的是，印度對於修行者是非常尊重與崇拜的，想當聖人嗎？到印度選擇一棵樹靜靜地坐下來，連續三天便會吸引印度村民的圍觀，只要七天，樹的四周圍會被虔誠的村民簇擁。

當你已經抵達彼岸便能一眼看出誰尚未上岸，佛陀深知這個村莊未經善知識所教化，於是他便帶領幾個弟子前去受供與說法。這只是一個觸媒，為一位即將開悟者所做的前行準備。

佛陀為村莊民眾連續講經說法數日，雖然村莊裡的人依然對佛陀有著無比的虔誠，但浮躁的心已經按捺不住，因他們生活在安逸舒適的環境太久，再加上對於解脫苦毫無意識。

你永遠叫不醒不願醒過來的人，對於不願醒過來的人來說，再美妙的法音也會如噪音般刺耳，使他們感到痛苦不堪。

這一切佛陀全看在眼裡，心中不禁感嘆道：「如無上岸心，如何離開此岸抵達彼岸呢？」一旁的弟子看到民眾的態度已經顯現不耐，便詢問佛陀離開之日是否已到。佛陀微笑不語。一日一日過去，在佛陀前聽法的人也越來越少，最後僅剩下幾位圍觀的民眾，他們完全是出於好奇想看看佛陀的長相。

幾位弟子覺得民眾根本無心想要聽法，於是再度向佛陀請示何時離開？佛陀笑笑回答：「今日。」就在說完後不久，有一位全身溼答答的少年來到佛陀面前虔誠跪拜。一旁弟子詢問他從何處來？他似乎沒有聽見弟子的詢問，拚命向佛陀叩頭，親吻佛陀的雙腳。這是印度出於對大師尊重的習俗。他的虔誠心感動了一旁圍觀的民眾。

等到他向佛陀禮敬完畢之後，他才緩緩道出一切，原來他住在河的另一頭，從小生活在貧窮家庭，看盡世間冷暖，他很小就感覺生命的本質只有無盡的苦，當他知道佛陀來到這一個村莊，他就想盡辦法想來聞法，希望能夠斷除他內心的愚迷煩惱，以及如何拔去生命的苦。但他窮到沒有錢可以付渡船費用，且河面相當寬，沒有渡船絕對過不了，他求法心切只好冒險游泳渡河。他的一席話令在旁所有人感到汗顏，有些人甚至感動到跪下來哭泣，佛陀向前摸了摸這名少年的頭：「信能渡淵，攝為船師，精進除苦，慧到彼岸。」

這段發生在佛陀在世時的故事說明了，只要抱持宏大的信念，即便險峻的深淵大河依然能安渡，只要相信法與統攝一心，精進不斷地除去心中的恐懼，便能心起智慧抵達彼岸。而你會希望那位智者要帶你去的城鎮，最終成為一個「鄉間流傳的故事」抑或是成為一個「真實世界」呢？這是告訴我們當智者（法）出現在你生命中，請緊緊地跟隨著它，讓它帶領你破除心靈迷失。

誠如無極瑤池金母所說的，更具意識地覺察這一些每天都在發生的事情，保持覺知能喚醒靈魂意識，對身心有絕對正面的影響。保持意識覺醒的人會將疫情視為修持心性的閉關時間，修正自身的言行舉止，調整過往的飲食習慣、修養身心、改變對待生命與地球的態度。但是有一些人仍舊以過往態度在生活，沒有意識到疫情之前的生活已不可能再回來，疫情改變了許多國家的經濟、情勢、政局……無形中也改寫人類的感官能力。疫情結束後迎來的是太平盛世嗎？或許疫情結束後，仍然有新一波不同的風暴即將席捲而來，不論它以何種形式出現在世人眼前，保持高度覺知重新檢視過往生命是當務之急。一群靈魂意識具有相當覺醒的人已經上岸了，但是有更多的一群人他們不願意或是沒有意識到上岸這件事。這場造成全球大恐慌的疫情結束後不久，當下一場更為洶湧的洪水來臨時，早早已經上岸的人他們會在岸上安度，那些沒有意識到或不願上岸的人，他們就被下一波大災難所淘汰。無極瑤池金母總是以一種輕輕的口吻講述一件即將發生的事，你不妨試著將這段靈訊反覆念上幾回，你的內心會升起一種反思，一種說不出來卻很有力道的覺醒會出現，彷彿前方有某一股未知力量引導你必須向前走去，不再停滯不前。

除此之外，無極瑤池金母在這段靈訊中透露未來經濟層面會產生巨大變化。富者越富，窮者越窮的世界在未來將更為明顯之外，社會資源分配不公的現象也將更為加劇。如果你有特別留意疫情期間的民生新聞，將會發現失業人口激增、大廠缺工現象變多、不想回去原來工作崗位的人比想像多、畢業尚未找到工作便已經背負龐大學貸……這些在一些經濟大國是已經發生的真實事件，相信在不久的將來也會慢慢蔓延至全世界，經濟體將走入一段緩慢成長期。

經濟的成長是靠消費而來，以前的經濟市場只會覺得，必須要大量刺激某一群人的消費行為，才能夠促進社會、國家、全世界的經濟發展，政府、商人必須讓你花錢才會讓經濟有所發展，但是這一個觀念在不久的將來會被完全顛覆。因為人們使用金錢的方式改變了，災難發生會讓人們以更高的意識來檢視生命，有許多人會領悟到，在災難期間帶來平安與幸福的並不是那些物質的東西，而是平日大腦的充實知識、內涵與當下珍惜生命，沒有人可以精準預料未來是否還有災難，但是，當再有一場災難發生時，此生才不會有所遺憾。

更重要的是，醫學、醫療、飲食、地球資源等問題將被更加地重視。人們不再追逐高知名度的品牌與產品，人們會從物質界轉向更重視內在與靈性。疫情前人們追逐金錢、物質、房產、股票，雖然疫情結束後這樣的現象並不會消失，而是將有一批人以更友善的方式對待生命與地球。我覺得光是這一點，在此時此刻就值得我們好好深思。對於接軌未來的世界變化，無極瑤池金母的靈訊不是聚焦在「發生」這一件事情上，祂不對產業的興衰更迭、經濟何時崩盤、該學習何種技能以因應未來的變化等方面做出預言，祂更重視的是**讓人們此時此刻領悟到重要的醒悟觀念，讓你的心更加快樂與富足**。

不知你是否也與我有相同的感受，很慶幸在疫情爆發之前，已經充分地體驗了一些一直想做的事情、去了想去的國家、學習一些想要學的課程，雖然疫情期間哪裡也去不了，但是至少有許多美好的回憶與經驗相伴，我相信「預知未來」存在世間的意涵是，回顧過往生命反思當下，為未來注入更強大的生命力，這已經是對於因應未來變化最好的預防。

喚醒靈魂意識是一種轉動意識、調整看世界的角度、轉換思維的一種全新生命態度，當我們看見自己被舊有觀念困住時，我們就有機會從原有生命中脫穎而出，如同本書一開始所說的……

天堂與地獄之說將被顛覆，

同性戀認同被更多人所接納，

人民不再冷漠對待政治與社會議題，

全新詮釋與定義傳統宗教教義，

個人獨特的才能培養將超越升學至上的唯一選擇，網路的自修學習將迫使改變教學方式。

與其說是世界改變了，不如說是世界在人類的集體意識改變之下有所改變，世界只是順應著人類的意識而改變，當絕大部分的人類對世界產生了不同的觀點，新的世界便由此誕生。不要抗拒新事物的發生，不要一直以原有思維來處理生命，我們不但是世界的推動手，也是活在這個世界的一分子。

喚醒靈魂意識：靈修心法修持

在選擇一個適合你自己的「靈魂意識部落」前，必須先學會讓自己**不要再去關注那些只會造成社會恐懼、二元對立的群體，那對你的靈魂意識是完全沒有助益的，你所看、所聽、所關注的事情，都將成為建構你靈魂意識層的元素，都會影響疫情後你的未來世界……**

不要將你的專注力投入到某些議題的口水戰，在社群媒體中充滿太多對立且帶著攻擊的能量，你應該將專注力放在那些**珍惜地球資源，讓世界更為美好的社團、社群。**

有什麼樣類型的社群值得我們去了解呢？減少使用塑膠製品對人體與地球的破壞、推崇生活斷捨離、少食的體內環保、園藝心靈療癒、生態心理學、海洋保護……我個人非常相信這些群體所產生的無形能量，它也是改變靈魂意識最快速且直接的方法之一。

在一個世界待久了，你會變成那個世界的人，這是宇宙運轉之下的定律，人的靈魂本質本來就很容易被改變。

——錄自《請問財富》無極瑤池金母慈示靈訊

如果你覺得人生停滯不前，感覺有太多事情想做卻毫無動力，不妨加入網路社群，透過社群裡所分享的善美資訊，擴充你的腦意識改變對生命的看法，就算只是換一個角度去思考人生，以及以不同的方式對待地球，相信上天必然不會虧待我們。

⑺ 指無極瑤池金母。

⑻ 這個現象已經逐漸發生，YouTuber、部落格版主、Podcast播客主，有許多是無私在分享知識。

願大家平安度過疫情，喚醒靈魂意識迎接後疫情時代

這一本書最後一段靈訊，有關於疫苗是否有助於人類抵擋病毒的靈訊，以及人類在注射疫苗後的身體反應。我相信這是許多讀者所好奇與擔心的，與前幾則靈訊有所不同之處在於，它原先不在公諸於世的內容範圍內，我不想讓此段靈訊在這個敏感時刻出現。擔心「疫苗有效性與人類施打疫苗反應」的靈訊如果與普世價值有嚴重落差，放不放入此書將會是個為難的局面。

在截稿前一晚，仍然在思索是否要請示這一道問題，臨睡前，突然憶起無極瑤池金母的教導——

你知道為什麼我會答應你出版這本書？為什麼我願意藉由你的身體向世人宣說這麼多關於靈魂轉世的真相？我並不是要告訴你即將發生的事情，也不是要去預言未來之事，那不具有重要的意義。

我希望宇色你能無私地將我告訴你的訊息傳遞出去，告知人們更多關於未來即將發生的事情，以更高的覺知反省自己，不是聚焦在「發生」這一件事情上，而是透過預言之事讓人們在此時此刻領悟到重要的醒悟觀念，讓你的心更加快樂與富足，如此，出版這樣的書才是一件有意義的事。

有這一段話的支持之下，終於鼓起勇氣向無極瑤池金母請示這道問題，雖然在請示前我內心忐忑不已。

這篇靈訊已經充分地說明了關於疫苗與病毒之間的關係，就不再多做詮釋。站在保護彼此的立

場，及不破壞靈訊原意之下，請容我保留部分牽涉到國際與病毒演化的細部相關內容。也希望你在仔細閱讀過前十四篇靈訊之後，對無極瑤池金母這一位靈山派創始神有更充分的認識，再來閱讀本書最後一段靈訊，如此你會對生命與這一塊居住的土地有不同的省思，而不是一直拚命想從靈訊裡找到末日預言——

無極瑤池金母

以疫苗對治傳播性病毒，是人類最直接能聯想到的有效方法，但是你們是否有仔細想過，從古至今具有強大傳播性的疫病、傳染病，絕大部分不脫離「人與環境」的關係。

人類以為用疫苗就可以遏止病毒擴散，但它並不完全是絕對的，所以有許多仰賴疫苗控制疫情的國家，並無法完全阻斷病毒傳播。疫情的傳播不是只有透過人與人的接觸才會傳染，僅從疫苗著手的防疫措施是很薄弱的。你要知道的是，病毒傳播鏈不是只有人與人的連結，它是在地球這一個大循環底下所產生的傳播鏈，這兩者是不一樣的！

你必須將病毒傳播視為大環境底下的傳播鏈，不是單純的人與人直接性的傳播。我並不是要告訴你，它透過了某些的媒介間接地傳染到人身上，不是！我不是要跟你說這一層關係。

當一個空間（指大範圍的環境）是處於不流通、密閉、循環不好的狀態，還有人跟人之間高密度接觸，病毒就能在如此狀況之下，具備高傳播力。

你們人類此時最想知道的是，疫苗到底是否具備阻止這場大瘟疫的功效？

你只能這樣想，我打了疫苗也就拒絕某些病毒傳播，但是你們人類現在所居住的環境在持續不斷地惡化當中，再加上有太多人從未注意過體內循環、淨化與排毒。他們的身體是不乾淨的，不僅積累過多的毒素，有許多人因生病長年無法回復到身體原有的狀況，也就是你們所說的慢性疾病，甚至許多尚未爆發的隱藏病毒潛藏在這樣的人身上。當這樣的人被新型冠狀病毒傳染上，病毒便會在這一群已有病變的人身上再演化出新的病毒，這是一個很可怕的事情，你覺得是誰讓病毒不停地演變呢？

人與人之間不再是獨立互不相干的個體，被傳染者身上的病毒會攜帶這個人不淨的毒素再傳播到另一個人身上，病毒夾帶著「不好的物質」將它「複製」到另一個人身上，你了解我所說的嗎？

如果你要問我，人類該如何做才能阻止這一場大瘟疫？

我必須要說的是，疫苗並不能完全阻擋傳播，因為它不是單一性地透過人與人之間的傳播，它是在地球環境不斷惡化之下，造成大自然、生態與人體結構崩壞，再透過人與人之間傳播的一個結果。你們現在的醫學只是想以疫苗處理「人」，但是在大瘟疫爆發之前，卻沒有想到已經嚴重惡化的源頭（人類自身的健康與居住環境）。

（無極瑤池金母在此處停留許久……與祂交流中隱約感覺到，地球與大自然資源被嚴重破壞，人類長年食用過多傷害身體結構的化學物質、重金屬，嚴重地破壞了體內自然療癒能力，才構成此難以解開的病毒傳播鏈。）

你把每一個人的身體想像成是一個循環系統，它原本是處於正常流動的狀態，進入、輸送、吸收、排出……日以繼夜保持正常運轉著，但是只要體內環境任何一個地方有破損，必然牽動的不會只是局部而是全身。換言之，當一個國家它過度地開發，傷害他們的土地資源，必然會造成環境的反撲，只是每一個國家環境的反撲型式不同而已。當你了解了這一層關係，再去聯想病毒進入人體之後的反應。

你想到什麼了嗎？你以為病毒是單純透過人跟人之間的傳播嗎？

不是的！我想要告訴你，不要把對治這一波大瘟疫的專注力僅僅放在疫苗本身，太多人太在意疫苗了，卻完全忽略了自身所處的環境，以及你自己本身的抵抗力、代謝與體內循環能力，導致有太多不必要的紛爭出現。

你只能說疫苗確實有助於中止某些病毒的傳播，它讓某些病毒傳播鏈有了斷層，但是缺口（環境、人本身的身體狀況）仍然持續惡化的情況之下，日後它依然會零星地在世界各地冒出來，病毒會再產生新一波演變。

中止大瘟疫的傳播，從大環境宏觀角度思考以及回到你自身的身體，從這裡下手吧！你不也發現此時世界各地有不同的天災發生嗎？疫情的發生或許是人為，但它在此時大爆發必然有其他因素推波助瀾，爆發的因素不會只有單一，解決它也必然是全面的，應該同步教導人民如何照顧好自身的身體。

真正能夠長年抵抗病毒的根本是，當一個國家的人民覺醒之後，覺醒會產生連鎖效應影響到更多國家，凝聚相同意識會構成一個巨大的意識網，它會讓整個地球更為覺醒，不要只是停留在科學與醫學，畢竟你們人類是活在這個地球的，它是一個所有有機體共存共生的環境。

疫苗確實能夠暫時阻擋某部分病毒傳播，但是它並非每個人都適合啊！就好像你為已經嚴重受損的土地做水土保持，你不可能只用一種方式就想處理全地球的水土問題，這是不可能的！

有些人打疫苗初期沒有不良的副作用反應，不能夠就此斷定他就真的沒事，也不能說他身體具備了阻擋病毒入侵的抵抗能力。水土保持必須等下一次的洪災到來，才知水土保持有沒有發揮作用，不是嗎？疫苗也是如此，當你身體與病毒接觸才知道它有沒有產生作用，不是嗎？

這一場大瘟疫造成的傷害會持續發生下去，死傷會更加地嚴重，不要以為單純以為疫苗就可以完全中止這一場風波，當人類還沒有真正的意識到地球、大自然資源、生態、居住環境與人類身體之間的一種無形的平衡關係時，日後，它會再度以不同的形式出現。

現在有另一種說法是，不施打疫苗讓人體自然產生免疫力與病毒共存，關於這部分無極瑤池金母有何看法？

我無法告訴你不打疫苗是不是就是最好的方法，不要單純從醫學跟自然療法的理論切入是不是符合可以不打疫苗的條件，如此的判斷過於簡單，我沒辦法回答你這個問題。

此時全球感染者超過一億，目前仍在持續大幅度成長當中，雖然接種疫苗的動作不斷，但是人們擔心病毒尚未完全揭開其真面目之下，疫苗會改變人類基因的傳聞甚囂塵上，關於這一點，請示無極瑤池金母有何看法？

不會！疫苗根本的用途是使人體細胞產生對病毒的抵抗力。人體是具有流動特質，它無時無刻都在進行著代謝與循環，疫苗短時間內確實改變了人體的體質，但是經過多年之後，它會成為人體的一部分。

就如同地球一樣，當它受損之後，你以各種方式修補它，只要不要再持續地傷害它，雖然被修復的部分，表面上是可以看得出來有被人為處理的痕跡，但是經過了幾百年之後，地球最終還是會再產生不同的樣貌出來，被傷害的部分會再與大地融為一體。

你可以想像一顆滾動的球體嗎？這一顆球表面黏著一個突起物，它是突兀且不好看的，因為它不屬於這個球體，但是球體本質就是會滾動，當球體經年累月地滾動之下，那個原本不屬於球體的突起物會去哪裡？它會消失，它會被磨平到幾乎看不見，它成為球體的一部分，只是細看依然可以看到它的痕跡，對吧！這道理就與疫苗注射到人體產生的結果一樣。

如果擔心疫苗在體內產生延續性的不良反應，你只要保持身體良好的代謝、循環，以及定期運動，久而久之它就會成為你身體的一部分，它不會無限延續地影響你後代子孫，這種事情是不可能發生的，人體的奧祕很難被完全了解。但是，不要聽到我如此說就以為疫苗對人體沒有任何傷害（這裡讓我聯想到有些人短期間內施打多劑疫苗，將它視為萬靈丹、救命藥），它對人體所造成的一時傷害依然是存在的。

我想要告訴你的是，你不能將疫苗視為普通生病打針的原理，這是完全不一樣的。當疫苗注射到人體，身體需要經過一段長時間、穩定、不被打擾的回復期，讓身體與疫苗產生和諧的共振。如果希望疫苗在體內產生抵抗力，當你選擇打疫苗的同時，就應該著手改造你的身體、飲食與生活作息，就好像有一部車有幾個零件損壞了，你把這一些零件換新，你以為它就可以像全新的一部車嗎？你可以像駕駛全新的車，猛操這部已經修復過的車嗎？只要你的駕駛習慣未能隨著修復過後的車子性能做調整，以及改變造成損壞主因的駕駛習慣，日後，損壞的地方依然會再復發。這就跟打疫苗後的身體抵抗力是相同道理。

想要中止這一場疫情繼續惡化下去，想要避免自身被病毒入侵，不要過度依賴疫苗，不要以為人類所發明的疫苗可以對治所有疾病，甚至日後演化的病毒。當疫苗進入身體之後，你要不斷地去調整身體與作息，如此才能讓疫苗發揮最大的功效，如此做，才能讓疫情的傳播力從地球上趨緩下來。不要將所有的責任與希望全依賴政府……

不要以恐懼面對任何一場災難，終有一日它必將離去，就像歷史上每一場造成數以萬計人口死亡的疫病流感一樣。喜悅地活在當下，珍惜每一刻，從此生難得的生命中活出自己，你已經將抗疫提升到最圓滿境界。

不畏懼病毒、不擔憂未來

願你平安、吉祥、圓滿

請問覺醒

無極瑤池金母
密傳 靈魂覺醒啟示錄

Soul Awakening

出版◆楓書坊文化出版社
地址◆新北市板橋區信義路163巷3號10樓
郵政劃撥◆19907596 楓書坊文化出版社
網址◆www.maplebook.com.tw
電話◆02-2957-6096 傳真◆02-2957-6435
作者◆宇色Osel
企劃編輯◆陳依萱
校對◆聞若婷
港澳經銷◆泛華發行代理有限公司
定價◆480元
二刷日期◆2021年10月

國家圖書館出版品預行編目資料

請問覺醒 / 宇色Osel作. -- 初版. --
新北市 : 楓書坊文化出版社, 2021.10
面； 公分

ISBN 978-986-377-723-6 (平裝)

1. 通靈術 2. 靈修

296.1 110014338